全国医学高等专科教育"十三五"规划教材

供临床医学、护理、口腔医学、医学检验、药学、影像等相关专业

就业指导

袁金勇　周文一　主编

化学工业出版社

·北京·

本书共8章，包括大学生职业生涯规划、大学生就业与创业制度、大学生核心就业力、大学生自主创业、大学生求职择业心理、大学求职技能、大学生就业权益、大学生职场适应与职业发展等内容。每章由学习目标、情境导入、案例分析、知识拓展、实践训练等板块组成。本书还添加了数字资源内容，方便学生学习。本书可作为高职高专学生教材，也可供考虑创业的广大青年学习参考。

图书在版编目(CIP)数据

就业指导/袁金勇，周文一主编．—北京：化学工业出版社，2017.8（2024.8重印）
全国医学高等专科教育"十三五"规划教材
ISBN 978-7-122-30208-3

Ⅰ.①就… Ⅱ.①袁… ②周… Ⅲ.①大学生-职业选择-医学院校-教材 Ⅳ.①G647.38

中国版本图书馆CIP数据核字（2017）第177368号

责任编辑：邱飞婵 郎红旗　　　　　　　　　　装帧设计：关　飞
责任校对：王素芹

出版发行：化学工业出版社（北京市东城区青年湖南街13号 邮政编码100011）
印　　装：三河市双峰印刷装订有限公司
787mm×1092mm　1/16　印张12¼　字数261千字　2024年8月北京第1版第10次印刷

购书咨询：010-64518888　　　　　　　售后服务：010-64518899
网　　址：http://www.cip.com.cn
凡购买本书，如有缺损质量问题，本社销售中心负责调换。

定　价：35.00元　　　　　　　　　　　　　　　　　　　版权所有　违者必究

全国医学高等专科教育"十三五"规划教材编审委员会

主任委员 温茂兴 乔跃兵 陈国忠

副主任委员（按姓氏笔画排序）

　　马　敏　王　卉　牛兴旺　刘　扬　闫冬菊
　　孙国庆　李玉红　李远珍　周文一　景文莉

常务委员（按姓氏笔画排序）

　　于爱霞　王垣芳　王高峰　刘士生　江　勇
　　李祖成　李辉芳　吴义春　吴晓璐　张　庆
　　季　诚　金昌洙　郎红旗　袁金勇　康凤河
　　韩景新

出版说明

为服务于我国医学高等专科教育护理专业高素质技能型人才的培养，贯彻教育部对"十三五"期间高职高专医药卫生类教材建设的要求，适应现代社会对护理人才岗位能力和职业素质的需要，遵照国家卫生和计划生育委员会关于职业资格考试大纲修订的要求，化学工业出版社作为国家规划教材重要出版基地，在对各院校护理专业的教学情况进行了大量调研和论证的基础上，于2016年12月组织60多所医学高等院校和高职高专院校，共同研讨并编写了这套高等专科教育护理专业"十三五"规划教材。

本套教材包括基础课程、专业课程和公共课程27种，其编写特点如下：

① 在全国广泛、深入调研的基础上，总结和汲取"十二五"教材的编写经验和成果，顺应"十三五"数字化教材的特色，充分体现科学性、权威性，同时考虑其全国范围的代表性和适用性。

② 遵循教材编写的"三基""五性""三特定"的原则。

③ 充分借鉴了国内外有关护理专业的最新研究成果，汲取国内不同版本教材的精华，打破了传统空洞、不实用的研究性知识写作思想，做到基础课程与专业课程紧密结合，临床课程与实践课程紧密对接，充分体现行业标准、规范和程序，把培养高素质技能型人才的宗旨落到实处。

④ 适应教学改革要求。本套教材大部分配有数字资源，部分学科还配有微课，以二维码形式与纸质版教材同期出版。

⑤ 教材出版后，化学工业出版社通过教学资源网（www.cipedu.com.cn）同期配有数字化教学内容（如电子教案、教学素材等），并定期更新。

⑥ 本套教材注重系统性和整体性，力求突出专业特色，减少学科交叉，避免相应学科间出现内容重复甚至表述不一致的情况。

⑦ 各科教材根据院校实际教学学时数编写，精炼文字，压缩篇幅，利于学生对重要知识点的掌握。

⑧ 在不增加学生负担的前提下，提高印刷装帧质量，根据学科需要部分教材采用彩色印刷，以提高教材的质量和可读性。

本套教材的编写与出版，得到了广大医学高等院校和高职高专院校的大力支持，作者均来自全国各学科一线，具有丰富的临床、教学、科研和写作经验。希望本套教材的出版，能够推动我国高职高专护理专业教学改革与人才培养的进步。

附：全国医学高等专科教育"十三五"规划教材书目

书名	主编		
《人体解剖学与组织胚胎学》	刘 扬	乔跃兵	金昌洙
《医用化学》	江 勇	郭梦金	
《生物化学》	梁金环	徐坤山	王晓凌
《生理学》	景文莉	董泽飞	
《病理学与病理生理学》	吴义春	付玉环	
《病原生物学与免疫学》	栾希英	马春玲	
《药理学》	王 卉	王垣芳	张 庆
《护理学导论》	张连辉	徐志钦	
《基础护理学》	田芬霞	高 玲	
《健康评估》	孙国庆	刘士生	宋长平
《内科护理学》	余红梅	吕云玲	
《外科护理学》	李远珍	吕广梅	李佳敏
《妇产科护理学》	王巧英	冯 蓉	张 露
《儿科护理学》	董荣芹	陈 梅	
《急救与灾难护理学》	储媛媛	许 敏	
《眼耳鼻喉口腔科护理学》	唐丽玲		
《中医护理学》	温茂兴	康凤河	
《社区护理学》	闫冬菊	杨 明	马连娣
《老年护理学》	刘 珊	王秀清	
《精神科护理学》	雷 慧	孙亚丽	
《康复护理学》	姜贵云	李文忠	
《护理心理学》	汪启荣	乔 瑜	
《护理礼仪与人际沟通》	季 诚		
《预防医学》	王祥荣		
《护理管理学》	唐园媛		
《医学统计学》	郭秀花		
《就业指导》	袁金勇	周文一	

全国医学高等专科教育"十三五"规划教材
编审委员会

《就业指导》编写人员名单

主　编　袁金勇　周文一
副主编　张静宇　王　玮
编　者（以姓氏笔画为序）
　　　　王　玮（江苏医药职业学院）
　　　　邹红双（周口职业技术学院）
　　　　张静宇（襄阳职业技术学院）
　　　　周文一（周口职业技术学院）
　　　　施海燕（江苏医药职业学院）
　　　　袁金勇（江苏医药职业学院）
　　　　栗　苏（周口职业技术学院）

前言

我国的高等教育已经从"精英教育"阶段转化为"大众化教育"阶段，越来越多的年轻人走进大学接受高等教育。与之相应的，每年都有数以百万计的高校毕业生走向社会，投身到社会主义现代化建设中来。随着我国社会主义市场经济体制的建立和完善，高校毕业生就业体制也发生了重大变化，连年攀升的毕业生总量使得高校毕业生就业工作难度不断加大，大学毕业生就业工作已成为全社会关注的焦点问题和难点问题。

大学毕业生就业工作直接关系到建设创新型国家和建设人力资源强国的战略部署的顺利实现。因此，提高大学生就业创业能力，促进大学生充分就业，是高校义不容辞的责任。近年来，各高校积极响应，纷纷开设就业指导课程，将其融入专业教育和社会实践之中，贯穿于大学教育的全过程，为提高大学生就业竞争能力、促进大学生充分就业发挥着越来越重要的作用。

为更好地服务于我国高等职业教育医药卫生类人才培养，进一步推动高等职业教育教学改革，提高人才培养质量，帮助大学毕业生顺利就业，我们组织多年来一直从事就业指导教学工作和就业服务工作的教师编写了这本教材。就业指导是一门实践性很强的学科，因此在编写的过程中，坚持以能力和素质为根本，遵循科学性、实用性、职业性、时代性、指导性的原则，根据人才培养目标和当前就业的特点，从社会需求的实际出发，精心科学选取内容，注重理论与实际相结合，力求将理论教学的知识内化于心，外化于行，达到"知、情、意、行"的转化，实现知行合一。

本教材共八章，打破了传统单一模块的编写体制。每章由学习目标、情境导入、案例分析、知识拓展、实践训练等板块组成。学习目标介绍该章的教学目的及要求；情境导入从大学生的生活经验和已有知识出发，为大学生提供从事实践活动的机会，经历知识的形成与应用过程，能更好地理解知识的意义；案例分析部分选择了富有典型性、时代性的案例，指导学生运用所学的理论知识分析和解决实际问题；知识拓展部分选取相关知识使学生进一步开拓视野、加强认识；实践训练部分精心编写配合该章主题的实践训练，提供相关的活动方案和参考资料，使学生通过活动的开展，提高实践能力。此外，本教材还添加了数字资源，方便学生学习。希望广大大学毕业生能够通过这门课程的学习从中受益，为自己未来的职业发展打下坚实的基础，顺利走上理想的职业道路。

由于时间仓促且水平有限，本教材的编写难免有不足之处，敬请广大师生批评指正，以便进一步修订完善。

编者
2017 年 4 月

目录

第一章 大学生职业生涯规划 …… 1

第一节 职业生涯规划概述 …… 2
一、基本概念 …… 2
二、职业生涯规划的作用 …… 4
三、职业生涯规划的基本原则 …… 7
四、影响职业生涯的因素 …… 8

第二节 职业生涯规划的步骤与方法 …… 10
一、职业生涯规划的步骤 …… 10
二、职业生涯规划的方法 …… 14

第二章 大学生就业与创业制度 …… 19

第一节 大学生就业制度 …… 20
一、大学生就业制度的历史沿革和发展 …… 20
二、大学生就业的分级管理 …… 21
三、我国现行的就业制度 …… 22

第二节 大学生就业政策 …… 25
一、就业政策的含义 …… 25
二、大学毕业生就业的总体政策 …… 25
三、具体的毕业生就业政策 …… 25

第三节 大学生创业制度及政策 …… 34
一、国家鼓励支持大学生自主创业的相关文件 …… 35
二、国家鼓励支持大学毕业生自主创业的相关优惠政策 …… 36

第三章 大学生核心就业力 …… 44

第一节 大学生核心就业力概述 …… 45
一、大学生就业的概念 …… 45

  二、大学生核心就业力的特点 …………………………………… 45
  三、培养大学生核心就业力的意义 ……………………………… 46
 第二节 大学生基本工作能力 ……………………………………………… 47
  一、大学生基本工作能力的概念 ………………………………… 47
  二、大学生基本工作能力的特点 ………………………………… 47
  三、大学生基本工作能力的内容 ………………………………… 48
 第三节 大学生专业社会实践能力 ………………………………………… 60
  一、大学生专业社会实践能力的概念 …………………………… 61
  二、大学生专业社会实践能力的内容 …………………………… 61

第四章 大学生自主创业 …………………………………………… 72

 第一节 大学生创业概述 …………………………………………………… 72
  一、创业的含义 …………………………………………………… 73
  二、大学生自主创业的意义 ……………………………………… 75
  三、国家鼓励大学生自主创业的制度与政策 …………………… 76
  四、大学生自主创业面临的困境 ………………………………… 76
 第二节 大学生自主创业的条件 …………………………………………… 78
  一、大学生自主创业的素质要求 ………………………………… 78
  二、大学生如何培养创业能力和素质 …………………………… 81
  三、大学生自主创业的过程准备 ………………………………… 82
 第三节 制订创业计划书 …………………………………………………… 84
  一、创业计划书概述 ……………………………………………… 84
  二、创业计划书的内容 …………………………………………… 85
  三、创业计划书的编写步骤 ……………………………………… 88

第五章 大学生求职择业心理 ……………………………………… 91

 第一节 大学生求职就业心理分析 ………………………………………… 92
  一、大学生就业心理动机分析 …………………………………… 92
  二、大学生常见的就业心理表现分析 …………………………… 93
 第二节 大学生求职择业过程中的心理准备 …………………………… 95
  一、大学生求职择业思想准备 …………………………………… 95
  二、大学生求职择业心理准备 …………………………………… 97
  三、大学生就业应有的就业意识 ………………………………… 100

第三节　大学生求职择业的心理问题 …………………………………… 101
　　　　一、导致大学生产生就业心理问题的因素 ……………………… 101
　　　　二、大学生求职择业的一般心理问题 …………………………… 103
　　第四节　大学生求职择业过程中的心理调适 …………………………… 109
　　　　一、大学生就业心理的自我调适 ………………………………… 110
　　　　二、大学生心理调适的方法 ……………………………………… 111

第六章　大学生求职技能 …………………………………………………… 114

　　第一节　大学生求职途径 ………………………………………………… 115
　　　　一、求职途径 ……………………………………………………… 115
　　　　二、就业信息的整理与使用 ……………………………………… 117
　　第二节　大学生求职技能 ………………………………………………… 118
　　　　一、自我推销 ……………………………………………………… 118
　　　　二、准备求职材料 ………………………………………………… 123
　　　　三、面试与笔试 …………………………………………………… 128

第七章　大学生就业权益 …………………………………………………… 140

　　第一节　就业权益与义务 ………………………………………………… 140
　　　　一、就业权益 ……………………………………………………… 140
　　　　二、就业义务 ……………………………………………………… 142
　　第二节　就业权益保护 …………………………………………………… 143
　　　　一、常见的求职侵权行为 ………………………………………… 143
　　　　二、就业权益保护概述 …………………………………………… 149
　　第三节　就业协议与劳动合同 …………………………………………… 153
　　　　一、就业协议的签订 ……………………………………………… 153
　　　　二、劳动合同的签订 ……………………………………………… 155
　　　　三、就业协议与劳动合同的异同 ………………………………… 159

第八章　大学生职场适应与职业发展 ……………………………………… 161

　　第一节　角色转换 ………………………………………………………… 161
　　　　一、大学生角色与职业角色的区别 ……………………………… 162
　　　　二、角色职业化的内涵 …………………………………………… 164

三、角色转换的实现 ………………………………………………… 165
第二节　职业适应 …………………………………………………………… 165
　　一、高校毕业生的职场困惑 …………………………………………… 165
　　二、职业适应的主要方法 ……………………………………………… 171
第三节　职业发展与职场成功 ……………………………………………… 174
　　一、职业发展阶段 ……………………………………………………… 175
　　二、职业成功的标准 …………………………………………………… 175
　　三、提升职场坐标，走向职业成功 …………………………………… 176

参考文献 ……………………………………………………………………… 180

第一章

大学生职业生涯规划

【学习目标】
- ◆ **掌握**：职业生涯规划的步骤和方法。
- ◆ **熟悉**：结合自身兴趣、特点，以科学的态度和方法规划自己的职业生涯。
- ◆ **了解**：职业生涯规划的概念、作用、原则、影响因素。

情境导入 1-1

情境回放：

　　1984 年，在东京国际马拉松邀请赛中，名不见经传的日本选手山田本一出人意料地夺得了世界冠军。当记者问他凭什么取得如此惊人成绩时，他说了一句话：凭智慧战胜对手。

　　当时许多人都认为这个偶然跑到前面的矮个子选手是在故弄玄虚。马拉松比赛是体力和耐力的运动，只要身体素质好又有耐力就有望夺冠，爆发力和速度都在其次，说用智慧取胜确实有点勉强。

　　两年后，在意大利国际马拉松邀请赛上，山田本一又一次夺得冠军，在记者请他回答问题时，他仍然说凭智慧战胜对手，这样的回答令记者迷惑不解。

　　10 年后，这个谜终于破解了。他在自传中是这样说的：每次比赛前，我都要乘车把比赛的线路仔细看一遍，并把沿途比较醒目的标志画下来，比如第一个标志是银行，第二个标志是一棵大树……这样一直画到赛程的终点。比赛开始后，我就以百米的速度奋力向第一个目标冲去。40 多公里的赛程，就被我分解成这么几个小目标轻松跑完了。

　　在现实中，我们做事之所以半途而废，往往不是因为难度较大，而是觉得成功离我们太远，确切地说，我们不是因为失败而放弃，而是因为倦怠而失败。在人生的旅途中，我们稍微具有一点山田本一的智慧，一生中也许会少一些懊悔和惋惜。

思考与交流：

1. 山田本一说的"凭智慧战胜对手"中的"智慧"具体是指什么？
2. 我们应如何将山田本一的"智慧"运用到我们的职业生涯规划实践中？

第一节　职业生涯规划概述

一、基本概念

（一）职业生涯及职业生涯规划的含义

职业生涯是指个体从正式进入职场直到退出职场这段时间内的与工作有关的经历、态度、需求、行为等过程，是一个人的职业经历。

职业生涯规划又称职业生涯设计，是指个人与组织相结合，在对一个人职业生涯的主客观条件进行测定、分析、总结的基础上，对自己的兴趣、爱好、能力、特点进行综合分析与权衡，结合时代特点，根据自己的职业倾向，确定其最佳的职业奋斗目标，并为实现这一目标做出行之有效的行动计划。

（二）职业生涯规划的分类

1. 按照规划的时间进度进行分类

职业生涯可以分为短期规划、中期规划、长期规划和人生规划四种类型。

（1）短期规划　短期规划是指2年内的规划，主要是确定近期目标，规划近期应完成的任务。如计划2年内熟悉新单位规则，融入单位文化中，并为此花较多的时间与同事、领导沟通，向周围人学习。

（2）中期规划　中期规划一般为2～5年内的职业目标和任务，这是最常用的一种职业生涯规划。如3年内成为医院部门负责人，完成相应的业绩，以及为实现此目标而参加的培训等可采取的具体措施。

（3）长期规划　长期规划一般指5～10年的规划，主要是设定较长远的目标。如规划35岁时成为医院医疗骨干，以及为实现此目标应采取的具体措施。

（4）人生规划　人生规划是指整个职业生涯的规划，时间长达40年左右，设定整个人生规划的发展目标和阶梯。从字面上看，个人职业生涯规划从短期到中期，再发展为长期，直至整个人生规划，一步步发展。但在实际操作中，跨度时间太长的规划由于环境、个人的变化而难以把握，而时间跨越太短的规划又没有多大意义，所以，一般我们提倡个人职业生涯规划控制在2～5年内比较好。这样既便于根据实际情况设定可行目标，又便于随时根据现实状况进行修正和调整。

2. 按照规划的年龄进行分类

人的职业生活是其生活的主体，在其生涯中占有核心与关键的位置。人的一生分为幼年、少年、青年、中年、老年几个阶段，各个不同的阶段有其不同的任务特点。在人的职业生涯中，按照年龄和各个阶段的特点，可以划分为六个时期。

（1）职业准备期（即萌发期）　一般从15岁开始，延续到18～22岁，是从事职业技能学习和等待就业机会的时期。这一时期人们以幻想、兴趣为中心，扮演自己喜爱的职业角色，对自己所理解的职业进行选择与评价。其主要任务是发展职业想象力，在形成较为明显的职业意向后，做好知识、体能及职业心理方面的准备，等待就业。

（2）职业选择期（即探索期）　从17～18岁到30岁以前，对自身能力、兴趣以及职业的社会价值、就业机会进行考虑，开始进入人才或劳动力市场，尝试着自己选定的工作领域或从事某种职业。劳动者对选定的职业不满意，尝试着变换工作，达到逐步稳定工作的状态。

（3）职业适应期（即建立阶段）　一般在就业后一两年即可完成。尽管在选择职业前做好了准备，但是职前的感觉与工作中的感觉还是有很大差距的，这里要有一个适应过程。因为生活环境、生活方式的变化，包括人际关系的变化，都会给大学毕业生带来极大的不适应和不安全感，这一时期的大学毕业生要努力学习职业技术，学习组织规范，逐步适应职业。学会逐步融入职业群体和职业生活中，成为职业生活的主人。

（4）事业稳定期（即维持阶段）　从25～30岁开始，延续到45～50岁，是人们劳动效果最好、取得事业成就的时期，劳动者原则上不再考虑变换职业，只想维持现状，提升自己的社会地位。当然，这一时期也是对早期职业生涯重新评估、强化职业理想的最佳时机。

（5）职业能力衰退期（即就业后期）　从45～50岁开始到退休前。这一阶段，年龄趋于衰老，职业能力或职业兴趣开始衰退，逐渐结束职业生涯。

（6）职业结束期（即退休前后）　这一阶段，人的健康状况和工作能力日渐衰退，职业生涯接近尾声或退出工作领域，个人已不能再为社会创造更多财富，主要靠退休金、个人积蓄生活。因此，个人自主权较弱，或许还会在心理上感到孤独、失落，这就需要个人继续保持职业成就，维护自尊，同时社会也要热情扶助，使人生转折得以平稳过渡。

在这六个时期中，职业稳定期延续时间最长，是创业、立业的宝贵时机；职业选择期是关键时期，它决定着人的职业适应期或长或短，或胜任或难以适应；职业准备期是基础，在很大程度上决定着职业的选择和稳定。

知识拓展

内职业生涯与外职业生涯

职业生涯可分为内职业生涯与外职业生涯。内职业生涯是指从事一种职业时的知识、观念、经验、能力、心理素质、内心感受等因素的组合及其变化过程。它是别人无法替代和窃取的人生财富。内职业生涯如同树根，并不是随时都可以显露出来，只有当我们发表见解、做决定、做工作时才能表现出来。内职业生涯是用人单位进行激励的有效激励源，内职业生涯对员工的激励可以通过两种途径实现：①用人单位通过创造有利于员工内职业生涯发展的环境，对员工进行外部激励；②员工重视内职业生涯的发展，进行自我激励。

外职业生涯是指从事职业时的工作单位、工作时间、工作地点、工作内容、工作职务与职称、工作环境、工资待遇等因素的组合及其变化过程。外职业生涯的构成因素通常是由别人认可的和给予的，也容易被别人否认和收回；而内职业生涯各项因素的取得主要靠自己努力追求得以实现。与外职业生涯的构成因素不同，内职业生涯的各构成因素内容一旦取得，别人便不能收回或剥夺。内职业生涯是真正的人力资本所在，提高内职业生涯而取得的工作成绩，会转化为外职业生涯。只有内、外职业生涯同时发展，职业生涯之旅才能一帆风顺。内职业生涯的发展，是外职业生涯发展的前提。外职业生涯发展顺利，可以促进内职业生涯的发展。

（三）职业生涯规划的基本特征

1. 个性化

就像世界上没有两片完全相同的树叶一样，世界上也不会有两个完全相同的人。每个人都具有独特性，所以才有必要根据每个人的特点设计适合自己的发展之路。模仿别人的成长经历是不现实的，因为你与别人不同，你就是你。每个人都有自己的职业条件，有自己的职业理想，有自己的职业选择，有为实现自己的职业理想所做的种种不同努力。每个人的职业生涯作为一种动态发展的历程，根据个人在不同阶段的目标而不断发展，从而有着与别人相区别的、独特的职业生涯历程。

2. 开放性

每个人的职业生涯都是一个发展、演进的动态过程，其职业生涯发展过程都有着不同的阶段，可以分为不同的时期。人在不同的职业生涯阶段有着不同的目标和任务。人的职业生涯是个人与他人、个人与社会互动的结果。人的"自我"观念与主观能动性，个人所掌握的社会职业信息与职业决策技术均对其职业生涯会产生重要影响。因此，职业生涯规划具有开放性的特征。

二、职业生涯规划的作用

大学生从跨入校门开始就应该确立自己未来的职业生涯目标，时刻关注职业生涯内涵的发展与变化，了解社会对职业的需求，参照社会对人才的素质要求，不断修订自己的职业生涯规划内容，调整自己的发展目标，在动态和多样性中实现发展目标。

（一）职业生涯规划能使大学生主动适应社会发展的需要

从社会发展的角度来设计职业生涯，能够了解社会职业变化的方向和趋势，以便适应急速变化的社会，在飞速发展的社会里更好、更快地成长；社会发展的需要决定着大学生个人生涯发展的目标和方向。

1. 勇敢接受社会的挑战

21世纪人类面临科学技术加速发展和社会急剧变化的挑战。据权威专家估算，科学知识在19世纪大约每50年增加一倍，20世纪每10年增加一倍，20世纪末则是每3～5年增加一倍；21世纪是科技创新与不同领域相互融合的时代，知识的数量将变得无法以时间来估算。职业生涯设计将成为这个快速变化的社会的一个格外重要的课题，并将增添大学生们接受社会挑战的勇气。

2. 促进大学生更好更快成长

科技的加速发展，必然引发社会与经济的变革，以知识为基础的形态正在逐步形成。如果工业经济时代是以能源、材料创造财富，那么知识经济时代则是依靠知识来创造财富。人的知识正在构建新的生产力体系，社会财富及经济效益的增加将越来越依赖于知识创新。大学生具有获取新知识、新技术的有利条件和环境，而职业生涯设计将进一步重视和强调大学生对未来发展的适应性，从而促使大学生更快更好地成长。

3. 激励大学生对职业能力的追求

知识经济改变社会的产业结构，促使人们的工作世界发生根本变化，社会职业的内涵和人们从事职业的方式也将有所变化。职业生涯设计，可以有效地激励大学生不断培养其职业能力，以适应未来职业的变化和发展。

4. 实现职业生涯发展目标

由于职业生涯设计是从未来和发展的角度来看待人的一生，因此它要求大学生能够通过职业生涯规划适应社会的快速变迁，适应社会职业的变化，更好地规划和实现自己的职业生涯发展目标。

（二）职业生涯规划能促使大学生明确人生的奋斗目标

职业生涯规划可以为大学生获得事业成功提供科学有效的方法。主要有以下五方面。

1. 认识自我

职业生涯设计可以使大学生充分地认识自我。认识自我是获得成功的前提，通过认识自我，可以更好并及早地规划好自己的职业生涯，不断开发自己的潜能。

2. 客观地分析环境

职业生涯设计可以帮助大学生客观地分析社会环境，体察变化的条件和因素，并帮助其克服环境变化而导致的心理失衡，勇敢面对社会竞争环境的挑战。

3. 正确地选择职业

虽然社会发展带来职业生涯选择的多重性，但是一个人所选择的一种社会职业又具有相对的稳定性。要想获得职业的良好发展，正确地选择职业就显得十分重要，职业生涯设计可以帮助大学生及早地对自己的职业发展定位，并沿着一条正确的自我发展的职业道路，到达成功的彼岸。

4. 树立明确的发展目标

研究表明，一个有目标意识的人，获得成功的可能性远远高于目标意识不明确的人。这是因为，树立了明确的目标，才能朝着目标方向努力，才能有意识地为他的目标积累素材、创造条件，并使自我的行为和态度观念符合自己制订的目标。

5. 加速自我完善

在职业生涯设计中，大学生的自我完善也包括实现人的现代化。个人要与社会相适应，就必须在人生态度、情感方式、思维方式、行为模式、价值取向和知识能力结构等诸多方面完成向现代化文明素质的转化，从而走向成功。

（三）职业生涯设计能促使大学生终身学习、不断提升

企业未来唯一持久的竞争优势是比竞争对手学习得更快和更好，个人也是一样。我们现在的时代是终身学习的时代，要取得事业上的成功，重要的是要不断更新知识、提升能力，这样才能保持自己的职业竞争力，逐步达到自己设定的职业目标。关心未来的学习能力和发展的可能性，是终身教育体系的重要特点，而职业生涯的发展特点即是要实现未来社会所需求的人的发展目标，并围绕学会学习、学会做事、学会合作、学会发展四个方面的目标努力。

1. 学会学习

学会学习是职业生涯设计中个人学习能力的发展目标。在这里，学习是个体为了提高生活质量、实现人的价值追求的途径。人们在这一学习的过程中，重视书本知识的学习和积累，更重视现实生活能力的发展；重视接受性学习，更重视独立的、创造性性格的养成；关心目前的学习状况，更关心把知识和行为联系起来的能力的形成。

2. 学会做事

学会做事是职业生涯设计中个体适应社会各种岗位工作能力的发展目标。由于知识和信息对生产系统的支配作用日趋增加，传统的职业资格概念将逐渐被个人的能力概念所取代。因此，要求个体在人生的各种社会经历的范围内学会做事，学会应付各种问题，并发展各种能力。

3. 学会合作

学会合作是职业生涯设计中个体合作精神的发展目标。合作是人类和平共处、实现共同发展目标的心理基础和行为活动能力，因此，齐心协力、相互配合、相互促进、相互帮助、相互支持、相互补充、相互影响、相互依赖、真诚合作、和谐相处……就成为未来社会职业生活中人类合群特征的具体表现。合作是通过相互补偿的方式促使个人和组织的需要、利益、兴趣得到最大的满足。

4. 学会发展

学会发展是职业生涯设计中个体学会适应和改变自己生存、生活环境的发展目标。无论是个体还是组织，要使职业生涯获得成功，就必须充分重视发掘个体的发展潜能，强调和尊重人的个性，在提高人的各项能力和素质的基础上，使人能够把握各种有利个体发展的机会，并时刻准备能够肩负起时代和历史赋予的责任和义务，迈向卓越的人生。

三、职业生涯规划的基本原则

（一）利益结合原则

利益结合原则即个人发展要与企业发展和社会发展相结合。从人的全面发展的宗旨来看，利益结合是方法，主要用来更好地处理个人与企业、个人与社会间的关系，寻找个人发展和企业发展、社会发展的结合点。

个人的职业发展，无论是就业还是自主创业，都离不开企业或其他社会组织。人是在一定的组织环境和社会环境中发挥才干的，必须接受组织的现实状况，认可组织的目标和价值观念，并把自己的价值观念、知识技能和刻苦努力集中于组织的需要和发展上。

就个人而言，利益结合首先是自己必须为企业做出贡献，然后才能在企业发展中获得想要的东西。当我们制订薪酬目标时，不妨想想自己能为企业创造多少价值；当我们抱怨企业环境不好时，不妨想想自己能为它做点什么。

个人的职业发展也与社会发展有着密切的关系。个人要求社会提供适宜发展的条件，满足个人的需要；同时，个人也必须为社会做出贡献，完成自己的社会义务。个人的发展必须顺应社会的发展，在追求个人发展的同时，不仅不应损害社会发展，还要推动社会发展。只有社会发展得好，社会中的每一个人才有更好的自我发展。

（二）把握机会原则

把握机会原则就是不断增强自己的能力，时刻准备抓住机会，提高能力创造机会。没有能力的人失去机会，有能力的人抓住机会，更有能力的人为自己创造机会，最有能力的人为别人创造机会，为别人创造机会的同时往往正在为自己创造出更大的机会。

（三）时间梯度原则

人的生命是短暂的，职业生涯更短。我们从20岁左右开始工作，到60多岁退休，其间只有40年左右的工作时间，除去生理活动时间，真正直接用于工作的时间非常有限。时间梯度原则就是根据自己的短期目标和中长期目标，确立每一个目标开始的时间和结束的时间，按期完成任务。没有明确的时间规定，就会失去设计的目的和意义。

（四）发展创新原则

发展原则包括两个方面的含义：一方面是在择业时，要注意选择那些有利于自己今后发展的职业，判断自己在今后的职业岗位上有无发展前途。这就要综合考虑前面几个因素，选择符合自己特长、能够发挥自己全部聪明才智并有所创新的职业。另一方面是在择业时，考虑这种职业在当时当地有没有发展前途，能否达到人职匹配，使自己起到促进社会进步、推动社会发展、实现人生价值的作用。

创新原则即在职业生涯发展过程中不断创新，开拓新思路，使用新方法，发现新问题，制订新目标。职业生涯设计不是一套固定模式，也不存在一种现成的模式。我们可以分析许多成功人士的职业生涯发展历程，并以此作为我们自己制订职业生涯的重要参考，但永远不可能照着别人的路，一模一样地走下去。我们需要用自己敏锐的眼睛、聪明的大脑、勤奋的双手和永不停止的双脚走出自己的职业生涯之路。

（五）综合评价原则

综合评价原则即对职业生涯进行全过程和全方位的综合评价。人的发展是分阶段的，人的发展任务也是分阶段完成的，因此要注意对阶段目标成功与否的评价，使人在职业生涯发展的过程中不断有自我实现感。综合评价原则也促进我们在职业生涯、个人事务、家庭生活三方面共同发展，从而促进社会进步。

四、影响职业生涯的因素

众所周知，人们一生的职业历程有着种种不同的可能，有的人从事这种职业，有的人从事那种职业；有的人一生变换过多种职业，有的人终身在一个岗位上；有的人事业有成，有的人则碌碌无为……影响职业生涯的因素是多方面的，有个人素质、心理因素等主观方面的原因，也有社会环境、机遇等客观方面的原因，这些因素相互关联、相互依靠，好比房子周围支撑篱笆的桩柱，假如移动其中的一根，整道篱笆就会改变形状。对于某些人来说，他们所喜欢的职业或许正好需要一些他们并不具备的能力；对于某些人来说，他们所受的教育、所学的专业并非自己的兴趣爱好所在；对于某些人来说，他们的健康状况束缚了自己的职业选择；等等。因此，在进行职业生涯设计时要仔细考虑影响自己职业生涯的每一个因素。

（一）社会因素

选择职业作为一种社会活动必然受到一定的社会制约，任何人选择职业的自由都是相对的、有条件的。如果择业脱离社会需要，将很难被社会接纳。大学生应该善于把握社会发展的脉搏，对影响自身职业规划的社会大环境进行分析。如当前社会经济、政治发展的趋势；社会热点职业门类及需求状况；所学专业在社会上的需求形势怎样；自己所选择职业在目前与未来社会中的地位情况，在本行业中的地位、市场占有份额及发展趋势。对这些社会发展大趋势问题的认识，有助于自我把握职业社会需求，使自己的职业选择跟上时代脚步。各种社会环境对个人职业生涯发展的影响是很大的。社会中的每一个人都处在一定的环境之中，离开了这个环境，便无法生存与成长。所以，在进行个人职业生涯设计时，要分析环境的特点、环境的发展变化情况、自己与环境的关系、自己在这个环境中的地位、环境对自己提出的要求以及环境对自己有利的条件与不利的条件等。只有对这些环境因素充分了解，才能做到在复杂的环境中避害趋利，使自己的职业生涯设计具有实际意义。

环境因素很多，包括社会环境、政治环境、经济环境、科技发展环境等。社会环境包括劳动力市场的供需状况及国家有关劳动、人事方面的政策法规的颁布与实施等。以劳动力市场的供需状况为例，市场紧缺的专业人才可能拥有更好的职业生涯发展条件，也可能使人贪图安逸生活和优厚待遇而放松努力，影响远期职业生涯发展。政治环境包括政治与政策的变动、体制的变动、国际政治关系的变化等。经济环境包括经济形势、经济增长率、市场竞争状况、经济景气状况等。科技发展环境包括产业结构调整、高新技术的影响、现代化技术与管理的发展等。

每个人要确定适宜的职业生涯发展目标，就要根据各种社会因素的变化，对职业生涯发展作出适当调整。

（二）家庭因素

家庭因素包括父母的职业、受教育状况、社会地位、家人的期望、家庭经济状况等。任何年满18周岁的成年人必定会受各种义务的束缚，包括对自己、对别人、对社会所承担的某种经济义务。

正如品学兼优而自动放弃升学机会的小张所说："父母年事已高，体弱多病，我得先找一个工作以减轻他们的负担，等到条件成熟我会再考回学校来的。"又如，小徐是某卫生高职院护理系的毕业生，从跨入大学的那天起便立志成为一名护士，但最后在毕业生就业协议书上签下的不是某医院，而是一家企业。在收起协议书的一刻，她感慨万千，那是一种放弃曾经无限痴迷的梦想之后无奈的叹息："我没有冒险的资本，我不能那么自私，只为我自己潇洒而不考虑家人，一份高薪稳定的工作对我来说比较合适，至少在最近几年是应该如此。也许有一天，当我还有那份痴迷和激情，而我又找到更好的起点时，我还会重新选择。"

（三）个人因素

每个人都有其独特的心理特质和个性，如兴趣、智商、情商、潜能、价值观、动机、态度、人格倾向等，这些都会影响其进行职业生涯规划。

（1）良好的人生态度对职业生涯规划起着促进作用　一个具有进取心和责任心的人常能够审时度势地选择适度的目标，并持久、自信地追求这个目标，因而容易使事业成功。

（2）强烈的自信心为个体在逆境中开拓创新提供了信心和勇气　有自信的人常常喜欢挑战，能战胜失败、突破逆境，使自己好梦成真。没有信心的人会变得平庸、怯懦、顺从。

（3）稳定的情绪状态为工作提供了适度的激活水平　焦虑和抑郁会使人无端紧张、烦恼或无力，恐惧和急躁易使人忙中出乱。

（4）个人的健康为职业选择奠定重要基础　几乎所有的职业都需要健康的身心。"性别因素"在职业生涯中也扮演着重要的角色。因此，我们每个人尤其是女性在职业生涯设计时应确定与性别因素吻合度更高的职业目标，以便充分发展自己的性别特色，使自己走向成功。

（5）教育是赋予个人才能、塑造健全人格、促进个人发展的助力器　具有不同教育程度的人，在个人职业选择或被选择时，具有不同能量。一般来说，接受过较高水平教育的人，在就业以后会有较大的发展；在职业不如意时，再次进行职业选择的能力和竞争力也较强。另外，人们所接受教育的专业、学科门类对职业生涯起着决定性作用，人们在选择职业、转换职业时往往与所学的专业有一定的联系。因此，职业的进展深受正规教育或专业培训的影响，教育程度是事业成功中不可缺少的因素。凡是社会阶层高过其父母所属阶层的人都觉得，教育是改变社会地位的主要动力。但是对大多数的职业而言，也未必尽然，用人单位往往对录用者能干什么有更大的兴趣，而不只注意他们所具备的教育资格。一般来说，他们要找的是既受过正规教育，又具备某些没有固定规范的有个人发展潜力的人。

（6）人际关系对职业的发展有着巨大的影响　良好的人际关系是舒心工作的必要条件。各类组织都讲求团队精神，有的人对人际关系心存胆怯和回避，或者轻视和随便对待，可能会被认为人际交往能力欠缺，从而影响职业发展。对于刚刚离开大学校门、自我意识较强、社会经验不足的大学生来说，人际关系对职业发展的影响更加明显。

第二节　职业生涯规划的步骤与方法

一、职业生涯规划的步骤

从职业生涯发展的角度来看，一个人在规划他的职业目标时应包括近、中、远期三个不同阶段的目标。作为高职高专大学生来说，首先应该规划自己的近期目标，你将要为以后的职业发展打下什么样的基础，具有什么样的能力。规划自己的职业生涯，可以从以下几个步骤入手。

（一）确定目标

一个人要获得事业的成功，必须按照人生成功的规律来制订行动的目标和规划。也就是说，一个未来的成功者，必定是一个目标意识很强的人。当一个目标实现以后，他又会盯住另一个目标，直到事业的成功。据研究发现，凡是在一生中称得上"成功"的人，都有明确的奋斗目标。当然，有了奋斗目标，也不能保证百分之百的成功，有的由于目标失当；有的由于行动不够，半途而废；有的则由于失误或遇到某种意外等。由此得出这样一条规律：有了目标未必一定成功，但若想成功必须要有明确的目标。

1. 职业目标的选择

职业目标的选择正确与否，直接关系到人生事业的成功与失败。据统计，在选错职业目标的人当中，有80%的人在事业上是失败者。正如人们所说的"女怕嫁错郎，男怕选错行"。由此可见，职业目标选择对人生事业发展是何等重要。在职业生涯规划中，需要将自己设定的长期职业生涯目标，分解成一些子目标，按子目标的落实思路和策略制订具体的日程表，再拟订实现的步骤、程序、检查办法等，通过实现若干小的目标，积小胜为大胜，最后实现长期目标。职业目标的选择须注意以下六点。

（1）考虑目标　无论是学习、就业，还是生活，都要先把职业目标建立起来。确立目标的首要任务是有理想、有志向，不要过多地考虑细节问题。同时，还应区分近期目标和长期目标。

（2）不要把职业目标的期限定死　职业目标的最终实现，不完全取决于个人的主观愿望，它还受各种客观条件的制约。最要紧的是坚持不懈地努力，并应把握各种时机。

（3）做好眼前的工作　俗话说："积水成川"。眼前的具体工作是长期的较高职业目标的基础，是取得最大成功的基础和保证。万里长征也得从第一步开始。

（4）遇挫折不气馁　人生的道路不只一条，可供选择的道路很多，绝不要因为一次挫折而灰心丧气，踌躇不决，空生烦恼，应时时勉励自己，鼓起勇气继续前进。

（5）不可轻率地决定事情　任何问题摆在面前时，应先冷静地用头脑去思考，分清来龙去脉及可能出现的结果，然后再确定解决的办法。

（6）对未来抱有坚定的信心　一个人只要有信心，幸运之神就会眷顾。信心坚定的人，即使身处逆境，也有可能化险为夷，加速实现自己的目标。

2. 职业目标的确立

职业生涯目标的确立是规划职业生涯的核心。一个人事业的成败，很大程度上取决于有无正确的目标。职业发展必须有明确的方向与目标，因为明确的目标可以成为追求成功的驱动力。研究表明，一个人事业的成败很大程度上取决于有无适当的目标，成功的人士都有明确的奋斗目标，没有奋斗目标的人，几乎没有获得成功的可能。因此，一个未来的成功者，必定是一个目标意识很强的人。

职业生涯目标是未来人生的发展方向，对人的一生有着重要的影响。以下问题能够帮助大学生发现自己的目标。①你有何才能？把它们全部列出来，选择三种最重要的才能，然后把每种才能用一两个词来表达。②你的追求是什么？什么是你梦寐以求的？你愿意为哪些事情一展才华？在哪些主要领域你愿意投入自己的才智？③什么环境让你感到如鱼得水？什么样的工作和生活环境最适合你发挥自己的才能？现在，把上述问题的答案列出来，将每个答案中你认为最重要的因素结合起来组成一个完整的句子。最终你会发现它们当中贯穿着一条内在的主线。在确定目标的过程中要注意以下几点。

（1）目标要符合社会与组织的需要，有需要才有市场，才有位置。

（2）目标要有适合自己自身的特点，并使其建立在自身的优势之上。

（3）目标要高远但决不能好高骛远，一个人追求的目标越高，其才能就发展得越快。

（4）目标幅度不宜过宽，最好选择窄一点的领域，并把全部身心力量投入进去，这样更容易获得成功。

（5）注意长期目标与短期目标的结合，长期目标指明了发展的方向，短期目标是实现长期目标的保证，长短结合更有利于职业生涯目标的实现。

（6）目标要明确具体，同一时期的目标不要太多，目标越简明、越具体，就越容易实现，越能促进个人的发展。

（7）要注意职业目标与家庭目标以及个人生活与健康目标的协调与结合，家庭与健康是事业成功的基础和保障。

职业生涯规划的核心是制订自己的职业目标和选择职业发展路径，对自己的优势、劣势有清晰的判断，对外部环境和各行各业的发展趋势和人才素质要求有客观的了解，在此基础上制订出与实际符合的短期目标、中期目标与长期目标。

（二）可行性分析

个人职业生涯成功与否，既受到个体各方面条件的影响，同时也受到他所生活的客观环境的影响。一个人只有对"自己喜欢什么"、"自己能干什么"以及"环境允许我干什么"有清醒的认识，并找到三者的最佳结合点，才可能走向成功。可行性分析就是对个人职业生涯发展的各种因素加以考察的过程。

1. 客观地评价自我

自我评估是个人职业生涯规划的基础，也是能否获得可行性规划方案的前提。如果忽视了自我评估，职业生涯就很容易中途夭折。自我评估的主要内容是与个人相关的所有因素，包括兴趣、个性、能力、特长、学识水平、思维方式、价值观、情商以及潜能等。常言道"当局者迷"，一个人对自己的认识往往是片面的，所以在自我评估中还应当包括他人的意见，我们称之为"角色建议"。要认真分析自身的优势和劣势，分析自身面临的机会和威胁。理性的职业分析至少应考虑以下几个方面：一是自身的优势，如与竞争对手相比，自己拥有性格果断、意志坚强、知识丰富、兴趣广泛等优点；二是自身的劣势，如与竞争对手相比，自己有工作经验不足、人际关系不和睦等缺点；三是机会，要善于寻找有利于职业选择和职业发展的机会，如企业拓展海外市场需要外派人员等；四是要分析潜在的威胁，如出现新的竞争对手，原产品不再适应市场变化的新需求等。

> **知识拓展**
>
> **气质、性格与职业生涯设计**
>
> 1. 气质与职业生涯设计
>
> 气质是指人典型的、稳定的心理特点。心理学从理论上将气质分为胆汁质、多血质、黏液质和抑郁质四种，各种气质的特点不同，适宜从事的职业也各异。但在实际生活中，很少有人简单地属于哪一种气质，一般的人都是好几种气质的混合。只是在这几种气质中，更倾向于其中的哪一种。在选择职业时，也要根据自己的气质特点来确立适合的职业目标。当然，气质并不是决定职业适应和成功的主要因素，它只具有一定的辅助作用。但在一些特殊职业中，其工作性质对从业者的某些气质特征要求非常高，而且无法用其他心理特点来弥补。这方面的职业有飞行员、宇航员、大型动力系统调度员以及运动员等。这些职业都要求身心的高度紧张，反应敏捷，具有坚韧的耐力等，这些气质要求并不是一般人所能达到的。因而，就这些职业来说，气质成了职业适应性的最主要的决定因素。

2.性格与职业生涯设计

性格一般分为外向和内向两种。一般说内向的人适合做医生、机械师、编辑、工程师、会计师、打字员、程序设计员等；而外向性格的人从事管理人员、律师、记者、警察、售票员、演员、推销员、广告人员等职业较为恰当。当然内向与外向的划分不是绝对的，在一个人身上，这两种性格会同时存在，而且随着环境、场所的变化，其表现也不同。近年来，国外用人单位在选人时出现一种新观念，认为性格比能力重要。其理由是一个人如果能力不足，可以通过培训提高，但如果性格与职业要求相去甚远，要改变可就困难多了。所以，在招聘新人时，他们把性格测试结果放在首位加以考虑，当性格与职业相吻合时，才对其进行能力的测试。

2. 全面地分析环境

影响职业生涯的环境因素可以归结为社会环境因素、行业环境因素和组织环境因素三大类。

（1）社会环境因素　社会环境对每个人的职业生涯乃至发展都有重大的影响。通过对社会大环境进行分析，了解国家或地区的经济、法制建设发展方向，寻求各种发展机会。社会环境涉及面很广，分析起来相当复杂。人们通常把社会环境分为五大类，即经济环境、人口环境、科技环境、政治与法律环境、社会文化环境。

当前，社会环境对我国职业的影响表现为：人口城市化趋势，人口老龄化趋势，人口流动加速，教育体制的改革，企业改革，政府机构改革，新工作模式出现等。

（2）行业环境因素　企业的行业环境将直接影响到企业的发展状况，进而也就影响到个人职业生涯的发展。行业分析包括对目前所在行业和将来想从事的目标行业的环境分析。行业环境分析的主要内容包括：行业发展现状，国际国内重大事件对该行业的影响，目前行业优势及问题所在，企业是否跨行业发展，行业发展前景预测。

（3）组织环境因素　从组织内部环境看，影响职业发展的因素是多方面的，主要包括企业的一般特征、组织的发展战略、企业文化、组织的人力资源状况和人力资源规划、企业领导人的组织和价值观等。

（三）制订相应的行动计划

在确定了职业生涯目标以后，行动便成了关键的环节。没有行动，就不能达成目标，也就谈不上事业的成功。这里所指的行动，是指落实目标的具体措施，主要包括训练、教育、轮岗等方面的措施。例如，为达成目标，在工作效率、业务素质、潜能开发等方面，都要有具体的计划与措施，并且定时检查落实情况。

（四）计划付诸行动

职业目标确立并有了详尽的行动计划以后，就要立刻付诸行动，否则，计划将被束之高阁，职业生涯规划也将无从实现。具体来讲，不妨从以下八个方面去付诸行动。

（1）经常回顾自己的构想和行动规则　有些人有计划，但总是不将计划放在心上，只要有事做，就不知道自己努力的方向在哪里，缺乏时间观念，结果贻误发展机会。

（2）对计划加以灵活调整　如果自己的理想蓝图已经发生变化，那么构想和行动计划也要作出相应的变动，从而目标和策略也应随之改变。计划毕竟是计划，往往需要和现实结合起来，动态性地管理，否则，缺乏灵活性，也会导致计划落空。

（3）把自己的构想和任务方案放在可经常看见的地方　为了避免自己忘记重要工作及时间表，最好将这些内容放在自己能经常看得见的地方，如写在日历上，贴在床头，或存在计算机桌面，时刻提醒自己。

（4）根据自己的计划作出重大决策　当作出一个对生活和工作极其重要的决定时，请考虑一下自己的构想和行动规划，并确保该决策与自己的本意是相符的。有时，可能有一些重要的诱因，使自己获得短期内的收获，但从长期考虑却对自己有损失。这时候，就需要冷静地思考，权衡利弊及对策，作出符合职业生涯发展利益的决策。

（5）让好朋友督促自己行动　与好朋友讨论自己的构想和行动方案，并询问实现构想的途径，向好朋友公开自己的计划，往往能督促自己行动。

（6）注意抓住机遇以实现自己的目标　开发职业的渠道很多，除了个人自己创造机会外，还应该抓住组织所提供的机会，为实现自己的职业目标打基础。

（7）至少每三个月检查一次自己的工作进度　过程监督十分重要，监督可以发现计划中的问题，可以考察计划的落实情况，可以有针对性地提出解决方案。

（8）要有毅力　参加工作以后，属于自己支配的时间少了，为了实现自己的目标，通常较多的是牺牲节假日和八小时以外的时间，这就需要毅力。

二、职业生涯规划的方法

情境导入 1-2

情境回放：

小杨是药学专科专业的学生，当年考大学的时候，冲着药学是个热门专业就读了这个专业，但3年下来，自己觉得并不喜欢，每次考试也是勉勉强强地过了。现在面临大三要找工作了，放弃自己的专业吧，小杨不太情愿，毕竟学了3年，选择其他职业吧，自己也不知道做什么好，况且也担心自己缺乏专业上的优势，一个门外汉哪能和科班出身的学生竞争呢？因此小杨就想找个月薪1800～2000元的工作或者好一点的企业先混着。但招聘会跑了很多，简历也投了不少，找来找去，却找不到符合自己要求的岗位，眼看着周围的同学一个个有了方向，小杨忧心忡忡。

思考与交流：

1. 分析小杨在求职时的突出问题。
2. 如果小杨向你咨询，你给她支什么招？

（一）机会评价法

影响职业生涯设计的因素主要有两方面，一是社会因素，二是自身因素。对这两个方面应进行全面的分析。西方战略管理学派曾用SWOT分析法对每个人的职业机会进行评价。SWOT分别代表四层含义：S——strength，表示优势；W——weakness，表示劣势；O——opportunity，表示机会；T——threat，表示威胁。这其中，优势和劣势用来分析个人，而机会和威胁主要用来分析外部环境。

（二）目标分解法

目标分解就是将总目标分解成不同的分目标，使实现目标有可操作性的方法。当然，我们还要处理好总目标和分目标的关系，使它们成为一体。

目标分解的方法一般有两种：一是按时间分，二是按性质分。按时间分，可以分为最终目标、长期目标、中期目标、短期目标等。按性质分，可以分为外职业生涯目标和内职业生涯目标。外职业生涯目标包括职务目标、工作内容目标、工作环境目标、经济目标、工作地点目标等。内职业生涯目标在于职业生涯过程中的知识与经验的积累、观念与能力的提高和内心的感受，主要包括观念目标、工作能力目标、工作成果目标、提高心理素质目标、掌握新知识目标、处理与其他人关系的目标等。

（三）自我评估法

1. 审查法

审查法也叫自省法。它是通过对自己的行为及自身的体验进行观察和分析，从而对自己的行为状态、特征和体验予以理解与评估的方法。自省法是人们常用的一种自我评价的方法，是自我认识的重要途径。

大学毕业生用此方法进行自我评价，可以通过自己的学习成绩来评价自己对基础理论知识的掌握程度；通过自己使用实验仪器的情况、操作机器的情况及其他生产实践的情况来评价自己对专业技术技能的掌握程度；通过毕业设计和论文的完成情况来评价自己灵活应用专业知识的能力；通过自己参加社会活动、获得各种证书的情况、毕业鉴定的情况来评价自己的技术能力；通过自己感兴趣的事物来评价自己的兴趣、爱好；通过自己的举止及语言特点来评价自己的基本素质和性格特征等。

2. 比较分析法

比较分析法能对自己在社会群体中所处的位置和表现作出正确的评价，容易了解自己的特长和缺陷，知道自己的性格和气质。正所谓"以史为鉴，可以知兴衰；以人为镜，可以知不足"。比较分析法又可分为自我前后比较、自我与他人比较、自我愿望与行为结果比较和自我表现与社会期望比较等几种。

（1）自我前后比较　这是纵向比较法。它把以前某一时段的自我作为镜子，对照现今的自我，从中发现共同点和不同点，从而更好地对自己作出评价。例如，大学毕业生通过刚进入大学和临近毕业两个时期的自我对比，可以看到自己社交能力、实践能力的改变或提高，可以发现自己的兴趣和希望发展的方向。

（2）自我与他人比较　这是横向比较法。自我与他人比较是指把他人在社会、学校及在自己心中的感觉和形象，与自己的情况加以比较来进行自我评价的方法。大学毕业生可以对照其他同学，从学习成绩上进行比较，了解自己的学识程度；从社会活动、待人接物等方面进行比较，了解自己的处事能力；从人缘好坏方面比较，了解自己的气质、性格；从文艺、体育、写作方面比较，了解自己的爱好、特长和不足等。大学毕业生还可以与朋友或某些特定对象进行比较，如与老师、亲人比较。由于老师、亲人等具有各自不同的素质和能力，毕业生在与他们进行比较的过程中，得出对自身素质和特点的评价。大学毕业生与他人进行比较时，要挖掘自身的比较优势，即在这过程中，得出对自身素质和特点的评价，以及在这过程中呈现出来的更强的能力、更高的本领、独具的特长和发展潜力，这将成为毕业求职时的制胜法宝。

（3）自我愿望与行为结果比较　大学毕业生为了达到自己的预期目标，都会产生一系列的行为举止，而行为所产生的结果往往与预期目标不相符合，甚至相背离。这是由于各人所具备的能力和素质各不相同，预期目标与可实现性有差异，完成目标的行为受到性格等内在因素的制约等。例如，大学毕业生希望正确地表达自己强烈的求职愿望，而又缺乏必要的表达能力，这至少说明了自己的表达能力较差。大学生在学习、生活中，有很多愿望，有的达到了，有的没有达到或者不可能达到。毕业生可以通过这些愿望与相应的行为结果作比较，进行自我评价。

（4）自我表现与社会期望比较　对大学毕业生而言，父母总是希望他们有出息、有能力；用人单位总是希望他们踏实肯干，具备专长和奉献精神，为国家建设添砖加瓦。毕业生把这些期望同自己的言行加以比较，不但可以客观地进行自我评价，而且可以校正自己的言行举止，健康成长。

（四）自我定位法

自我定位法是根据他人的看法和自我心理测量来确定自己的实际状态和所处的位置。

1. 注重倾听他人的评价

在平时的工作、生活中，对自己身边的人、物进行观察和认识，而把自己作为研究对象，反躬自省，但这往往很难做到自觉、全面、深刻。因此，倾听他人对自己的评价，不失为一种合适的方法。每个大学毕业生在学习生活中都会受到他人的评价，不论他人的动机如何，这种评价本身对自我了解很有参考价值。例如，毕业生的鉴定意见、老师的表扬和批评、同学的赞许和指责、家长和朋友的认同和反对，这些都可以作为他人对自己的评价。除此之外，大学毕业生可以有意识地请他人对自己的性格、能力、行为举止等作出客观、现实的评价。通过对这些评价的整理和分析，大学毕业生便可以进行自我定位，达到自我评价的目的。

2. 自我心理测量

这是指利用一些特定的测试内容对自己的心理素质、能力进行测量。这种测量法是根据教育学和心理学等学科提供的科学依据，以及经过长期实验与探索得出的规律，制定出相应的标准,让测量者对照自己加以比较,得出自己现实心理及能力状况的一种方法。它能让被测量者客观地认识自我,较为准确地为自己定位。大学毕业生不但可以用自我心理测量的结果进行自我评价,而且可以把结果作为择业方向选择的参考,不断修订自己的择业目标。在此基础上,结合其他对职业生涯规划设计相关的评估结果,有效地制订自己的职业生涯规划方案。

【实践训练1-1】

组织大学生参加学校的职业生涯规划大赛

为了进一步增强在校学生职业生涯规划意识,引导学生以科学的态度和方法规划自己的职业生涯,结合自身兴趣、特点,以明确自我职业发展目标,学校可以定期举办大学生职业生涯规划大赛,具体来讲需要确定大赛主题、制订大赛程序、规定内容要求和作品形式、制订评价标准等。

附:参赛作品规范细则及评分规则范例

一、内容要求

参赛作品以参赛选手本人的职业规划为主题,以近期职业生涯目标规划为重点,对自我和外部环境进行全面分析,提出自己的职业目标、发展路径和行动计划。参赛作品应涵盖自我认知、职业认知、职业目标与路径设计、规划与实施计划、评估与备选方案等内容,适当运用人才测评等分析、决策工具及丰富的事实论据,对职业规划过程详尽阐述。参赛作品不得违反有关法律、法规以及公认的道德规范,不得侵犯他人知识产权,不得剽窃、抄袭他人作品。

二、作品形式

参赛选手需同时提交《职业生涯规划书》的书面文档和电子文档。

三、书面作品规格要求

(1) 参赛作品使用A4纸打印装订,黑白、彩色均可。

(2)《职业生涯规划书》必须有扉页,扉页填写参赛者的真实姓名、性别、系、班级、学号、联系电话、电子邮件地址。

(3) 参赛作品设计与撰写要求(包含但不限于以下内容)

职业生涯规划简而言之就是:知己知彼,合理选择职业目标和路径,并用高效行动去实现职业目标。

① 客观认识自我,准确职业定位(知己)。根据《职业生涯规划测评报告》以及其他评估方法,客观分析自己的职业兴趣、职业能力、行为风格、职业价值观、个性特征等,了解自己喜欢干什么?能够干什么?适合干什么?最看重什么?人与岗是否匹配?以此作为设定职业生涯目标和策略的基础,做出准确的职业定位。

② 评估职业机会(知彼)。通过多种途径,尽可能获取目标行业、目标职业、目标企业(用人单位)的相关资讯,结合自己的专业情况、就业机会、职业选择、家庭环境、社会需求等因素,理性评估职业机会,以此作为设定自己职业目标的基础。

参赛学生需要考虑:我向哪一条路线发展?我能够往哪一条路线发展?我可以从哪

一条路线发展？并不断优化职业目标。

③ 择优选择职业目标和路径。在知己知彼的基础上，选择最适合自己的职业目标，并确定相应的职业发展路径。

④ 制订行动计划和策略，终身学习，高效行动。围绕职业目标的实现，制订具有针对性、明确性与可行性的行动计划，特别是要详尽制订好大学期间和毕业后五年内的实施计划。在制订计划时要区分轻重缓急，在行动计划和策略制订完成后，要采取高效的行动，学会时间管理和应对干扰。

⑤ 评估与备选方案。根据自我发展、社会变迁以及其他不可预测的因素，主动适应各种变化，及时评估，灵活调整，不断修正、优化自己的职业生涯规划。

四、评分标准

大赛评选以合适、合理、思想、真实、逻辑、创新、可行性为主要评选标准，淡化文学性和艺术性。大赛参赛作品的评选以近期目标规划为评选重点，近期目标规划指在校期间和毕业后三年的职业生涯规划。

参赛选手进行演讲和答辩，陈述自己的规划方案、操作性和实施方法，回答专家和观众提问，评委现场评审。选手演讲可以现场演示照片、幻灯片、实物、图片及多媒体。

【实践训练 1-2】

所谓当局者迷，旁观者清，综合利用他人评价是不可或缺的一个环节。在成长过程中，曾经听过父母、老师、兄弟姐妹、同学、朋友对你的一些描述或评语。这些话就像一面镜子，可以让你知道自己在别人眼里中是一个怎样的人！

项目	同学朋友眼中的我		老师眼中的我		家长亲戚眼中的我	
	优点	不足之处	优点	不足之处	优点	不足之处
兴趣方面						
性格方面						
学习方面						
品德方面						
生活方面						
能力方面						
其他方面						

别人眼中的我，和我自己所知道的我，有没有什么不同？让我来比较一下！

相同点：_____

不同点：_____

我的发现及心得：_____

（袁金勇）

第二章

大学生就业与创业制度

【学习目标】
- ◆ **掌握**：国家出台的有关大学生的就业与创业制度。
- ◆ **熟悉**：以新的理念、新的思维自主择业，自主创业。
- ◆ **了解**：我国国情及就业、创业机制的建立和完善，使毕业生就业、创业摆脱困境，顺利实现就业、创业。

情境导入 2-1

情境回放：

小高毕业于高职学院护理专业，在招聘会现场走走停停，没有找到自己心仪的工作，这时她想起自己在毕业前夕曾经在"全国征兵网"填写了报名信息，"我何不去应征入伍呢？"从小就有参军梦想的她赶紧给父母打电话，说了自己的想法，父母爽快地同意了。于是她登录"全国征兵网"，下载打印《应征女青年网上报名审核表》，持《审核表》、本人身份证、毕业证书等相关证件，按兵役机关通知要求参加征兵办公室组织的初审初检，并通过了体检考评、政治审查，被批准入伍。

入伍后，小高知道国家对应征入伍服义务兵役的高校学生，在入伍时对其在校期间缴纳的学费实行一次性补偿，于是，她下载打印了《高校学生应征入伍学费补偿国家助学贷款代偿申请表》并交学校学生资助管理部门审核通过，在校学习三年的学费得到了补偿。

入伍期间，小高严格要求自己，军营生活使她身心得到前所未有的洗礼，她变得更加强健开朗，更加成熟和自信，磨炼出坚定的意志和勇于担当的奉献精神。新兵生活结束，由于她的医学背景，被分到了部队医院工作，工作中她以自己大学所学专业知识和技能服务于部队医院，受到了医院领导、同事和病员的广泛好评。

在一次回家探亲时，小高拾金不昧，交还失主 6 万元现金，当地军分区政治部向小高所在部队通报了她的事迹，受到了部队的嘉奖。同时，小高也被当地政府评为"十大杰出青少年"。

> 退役后,她参加当地一家三甲医院的招聘,由于其入伍经历和突出表现被这家医院破格录用。
>
> **思考与交流:**
>
> 作为一名新时期的大学生,请结合自身实际谈谈如何利用好国家促进就业的政策顺利就业?

第一节 大学生就业制度

就业乃民生之本,是人民改善生活的基本前提和基本途径,就业问题是一个世界性的课题。我国的经济当前处于转轨时期,就全国来讲,劳动者充分就业的需求与劳动力总量过大以及劳动者素质不相适应的矛盾比较突出。就高校毕业生来讲,数量大幅度上升,就业压力持续增长。今后几年,随着大学的继续扩招,应届毕业生的数量还会持续上升。这就要求我们进一步深化改革高等学校毕业生就业制度,以新的理念宣传、指导、服务大学生自主择业,适应市场经济发展需要。

一、大学生就业制度的历史沿革和发展

新中国建立之前,高等学校的毕业生基本是自谋职业。新中国成立后,政治、经济制度的改变导致了高校毕业生就业状况的变化。伴随社会主义计划经济体制的建立,逐步建立和健全了与计划经济体制相适应的,以"统招、统包、统配"为特征的高校毕业生招生分配制度。改革开放以来,毕业生的统配制度越来越不适应市场经济的需要,从而引发了高校毕业生就业分配制度的改革问题。仔细分析,中华人民共和国成立后的几十年间,大学毕业生就业经历了以下制度的变迁,即高等学校毕业生就业经历了几个不同发展阶段:"统包统分"、"供需见面"、"双向选择"、"自主创业"等。具体发展过程如下。

(一)"统包统分"的就业模式

1951~1978年,大学毕业生实行国家负责,按计划统一分配的"统包统分"制度。这既能保证国家重点建设人才的需求,又能为边远地区输送大批毕业生;既有利于国家宏观调控人才流向,又有利于社会安定。

(二)"供需见面、双向选择"的就业模式

1979~1992年,国家实行对内改革,对外开放,经济体制从单一计划经济体制向商品经济体制转变,大学毕业生分配实行了学校与用人单位通过计划内的供需见面,落实毕业生就业和在国家方针政策指导下,学生选报志愿,学校推荐、用人单位择优录用

的"供需见面、双向选择"模式。

(三)"双向选择、自主择业"的就业模式

1993~1999年,大学毕业生实行"双向选择、自主择业"的就业模式。1993年中共中央、国务院颁布《中国教育改革和发展纲要》,确定毕业生就业制度改革目标为:一方面,改革高校毕业生由国家安排就业,多数学生"自主择业"的就业制度;另一方面,对现实与目标的实现之间有一个从1992年开始进行招生并轨到毕业生就业的过渡时期。

1998年起,对并轨后的毕业生,按照"国家宏观调控、学校推荐、毕业生与用人单位双向选择"的政策进行就业。全国性、地区性和高等学校内的多种形式的招聘毕业生就业的市场活动蓬勃发展。

(四)"自主择业、自主创业"的就业模式

2000年至今,大学毕业生就业制度由"自主择业"向"自主创业"转变。2000年教育部宣布毕业生"派遣证"改为"报到证",标志着《中国教育改革和发展纲要》规定的过渡时期的结束。

2002年国办19号文件,对毕业生就业做出了新的规定,要求全国省会及省会以下的城市对毕业生就业的落户放开,取消了跨地区、跨部门就业收费等一系列政策,为全体高等学校毕业生提供了同一起跑线上进行自主择业的可能。"十五"期间,毕业生就业制度改革也以2002年国办19号文件为标志进入了市场导向、国家宏观调控、学校推荐、毕业生与用人单位双向选择的模式的毕业生自主择业制度改革新阶段。鼓励大学毕业生自立基业,包括个人、集体、国家和社会的各项事业,进行自主创业。

截至目前,我国已建立了与社会主义市场经济制度相适应的大学生"自主择业、自主创业"的就业制度。

二、大学生就业的分级管理

1. 领导统一协调机制

2002年2月经国务院批准,国务院办公厅转发的教育部、公安部、人事部、劳动保障部等部门《关于进一步深化普通高等学校毕业生就业制度改革有关问题意见》中明确指出:"在国务院领导下,教育部、人事部、国家计委、财政部、劳动保障部、公安部等有关部门密切配合,共同做好高校毕业生就业工作。省(自治区、直辖市)人民政府可成立由政府主管领导牵头,有关部门参加的领导协调机构,统筹做好高校毕业生就业工作。"

2. 具体管理部门及其职责

(1)国务院授权教育部代表国家具体负责全国高校毕业生就业工作。

(2)国务院有关部委主管部门负责本部委所属学校毕业生就业工作。

(3)省、自治区、直辖市主管部门负责本地区所属学校毕业生就业工作。

（4）高等学校负责本校毕业生就业工作。

（5）用人单位负责接收安排毕业生。

3. 省、自治区、直辖市主管部门负责本地区所属学校毕业生的就业工作

其主要职责有：根据国家的有关方针、政策和教育部的统一部署，提出本省、直辖市毕业生就业的具体工作意见；负责本地区毕业生的资源统计工作，并按时报送教育部；收集本地区毕业生需求信息并及时报送教育部；组织管理本地区毕业生就业供需见面和双向选择活动；受教育部委托组织实施本地区高校毕业生的资格审查，并负责毕业生的调配派遣和接收工作；组织开展毕业教育、就业指导工作；检查、监督本地区用人单位和高等学校负责的毕业生就业工作；开展毕业生就业制度改革的研究和宣传工作。

4. 高等学校负责本校毕业生就业工作

其主要职责有：根据国家的就业方针、政策和规定以及学校主管部门的工作意见，制定本学校的工作细则；负责本校毕业生的资格审查工作，及时向主管部门和地方调配部门报送毕业生资源情况；收集需求信息，开展毕业生就业供需见面和双向选择活动，负责毕业生的推荐工作；按主管部门的要求提出毕业生就业建议计划；开展毕业生教育和就业指导工作；负责办理毕业生的离校手续；开展与毕业生就业有关的调查研究工作；完成主管部门交办的其他工作。

5. 用人单位负责接收安排毕业生

其主要职责有：及时向主管部门报送毕业生需求计划，向有关高等学校提供毕业生需求信息；参加供需见面和双向选择活动，如实介绍本单位情况，积极招聘毕业生；按照国家下达的就业计划接收、安排毕业生；负责毕业生见习期间的管理工作；向有关部门和学校反馈毕业生的使用情况。

三、我国现行的就业制度

我国现行的就业制度采取的是劳动者自主就业、市场调节就业、政府促进就业和鼓励创业的方针。我国基本的用人制度包括三个方面，一是党政机关和国有企事业单位领导干部的委任制；二是国家机关政务类公务员招考制；三是企事业单位人员的聘用制。

（一）人才聘用制度

1. 国有企业的人才聘用制度

国有企业的人才聘用制度是指用人单位通过契约确定与人员关系的一种任用方式，又称聘用合同制，是相对委任制而言的。一般的做法是由用人单位采取招聘或竞聘的方法，经过资格审查和全面考核后，由用人单位与确定的聘任人选签订聘任合同，明确双方的权利义务关系和受聘人员职责、待遇、聘任期限等。按合同规定，用人单位有聘用和解聘的权利，个人有应聘和辞聘的权利。

2. 事业单位的人才聘用制度

事业单位聘用制是指事业单位与工作人员通过签订聘用合同，确定双方聘用关系，明确双方责任、权利、义务的一种人事管理制度。通过实行聘用制，转换事业单位的用人机制，实现事业单位人事管理由身份管理向岗位管理的转变，由行政任用关系向平等协商的聘用关系转变。事业单位实行聘用制必须坚持单位自主用人、个人自主择业、政府依法监管和公正、平等、竞争、择优的原则。事业单位聘用工作人员，必须在确定的编制数额和人员结构比例范围内进行。事业单位实行聘用制，应当根据工作需要，按照科学合理、精干效能的原则，确定专业技术人员、管理人员和工勤人员岗位，按岗聘用，竞争上岗。

事业单位受聘人员应当具备以下条件：
① 遵守法律、法规、规章和政策。
② 具有良好的职业道德。
③ 具有聘用岗位要求的文化程度、专业知识及工作能力。
④ 身体健康，能坚持聘用岗位的正常工作。
⑤ 聘用岗位职责要求的其他条件。

（二）人事代理制度

1. 人事代理服务为毕业生提供的主要服务内容

（1）为毕业生提供人事政策咨询，并协助毕业生研究制订人才发展规划和人事管理方案等。

（2）为毕业生管理人事档案，办理专业技术人员任职资格的申报，办理大中专毕业生见习期满后的转正定级手续，调整档案工资，出具报考研究生、婚姻登记、办理生育手续、留学、出国等有关人事档案的证明材料。

（3）为国家承认学历的大中专毕业生提供人事代理服务。从签订人事代理合同之日起，按照有关规定承认身份申报职称，计算工龄，确定档案工资，办理流动手续等。

（4）为毕业生转接党团组织关系，建立流动人员党团组织，开展党团组织活动。

（5）为毕业生代办失业、养老等社会保险业务。

（6）大中专毕业生集体户口落户手续。

2. 毕业生人事代理的一般情况

（1）应聘到外地就业的毕业生提交委托人事代理申请书、聘用合同复印件、聘用单位证明等。

（2）尚未落实就业单位和自谋职业的毕业生，可向生源地县级以上人才流动机构申请办理人事代理。

（3）自费出国留学者向人才流动机构提交委托人事代理申请书、原单位同意人才流动机构提交委托人事代理申请书、原单位同意人才流动机构保管人才档案的函件、身份证复印件、出国的有关证明文件等。

3. 人事代理的有关规定

人事代理实行有偿服务。

（1）凡注册股份制企业、"三资企业"、私营企业、民办企业等无主管部门和不具有人事管理权的用人单位,对于招聘的员工需办理人事代理。

(2) 代理方法在核准委托人事代理的有关材料后应签订人事代理委托合同书。

(3) 人事代理期间,应连续计算工龄。

(4) 未就业毕业生人事代理在重新就业后,其解聘、辞职前的工龄和重新就业后的工龄合并计算。

(5) 在代理项目内有档案工资关系的,在代理期间内涉及国家统一调整时,根据国家及省有关规定,档案工资按自收自支的事业单位的工资标准核定。

(6) 单位委托人事代理的大中专毕业生在见习期内的考核、转正定级手续,由用人单位按期向代理方提供毕业生的工作表现等书面材料。

(7) 单位委托人事代理的大中专毕业生在见习期间,如果解聘了聘用合同,可以应聘到其他单位工作。代理方负责毕业生的见习期间管理。待聘期超过一个月者,其见习期顺延。

(8) 人事代理期间,若被公有制单位正式接收,人事代理机构凭人事主管部门的接收函负责办理其人事、档案关系的转递手续;若被其他单位重新聘用,则代理方负责及时变更人事代理手续。

(三) 就业准入制度

为提高劳动者的就业能力、工作能力和职业转换能力,全面提升劳动者整体素质和企业的竞争力,国家制订了就业准入制度。所谓就业准入,是指根据《劳动法》和《职业教育法》的有关规定,对从事技术复杂、通用性广、涉及国家财产、人民生命安全和消费者利益的职业(工种)的劳动者,必须经过培训,并取得职业资格证书后,方可就业上岗。实行就业准入的职业范围由劳动和社会保障部确定并向社会发布。

(四) 职业资格认证

我国从1994年开始推行国家职业资格证书制度,包括准入类职业资格和水平评价类职业资格,由人力资源社会保障部门会同国务院有关主管部门设置。此外,各地方、各部门也自行设立了大量职业资格。随着职业资格种类越来越繁多,交叉重复的现象较为严重,一些职业资格"含金量"较低,参加培训和鉴定的人员支付费用取得证书却没有实际效用,导致人才负担严重。

2008年,国务院办公厅下发《关于清理规范各类职业资格相关活动的通知》,开始清理和规范职业资格。2013年,人力资源社会保障部门牵头开展减少职业资格许可和认定工作。截至目前,国务院公布取消的职业资格达到211项,占国务院部门设置职业资格总数的34%。取消这些职业资格许可和认定事项,进一步加大了资格认证清理规范力度,促进了监管方式转变,打掉了一批市场主体创业兴业的"拦路虎",有利于促进职业资格规范管理,减轻用人单位和人才负担,激发各类人才创新创业活力。现有的改革是为了完善职业资格认证制度,使之更好地为各类人才服务,为就业创业服务,为经济社会发展服务。为此,人力资源社会保障部印发了《关于减少职业资格许可和认定有关问题的通知》,以"四个取消"明确减少职业资格的基本原则要求,为改革保驾护航。

一是取消国务院部门设置的没有法律、法规或国务院决定作为依据的准入类职业资格，行业管理确有需要且涉及人数较多的职业，可报国务院人力资源社会保障部门批准后设置为水平评价类职业资格。

二是国务院部门设置实施的有法律法规依据的准入类职业资格，与国家安全、公共安全、公民人身财产安全关系并不密切或不宜采取职业资格方式进行管理的，按程序提请修订有关法律法规后予以取消。

三是取消国务院部门和全国性行业协会、学会自行设置的水平评价类职业资格，确有必要保留的，经国务院人力资源社会保障部门批准后纳入国家统一规划管理。

四是取消地方各级人民政府及有关部门自行设置的职业资格，确有必要的，经国务院人力资源社会保障部门批准后作为职业资格试点，逐步纳入国家统一的职业资格管理。

同时，人力资源社会保障部门牵头的职业资格改革组正抓紧建立国家职业资格管理长效机制，制定国家职业资格目录清单，在目录之外不得开展职业资格许可认定工作。

第二节 大学生就业政策

一、就业政策的含义

大学生就业政策是指大学生毕业后在求职过程中国家和各级地方政府及高等院校，为促进大学毕业生就业工作而制定的基本原则、具体的实施程序、实施办法、权益和义务等方面的规定等。这些政策的适用时间段主要是指从求职开始到试用期结束，体现了国家行为和公共权力导向。

二、大学毕业生就业的总体政策

为了使大学毕业生顺利地找到工作岗位，国务院办公厅颁发了一系列关于做好普通高等学校毕业生就业工作的文件。透过这些文件精神，可以把现行的大学生就业政策具体归纳为：国家计划统招毕业生在国家政策规定的时间和范围内原则上通过供需见面、双向选择、自主择业的方式落实就业单位，逐步实现"建立市场导向、政府调控、学校推荐、学生与用人单位双向选择"的就业机制；定向和委托培养的毕业生按合同就业。

三、具体的毕业生就业政策

（一）师范类毕业生就业政策

师范类大学毕业生一般面向教育系统就业，重点充实基层中小学，教育系统确实无法安排的，允许其面向非教育系统自主择业，免收师范教育培养费。除此之外，国家已逐步放开师范类毕业生择业的范围，允许毕业生跨省、跨地区就业，鼓励毕业生到西部地区工作。

(二) 委托培养与定向就业政策

高等学校委托培养招生一律实行合同制。委托单位与培养单位之间、委托单位与委托生之间应分别签订委托培养合同。委托生的培养费用由委托单位提供，毕业后按合同规定到定向地区或单位工作。委托生在校期间和毕业后与国家计划内招生的学生享受相同待遇。

(三) 结业生就业政策

结业生由学校向用人单位推荐或自荐就业，找到工作单位的，可以办理就业手续，但必须在报到证上注明"结业生"字样；在规定时间内无单位接收的，由学校将其档案、户口关系转至家庭所在地（家居农村的保留非农业户口）自谋职业。已被录用的结业生，在国家财政拨款单位就业的，其工资待遇按照国务院有关文件规定，比国家规定的普通高校毕业生工资标准低一级。

结业生在一年内补考及格换发毕业证书者，国家承认其毕业资格，工资待遇从补发证书之日起按毕业生对待。

(四) 肄业生的就业政策

大学肄业的学生由学校发放肄业证书，国家不负责其就业和办理就业手续，并将其档案和户口转回其生源所在地自谋职业。

(五) 来源于边远省区的毕业生政策

毕业生就业工作中的边远省区是指以下十个省区：内蒙古自治区、黑龙江省、广西壮族自治区、贵州省、云南省、西藏自治区、甘肃省、宁夏回族自治区、青海省、新疆维吾尔自治区。由于历史原因，这些省区的经济、科技和教育相对落后。要改变这种落后面貌，一靠投入，二靠政策，三靠科技，但最关键的是科技人员的数量和质量。国家对边远省区科技队伍建设非常重视，制定了很多政策，其中包括这样一条：为满足边远地区经济、科技和教育发展对人才的需求，对来自边远省区的毕业生，若所学专业为本省区（含国务院各部委在这些地区的直属单位）所需要的，原则上安排回去就业。对有特殊困难需要照顾的支边职工子女，在征得边远省区主管调配部门的同意后并有单位接收的，可以在内地安排就业。

(六) 对自愿支边的内地毕业生的就业政策

国家和边远省区对自愿支边的内地毕业生，除了授予荣誉称号等精神鼓励外，在工作方面，凡是自愿要求支边的，可以不受计划限制，在适合需要的前提下，可以优先挑选工作地区或工作单位。在待遇方面，除要给毕业生一定的物质奖励外，国家规定至少浮动一级工资，有的边远省区规定浮动两级或两级以上。还有的单位在解决住房、子女就业、夫妻分居等方面优先予以照顾。在工作流动方面，对去西藏和青海高原地区的毕业生，在该地区连续工作满8年以上的，如本人申请回内地时，与这两个省（区）人事部门联系原籍或其爱人所在地区安排工作，有关省（市）应予接收并将其工作安排好。其他省区，如果工作一定时间后，要回内地工作，边远省区也会予以放行。但现在我国还不提倡以边支边，具体指：一是毕业生来源于内地省（市）的边远贫困地区；二是一个边远省区的毕业生到另一个边远省区。

（七）到西部等基层单位服务的就业政策

2000年底，中央做出了西部大开发的战略决策，号召大学毕业生积极投身于西部的开发与建设之中。为了吸引应届大学生到西部地区、到基层和艰苦地区建功立业，国家决定实施大学生志愿服务西部计划。本计划从2003年开始，按照公开招募、自愿报名、组织选拔、集中派遣的方式，每年招募一定数量的普通高等学校应届毕业生，到西部贫困县的乡镇从事为期1~2年的教育、卫生、农技、扶贫以及青年中心建设和管理等方面的志愿服务工作。志愿者服务期满后，鼓励其扎根基层，或者自主择业和流动就业。

参加大学生志愿服务西部计划的志愿者除享受国家规定的高校毕业生就业优惠政策外，给予以下政策支持。

（1）服务期间，享受一定的生活补贴（含交通补贴和人身意外伤害、住院医疗保险）。

（2）服务期间，计算工龄，党团关系转至服务单位。本人要求户口和档案保留在学校的，按规定保留两年，在此期间，档案管理机构对保管其档案免收服务费用；本人要求将户口转回入学前户籍所在地的，公安机关按照规定为其办理落户手续，人事、教育部门所属人才交流机构负责办理相关手续，人事部门所属人才交流服务机构免费提供人事代理服务。服务期满落实工作单位后，公安机关按有关规定办理户口迁移手续，到企业就业的，按照规定转接社会保险关系。

（3）服务期间，可兼职或专职担任所在乡镇团委副书记、学校及其他服务单位的管理职务。

（4）服务期满考核合格的，报考研究生给予加分，在同等条件下，优先录取，具体规定在当年的研究生招生政策中予以明确。

（5）服务期满考核合格报考党政机关公务员的，可适当加分，同等条件下，应优先录用，具体规定由省级公务员考试录用主管机关在当年招考中予以明确。

（6）服务期满，对志愿者做出鉴定，存入本人档案；考核合格的，颁发证书，作为志愿者服务经历和就业、创业的证明。

（7）服务期满自主创业的，可享受税收优惠、行政事业性收费减免、小额贷款担保和贴息等有关政策。

（8）服务期满后三年内报考硕士研究生初试总分加10分；同等条件下优先录取；高职（高专）学生可免试入读成人本科。

（9）服务单位应向志愿者提供住宿等必要的生活条件；在录用党政机关公务员和新增国有企事业单位专业技术人员、管理人员时优先录用、招聘志愿者。

（10）服务期为1年、服务期满考核合格的，授予中国青年志愿服务铜奖奖章。服务期满2年、服务期满考核合格的，授予中国青年志愿服务银奖奖章，表现优秀的授予中国青年志愿服务金奖奖章，表现特别优秀的推荐参加中国青年五四奖章、中国十大杰出青年、中国十大杰出青年志愿者、国际青少年消除贫困奖等评选。

(11) 服务期满一年，考核合格，可以应届毕业生身份报考国家机关公务员，报考中央国家机关和中、东部地区公务员的，同等条件下优先录取，报考西部地区公务员的，笔试总分加5分，服务期间，享受往返于入学前户籍所在地与服务地之间，每年四次火车硬座票半价优惠等。

(八) 鼓励毕业生到基层就业、创业的政策

(1) 鼓励高校毕业生到基层和艰苦地区工作。对到农村基层和城市社区从事社会管理和公共服务工作的高校毕业生，符合公益性岗位就业条件并在公益性岗位就业的，按照国家现行促进就业政策的规定，给予社会保险补贴和公益性岗位补贴。在艰苦地区工作两年或两年以上者，报考研究生的，应优先予以推荐、录取；报考党政机关和应聘国有企事业单位，在同等条件下，应优先录用。

(2) 鼓励各类企事业单位，特别是中小企业和民营企事业单位聘用高校毕业生，政府有关部门要为其提供便利条件和相应服务。对企业跨地区聘用的高校毕业生，省会及省会以下城市要认真落实有关政策，取消户籍限制。

(3) 鼓励高校毕业生自主创业和灵活就业。凡高校毕业生从事个体经营的，除国家限制的行业（包括建筑业、娱乐业以及广告业、桑拿、按摩、网吧、氧吧等）外，自工商部门批准其经营之日起，1年内免交登记类和管理类的各项行政事业性收费。有条件的地区由地方政府确定，在现有渠道中为高校毕业生提供创业小额贷款和担保。

同时，自谋职业、自主创业的高校毕业生可将人事关系存放在政府人事部门所属人才服务机构、劳动或人事部门人才服务机构，这些服务机构将为其办理人事关系接转、人事档案管理、转正定级、党团关系、专业技术职务任职资格申报评审、社会保险金缴纳等服务，实行全方位的人事代理服务，以解除自主创业、灵活就业的高校毕业生的后顾之忧。

(九) 患病毕业生的就业政策

毕业生毕业前进行健康检查，不能正常工作者暂不办理就业手续，让其回家休养。一年内治愈的（须经学校指定县级以上医院证明）可以随下一届毕业生就业；一年后仍未治愈或无用人单位接收的，户口关系和档案材料转至家庭所在地，按社会待业人员处理。毕业生报到后发生疾病不能坚持工作的，应按在职人员有关规定办理。

(十) 残疾毕业生的就业政策

国家政策规定对残疾毕业生，学校应帮助其就业，确有困难，按有关规定由生源所在地民政部门安置。必要时，学校可与民政部门联系安排残疾毕业生的工作单位。

(十一) 对违约毕业生的就业政策

用人单位不准拒收毕业生；同样，也要求毕业生不能违约，或随意更换单位。如毕

业生单方面违约，则应由毕业生向学校和用人单位交纳一定数量的违约金。如果在学校上报计划后毕业生再提出更换单位，则不是违约问题，而以不服从就业派遣论处。

（十二）毕业生到军队工作的就业政策

1. 军队接收大学毕业生参军的条件

按照原解放军总政治部的有关规定，接收对象应当是参加全国普通高校统一考试录取的应届毕业生，大学毕业生参军的基本条件有：拥护党的基本路线，忠于祖国，热爱军队，志愿献身国防事业，符合公民服现役的政治条件；学习成绩平均在良好以上；本科毕业生年龄不超过 25 周岁。

2. 大学毕业生参军后的职级待遇

军队接收的地方大学毕业生在首次评授军衔、评任专业技术职务、确定专业技术等级以及住房分配等方面，与同期入伍的军队院校学习毕业生学员同等对待。本科毕业生获得学士学位，授予中尉军衔，定为副连职（技术 13 级）；研究生获得硕士学位，授予上尉军衔，定为正连职（技术 12 级）；获得博士学位，授予少校军衔，定为正营级（技术 10 级）。

3. 地方大学生入伍后在部队的服役期限

地方大学生在部队服役期的长短主要取决于本人。如果安心在部队服役，而且各方面表现良好，一般都有较好的发展前途。由于种种原因要求退役的，一般服役不少于 5 年。

4. 大学毕业生入伍的优惠政策

（1）优先优待

① 大学生参军入伍除享受义务兵正常优待外，还享受优先报名应征、优先体检政审、优先审批定兵、优先安排使用政策以及体检绿色通道。

② 入伍大学生按规定享受优待政策，优待金由批准入伍地发放，其家庭享受军属待遇，由户籍所在地负责落实相关优待。

③ 国家资助学费。国家对应征入伍服义务兵役的高校学生，在入伍时对其在校期间缴纳的学费实行一次性补偿或获得的国家助学贷款实行代偿；应征入伍服义务兵役前正在高等学校就读的学生（含高校新生），服役期间按国家有关规定保留学籍或入学资格、退役后自愿复学或入学的，国家实行学费减免、学费补偿、国家助学贷款代偿和学费减免标准，本专科学生每人每年最高不超过 8000 元，研究生每人每年最高不超过 12000 元。由中央财政提前下拨预算，保证国家资助金及时发放到位。

（2）选用培养

① 选取士官。具有全日制大专以上学历的大学毕业生士兵，首次选取为士官的，参照直接从非军事部门招收士官的有关规定授予士官军衔和确定工资起点标准，在地方高校学习时间视同服役时间。

② 士兵提干。本科以上学历，入伍 1 年半以上，可以列为提干对象；根据规定符合一定条件的，优先列为提干对象。

③ 报考军校。普通高等学校在校生应征入伍士兵参加全军统一组织的军队院校招生考试，年龄放宽1岁；大专毕业生士兵参加全军统一组织的本科层次招生考试，录取的到有关军队院校学习，学制2年，毕业合格的列入年度生长干部学员毕业分配计划。

④ 保送入学。参加优秀士兵保送入学对象选拔，年龄放宽1岁，同等条件下优先列为推荐对象，按照有关规定保送入军队院校培训，本科以上学历的，安排6个月任职培训，专科学历的，安排2年本科层次学历培训。

（3）复学升学

① 复学（入学）。应征入伍服义务兵役前正在高等学校就读的学生（含高校新生），服役期间按国家有关规定保留学籍或入学资格，退役后2年内允许复学或入学。

② 考试升学加分。普通高校应届毕业生应征入伍服义务兵役退役后3年内参加全国硕士研究生招生考试，初试总分加10分，同等条件下优先录取；在部队荣立二等功及以上的，符合研究生报名条件的可免试（指初试）攻读硕士研究生。

③ 高职（专科）升学。高职（专科）在校生（含高校新生）入伍经历可作为毕业实习经历；具有高职（专科）学历的毕业生，退役后免试入读成人本科；荣立三等功以上奖励的高职（专科）在校生（含高校新生），在完成高职（专科）学业后，免试入读普通本科。

④ 政法干警招录。各地拿出政法干警招录培养体制改革试点招录培养计划的20%左右，用于招录大学生退役士兵，不再实行加分政策。对在服役期间荣立个人三等功以上奖励的退役士兵，报名和录用时在同等条件下优先考虑。鼓励高学历退役士兵报考试点班，并适当增加招录大学生退役士兵的比例。

⑤ 免修军事技能。高校在校生（含高校新生）参军入伍退役后复学或入学，免修军事技能训练，直接获得学分。

⑥ 设立"退役大学生士兵"专项硕士研究生招生计划。根据实际需求，每年安排一定数量专项计划，专门面向退役大学生士兵招生。专项计划规模控制在5000人以内，在全国研究生招生总规模内单列下达，不得挪用。

⑦ 将高校在校生（含高校新生）服兵役情况纳入推免生遴选指标体系。鼓励开展推荐优秀应届本科毕业生免试攻读研究生工作的高校在制定本校推免生遴选办法时，结合本校具体情况，将在校期间服兵役情况纳入推免生遴选指标体系。在部队荣立二等功及以上的退役人员，符合研究生报名条件的可免试（指初试）攻读硕士研究生。

⑧ 将考研加分范围扩大至高校在校生（含高校新生）。退役人员在继续实行普通高校应届毕业生退役后按规定享受加分政策的基础上，允许普通高校在校生（含高校新生）应征入伍服义务兵役退役，在完成本科学业后3年内参加全国硕士研究生招生考试，初试总分加10分，同等条件下优先录取。

⑨ 退役大学生士兵专升本实行招生计划单列。高职（专科）学生应征入伍服义务兵役退役，在完成高职学业后参加普通本科专升本考试，实行计划单列，录取比例在现行30%的基础上适度扩大，具体比例由各省份根据本地实际和报名情况确定。

⑩ 放宽退役大学生士兵复学转专业限制。大学生士兵退役后复学，经学校同意并履行相关程序后，可转入本校其他专业学习。

(4) 就业服务

① 高校毕业生士兵退役后一年内，可视同当年的应届毕业生，凭用人单位录（聘）用手续，向原就读高校再次申请办理就业报到手续，户档随迁（直辖市按照有关规定执行）。

② 退役高校毕业生士兵可参加户籍所在地省级毕业生就业指导机构、原毕业高校就业招聘会，享受就业信息、重点推荐、就业指导等就业服务。

③ 在招录公务员、参照公务员法管理机关（单位）工作人员、招聘事业单位工作人员时，同等条件下优先录用（聘用）符合政府安排工作条件的退役大学生士兵；退役士兵报考公务员、应聘事业单位职位的，在军队服现役经历视为基层工作经历，服现役年限计算为工龄。

④ 国有、国有控股和国有资本占主导地位企业在拿出一定比例的工作岗位定向招收符合政府安排工作条件的退役士兵时，同等条件下优先招收退役大学生士兵。

⑤ 乡镇补充干部、基层专职武装干部配备时，注重从退役大学生士兵中招录；对返乡务农的退役大学生士兵，鼓励通过法定程序积极参与村居"两委"班子的选举。

⑥ 按照国家规定发给退役金，由安置地的县级以上地方人民政府接收，根据当地实际情况，发给经济补助，安置地的县级以上地方人民政府组织其免费参加职业教育、技能培训，经考试考核合格的，发给相应的学历证书、职业资格证书并推荐就业。

（十三）应届毕业生申请自费出国留学的政策

申请自费出国不参加分配的毕业生，在国家规定的期限内提出申请，经学校审核同意，持有关证明材料直接到户籍所在地公安机关办理自费出国留学手续，学校不再负责其就业。毕业前或毕业时未获出境的，学校照常为其办理派遣和离校手续，并将其户口及档案转至家庭所在地；能够出境的，公安机关将注销其户口，档案由学校转回生源所在地。

（十四）学校的就业政策和规定

1. 关于就业协议书、报到证、户口迁移证、档案的政策和规定

（1）就业协议书　　就业协议书是为了明确毕业生、用人单位、学校三方在毕业生就业工作中的权利和义务，经毕业生与用人单位协商签订的协议，也是毕业生报到前，表明毕业生和用人单位双方之间存在着就业和录用意向的明确和唯一的凭证。就业协议书在整个毕业生就业过程中发挥着重要作用，学校凭就业协议书编制就业计划并派遣毕业生。

有效的就业协议具有的特点：第一，必须是在双方自愿、平等协商、诚实信任的基础上订立，是双方各自真实意愿的表达，双方应诚信地告知自己的真实情况；第二，主体合格，主要是指协议双方，一方必须是在经教育部批准的高等院校正式录取的应届毕业生，另一方则是依法登记注册或者经上级主管机关批准并且正常营业、当年度有用人计划的用人单位；第三，内容合法，主要是指协议中相关条款的规定必须符合法律、法规的规定；第四、程序规范。

签订就业协议的程序：第一，毕业生和用人单位在供需见面、双向选择的基础上确定用人意向；第二，毕业生填写本人基本情况并签名，在双方在场情况下填写协议内容，用人单位填写基本情况和协议的相关条款并盖章；第三，毕业生拿就业协议回学校鉴定、盖章，并将其中一份留给学校的就业部门；第四，毕业生及时将一份协议返回单位。

另外还应注意，毕业生在同一时间只能持有一份就业协议书，毕业生如果想领取第二份协议，则必须先解除第一份协议或者承担违约责任。这是从程序上保障毕业生和用人单位的合法权益。为有效地维护毕业生的合法利益，防止出现意外情况，在签约前最好向单位了解工资待遇、福利、保险、服务期等情况。

(2) 报到证　"报到证"全称为"全国普通高等学校本专科毕业生就业报到证"或"全国高校毕业研究生报到证"，由教育部印制，省级高校毕业生就业管理部门签发，只能一人一份，由其他部门印制或签发的报到证无效。报到证的作用体现在以下几个方面：到接收单位报到的凭证；证明持证的毕业生是国家统一招生计划的学生；凭报到证办理落户手续、档案托管和人事代理。不论什么原因，自行涂改、撕毁的报到证一律作废。

如果毕业生不慎将报到证遗失，可由毕业生本人写明具体情况，毕业生所在学校毕业生就业部门证明属实后，在当地主要报纸登出遗失声明，再为其补办报到证，且须注明"原证丢失，系补办"字样。

如果在择业期内办理改派手续，在两年择业期内允许改派一次。改派毕业生持与新的就业单位签订的《高校毕业生就业协议书》或就业合同到学校就业部门填写《个人办理就业报到证申请表》，持《个人办理就业报到证申请表》、原报到证和与新的用人单位签订的《高校毕业生就业协议书》到省高校毕业生就业指导中心办理改派手续。

如果超过择业期办理改派手续，按照国家规定毕业生择业期为两年，两年内没有办理报到手续的则视为自动放弃，档案转到生源所在地人才交流中心人事代理部门，毕业生两年后找到工作单位（或办人事代理）的，持毕业证、报到证到市人才交流中心，按"五大"毕业生手续办理。

(3) 户口迁移证　大学生在学校读书，户口迁到学校是临时性的，毕业后迁出。户口迁移证是大学生毕业时其户口从学校所在地派出所迁出的证明，不能丢失，不管到哪里，都要在规定时间把户口"落"下来。毕业生户口关系的转移，由学校户口管理部门到辖区公安机关按规定办理，公安机关按《报到证》上标明的就业单位地址迁移户口，毕业生不得自行指定迁移地址。领到户口迁移证后，毕业生应仔细核对并妥善保管，不要折皱污损，更不能丢失，有错漏不能自行涂改，否则作废。到工作单位报到后，持户口迁移证和报到证及工作单位证明到辖区公安部门办理户口迁移手续。

(4) 档案及组织关系　档案证明大学生的学习经历，档案内有入学通知书、各学期的学籍卡、学籍表、操行考核手册、成绩单、评语、获奖证明及党、团组织材料等。这些都是原始材料，不可复制，大学生一定要重视自己的档案。如果大学生就业后所在的单位没有档案管理权，毕业生最好将档案托管到各级人才交流机构，人才交流机构是管理档案的专门机构。

对毕业离校时未落实工作单位的高校毕业生，本人要求户口和人事档案保留在学校的，按规定可保留两年。在此期间，档案管理机构对保管其档案免收服务费用；本人要求将户口转回入学前户籍所在地的，公安机关应当按照户籍管理规定为其办理落户手续。档案可转入户口所在地人事档案管理服务机构。

对于大学生党员，毕业报到后，学生党员的组织关系在毕业时原则上一律从就读院校转出，继续留在院校工作的除外。

① 就业单位已经确定，其组织关系转往其就业单位党组织；就业单位未建立党组织的，应当将其组织关系转移到单位所在地或其居住地党组织，也可以转移到行业主管部门党组织，或县以上政府人事（劳动）部门所属的人才服务机构党组织；就业单位尚未落实的，可将组织关系转移到本人或父母所在县（市、区）委组织部，由组织部签章接收后转往居住地的街道、乡镇党组织，也可随同档案转移到县级以上政府劳动人事部门所属的人才服务机构党组织。

② 办理暂缓就业的毕业生党员，其组织关系可暂时放在院校党委组织部，一旦找到工作或者暂缓就业 2 年时限届满，必须及时办理组织关系迁移，其程序按上述毕业生党员转出组织关系程序办理。

③ 学生党员毕业时因改派等原因需改变组织关系转移去向的，应在原组织关系介绍信有效期内由本人提出申请，说明改变组织关系去向的原因，经原所在的党组织审核同意后，到院校党委组织部退回原介绍信，重新办理转移手续。

> **知识拓展**
>
> 随着高校的不断扩招，大学毕业生数量在急剧增加，大批大学毕业生涌入到不同类型的公司、企业和行政事业单位工作，由于工作的不稳定性，他们毕业时的户口和档案不能找到适当的地方安置，又不愿意把户档关系转回老家，而大部分人才市场也以各种理由拒绝接收个人委托存档，这样一来，部分学生只好将户口长期放在学校，档案放在自己身边保存，形成大量的"空挂户口""口袋档案"；另外，还有一些毕业生把户口迁移证、报到证随身携带，有的甚至损毁、丢失，成为无户口、无档案人员，给今后的工作和生活带来了诸多不便。根据国家有关规定，建议未落实工作单位的大学毕业生可先将户口转回老家，档案暂存学校两年，待找到合适工作后，一并办理户档迁移手续。

2. 毕业生就业的程序

毕业生就业工作一般从毕业生在校的最后一学年开始，一般有以下程序：

（1）由学校提供就业信息，并负责推荐。

（2）毕业生与用人单位供需见面、双向选择。

（3）用人单位向学校反馈接收意见。

（4）毕业生与用人单位、学校签订《高校毕业生就业协议书》，内容如实填写，接收单位和主管部门（无主管部门的可省略）盖章，把其中一联交学校留存。

（5）由学校根据毕业生落实工作单位情况编制就业计划，上报上级主管部门或国家教育部。

（6）经上级主管部门或国家教育部审核批准后下发，由省、市地方调配部门按计划派遣。

第三节 大学生创业制度及政策

情境导入 2-2

情境回放：

小李已经拥有了属于自己的物业公司，生意做得风生水起，谈起自己的创业成功经历，她充满了无限的自豪感。

护理专业毕业的她，毕业时通过学校举办的医学生专场招聘会应聘到深圳一家民营医院工作，凭借在学校刻苦学习打下的过硬功底和实习中学到的基本技能，她的工作干得得心应手，表现很是出色，待遇也不错。

在工作的过程中，"不安分"的她总觉得这不是她想要的生活。她性格外向，为人真诚，善于与人沟通，能及时准确地捕捉到外界对自己人生发展有用的信息，在学校学习期间她用心掌握了创业知识、创业方法和创业的技巧，并利用课余时间到社会上做兼职，锻炼了自己的受挫能力，在学校组织的创业计划大赛中取得了不错的名次，实习结束返校后还参加了学校组织的创业培训班，并萌生了创业的想法。

到深圳后，看着周围那么多创业成功的人士，通过创业实现了自己的人生价值，她也跃跃欲试。她一边工作，一边用心去考察，发现要是在老家开一家物业公司应该是一个很好的选择，于是在工作之余主动接触了几家物业公司，特别是进入医院服务的物业公司，详细了解其工作流程。

一年后她带着一年的收入回到了家乡，与同学一起申办了一家物业管理有限公司，通过人力资源和社会保障局申请了小额担保贷款。由于其用心经营，诚信做事，主动与其联系的客户越来越多，目前已经进驻了多个行业的多个区域，涉及单位办公行政楼、医院、学校、小区、厂区等，公司年收入数十万元。

思考与交流：

创业是极具挑战性的社会活动，是对创业者自身智慧、能力、气魄、胆识的全方位考验，特别是刚毕业生的大学生。请结合自身实际和小李成功创业的案例，谈谈如何正确并有效利用国家的创业政策走上成功创业之路。

随着高等教育从"精英教育"向"大众化教育"迈进，高校毕业生的就业形势日益严峻，毕业生数量远远超过空缺岗位的数量。这就要求大学毕业生转变就业观念，形成新的就业理念，从就业走向创业，不仅给自己就业的机会，还可以为社会创造更多的就业机会来满足更多的求职者。国家强力推进"大众创业，万众创新"，大力倡导并支持大学生创业，出台了一系列政策。创业者既要有强烈的内在动机，也要勇于尝试，更要了解并掌握国家鼓励支持大学毕业生创业的制度和政策。

一、国家鼓励支持大学生自主创业的相关文件

"大众创业、万众创新"成为中国的国家战略之后，在全国范围内掀起了一股创业创新的风潮。据不完全统计，从2013年5月至今，中央层面已经出台至少22份相关文件促进创业创新。目前这些文件正在转化为具体的政策措施，对创业创新起作用。主要有：

（1）《国务院办公厅关于发展众创空间推进大众创新创业的指导意见》（发布时间：2015年3月11日）

主要内容：简化创业企业工商注册手续，为创业者提供优惠的服务和财政补贴以及要加快发展创业孵化服务，大力发展创新工场、车库咖啡等新型孵化器，做大做强众创空间，完善创业孵化服务。

（2）《国务院关于进一步做好新形势下就业创业工作的意见》（发布时间：2015年5月1日）

主要内容：坚持扩大就业发展战略，把稳定和扩大就业作为经济运行合理区间的下限，营造宽松便捷的准入环境，深化商事制度改革，统筹推进高校毕业生等重点群体就业，加强就业创业服务和职业培训。

（3）《国务院办公厅关于深化高等学校创新创业教育改革的实施意见》（发布时间：2015年5月13日）

主要内容：完善人才培养质量标准，创新人才培养机制，健全创新创业教育课程体系，改革教学方法和考核方式，强化创新创业实践，改革教学和学籍管理制度，加强教师创新创业教育教学能力建设，改进学生创业指导服务，完善创新创业资金支持和政策保障体系。

（4）《国务院关于大力推进大众创业万众创新若干政策措施的意见》（发布时间：2015年6月16日）

主要内容：创新体制机制，实现创业便利化，优化财税政策，强化创业扶持，搞活金融市场，实现便捷融资，扩大创业投资，支持创业起步成长，发展创业服务，构建创业生态，建设创业创新平台，增强支撑作用，激发创造活力，发展创新型创业，拓展城乡创业渠道，实现创业带动就业，加强统筹协调，完善协同机制。

（5）《国务院办公厅关于印发进一步做好新形势下就业创业工作重点任务分工方案的通知》（发布时间：2015年6月26日）

主要内容：进一步分解细化涉及本部门的工作，抓紧制定具体措施，逐项推进落实。同一项工作涉及多个部门的，牵头部门要加强协调，有关部门要密切协作。

另外，其他文件如下：

①《国务院关于印发"十二五"国家自主创新能力建设规划的通知》（国发〔2013〕4号）。

②《国务院关于印发注册资本登记制度改革方案的通知》（国发〔2014〕7号）。

③《国务院关于促进市场公平竞争维护市场正常秩序的若干意见》（国发〔2014〕20号）。

④《国务院关于加快科技服务业发展的若干意见》（国发〔2014〕49号）。

⑤《国务院印发关于深化中央财政科技计划（专项、基金等）管理改革方案的通知》（国发〔2014〕64号）。

⑥《国务院关于国家重大科研基础设施和大型科研仪器向社会开放的意见》（国发〔2014〕70号）。

⑦《国务院办公厅关于做好2014年全国普通高等学校毕业生就业创业工作的通知》（国办发〔2014〕22号）。

⑧《关于印发〈中小企业发展专项资金管理暂行办法〉的通知》（财企〔2014〕38号）。

⑨《关于开展深化中央级事业单位科技成果使用、处置和收益管理改革试点的通知》（财教〔2014〕233号）。

⑩《关于实施大学生创业引领计划的通知》（人力资源社会保障部门发〔2014〕38号）。

⑪《关于大力推进体制机制创新扎实做好科技金融服务的意见》（银发〔2014〕9号）

⑫《关于商业银行知识产权质押贷款业务的指导意见》（银监发〔2013〕6号）

⑬《关于规范证券公司参与区域性股权交易市场的指导意见（试行）》（证监会公告〔2012〕20号）。

⑭《关于知识产权支持小微企业发展的若干意见》（国知发管字〔2014〕57号）。

⑮《国务院办公厅关于支持农民工等人员返乡创业的意见》（国办发〔2015〕47号）。

⑯《关于做好2015年全国普通高等学校毕业生就业创业工作的通知》（教学〔2014〕15号）。

二、国家鼓励支持大学毕业生自主创业的相关优惠政策

近年来，为支持大学生创业，国家和各级政府出台了许多优惠政策，涉及融资、开业、税收、创业培训、创业指导等诸多方面。对打算创业的大学生来说，了解这些政策，才能走好创业的第一步。

1. 税收优惠

持《就业失业登记证》（注明"自主创业税收政策"或附《高校毕业生自主创业证》）的高校毕业生在毕业年度内（指毕业所在自然年，即1月1日至12月31日），从事个体经营的，3年内按每户每年8000元为限额依次扣减其当年实际应缴纳的营业税、城市维护建设税、教育费附加和个人所得税。大学毕业生新办咨询业、信息业、技

术服务业的企业或经营单位，经税务部门批准，免征企业所得税两年；新办从事交通运输、邮电通讯的企业或经营单位，经税务部门批准，第一年免征企业所得税，第二年减半征收企业所得税；新办从事公用事业、商业、物资业、对外贸易业、旅游业、物流业、仓储、居民服务业、饮食业、教育文化事业、卫生事业的企业或经营单位，经税务部门批准，免征企业所得税一年。对高校毕业生创办的小型微利企业，按国家规定享受相关税收支持政策。

2. 小额担保贷款和贴息支持

对符合条件的高校毕业生自主创业的，可在创业地按规定申请小额担保贷款；从事微利项目的，可享受不超过10万元贷款额度的财政贴息扶持。对合伙经营和组织起来就业的，可根据实际需要适当提高贷款额度。鼓励金融机构参照贷款基础利率，结合风险分担情况，合理确定贷款利率水平，对个人发放的创业担保贷款，在贷款基础利率基础上上浮3个百分点以内的，由财政给予贴息。各国有商业银行、股份制银行、城市商业银行和有条件的城市信用社要为自主创业的毕业生提供小额贷款，并简化程序，提供开户和结算便利，贷款额度在2万元左右。贷款期限最长为两年，到期确定需延长的，可申请延期一次。贷款利息按照中国人民银行公布的贷款利率确定，担保最高限额为担保基金的5倍，期限与贷款期限相同。

3. 免收有关行政事业性收费

毕业2年内的普通高校毕业生从事个体经营（除国家限制的行业外）的，自其在工商部门首次注册登记之日起3年内，免收管理类、登记类和证照类等有关行政事业性收费。

4. 享受培训补贴

对高校毕业生在毕业学年（即从毕业前一年7月1日起的12个月）内参加创业培训的，根据其获得创业培训合格证书或就业、创业情况，按规定给予培训补贴。

5. 免费创业服务

有创业意愿的高校毕业生，可免费获得公共就业和人才服务机构提供的创业指导服务，包括政策咨询、信息服务、项目开发、风险评估、开业指导、融资服务、跟踪扶持等"一条龙"创业服务。各地在充分发挥各类创业孵化基地作用的基础上，因地制宜建设一批大学生创业孵化基地，并给予相关政策扶持。对基地内的大学生创业企业要提供培训和指导服务，落实扶持政策努力提高创业成功率，延长企业存活期。政府人事行政部门所属的人才中介服务机构，免费为自主创业毕业生保管人事档案（包括代办社保、职称、档案工资等有关手续）2年；提供免费查询人才、劳动力供求信息，免费发布招聘广告等服务；适当减免参加人才集市或人才劳务交流活动收费；优惠为创办企业的员工提供一次培训、测评服务。

6. 取消高校毕业生落户限制

允许高校毕业生在创业地办理落户手续（直辖市按有关规定执行）。

7. 实施创新人才培养

创业大学生可享受各地各高校实施的系列"卓越计划"、科教结合协同育人行动计划等,同时享受跨学科专业开设的交叉课程、创新创业教育实验班等,以及探索建立的跨院系、跨学科、跨专业交叉培养创新创业人才的新机制。

8. 共享创新创业教育课程资源

自主创业大学生可享受各高校挖掘和充实的各类专业课程和创新创业教育资源,以及面向全体学生开发开设的研究方法、学科前沿、创业基础、就业创业指导等方面的必修课和选修课,享受各地区、各高校资源共享的慕课、视频公开课等在线开放课程、在线开放课程学习认证和学分认定制度。

9. 参加创新创业实践

自主创业大学生可共享学校面向全体学生开放的大学科技园、创业园、创业孵化基地、教育部工程研究中心、各类实验室、教学仪器设备等科技创新资源和实验教学平台。参加全国大学生创新创业大赛、全国高职院校技能大赛和各类科技创新、创意设计、创业计划等专题竞赛,以及高校学生成立的创新创业协会、创业俱乐部等社团,提升创新创业实践能力。

10. 享受学分累计和转换

自主创业大学生可享受各高校建立的自主创业大学生创新创业学分累计与转换制度;还可享受学生开展创新实验、发表论文、获得专利和自主创业等情况折算为学分,将学生参与课题研究、项目实验等活动认定为课堂学习的新探索。同时也享受为有意愿有潜质的学生制订的创新创业能力培养计划,创新创业档案和成绩单等系列客观记录并量化评价学生开展创新创业活动情况的教学实践活动。优先支持参与创业的学生转入相关专业学习。

11. 实行弹性学制的学籍管理

现在国家多个部门共同出台创业新规,鼓励劳动者自主创业,通过创业带动整体就业。为了消除有创业梦想大学生的后顾之忧,教育部积极营造创业环境。2014年12月10日,教育部发布通知,允许在校学生休学创业。作为配套政策,要求高校建立弹性学制,建立健全创业成果和学分转化教学管理制度,并聘请创业成功者、企业家、投资人、专家学者等,担任兼职导师,对创新创业学生进行一对一指导。具体而言,要求高校开发开设创新创业教育专门课程,纳入学分管理,还要求学校组织学生参加各类创新创业竞赛、创业模拟等实践活动。

> **知识拓展**
>
> 时隔12年,教育部重新修订《普通高等学校学生管理规定》,自2017年9月1日新学年起实施。新规共7章68条,将对3000多万在校大学生的学习和生活产生重要影响。新规的多项条款保护学生权益,鼓励学生创新,明确学生入学后可休学创业,各高校可为休学创业学生单独规定最长学习年限。为休学创业定制学习年限,创新成果可折算学分。

新规开篇就将"获得就业创业指导和服务"纳入学生权利范畴，并为支持学生创新创业开辟多条"绿色通道"。

依据新规，大学新生就可以申请保留入学资格开展创新创业实践，入学后也可以申请休学开展创业。对休学创业的学生，学校还可单独规定最长学习年限，并简化休学批准程序，突出对学生创新思维、创业精神和创新创业实践能力的培养。休学创业或退役后复学的学生，因自身情况需要转专业的，学校应当优先考虑。教育部表示，此举意在降低学生创业的机会成本，让学生在自主创业方面有更大的选择空间。

此外，新规规定学校应当鼓励、支持和指导学生参加社会实践、创新创业活动，可以建立创新创业档案、设置创新创业学分。

12. 大学生创业指导服务

自主创业大学生可享受各地各高校对自主创业学生实行的持续帮扶、全程指导、一站式服务，以及地方、高校两级信息服务平台，为学生实时提供的国家政策、市场动向等信息，和创业项目对接、知识产权交易等服务。可享受各地在充分发挥各类创业孵化基地作用的基础上，因地制宜建设的大学生创业孵化基地和相关培训、指导服务等扶持政策。

13. 放宽实缴注册资本限制

大学毕业生在毕业后两年内自主创业，到创业实体所在地的工商部门办理营业执照，注册资金（本）在50万元以下的，允许分期到位，首期到位资金不低于注册资本的10%（出资额不低于3万元），1年内实缴注册资本追加到50%以上，余款可在3年内分期到位。

14. 大学生创业引领计划

2014年，教育部又公布了新一轮"大学生创业引领计划"，表示将力争在2014～2017年内引领80万大学生创业。为了实现这一目标，将给予创业大学生创业培训、工商登记、税收减免等各项优惠政策，鼓励扶持开设网店等多种创业形态。

> **知识拓展**
>
> 享受以上优惠政策需提供以下材料：
> ① 身份证明。
> ② 在校学生需提供学生证、成绩单。
> ③ 已毕业学生需提供毕业证、学位证。
> ④ 常用存折或银行卡过去6个月对账清单。
> ⑤ 其他资信证明（若有）：奖学金证明、班干部证明、社团活动证明，各种荣誉证明、回报社会证书（如献血、义务支教等）。

以上优惠政策是国家针对所有自主创业的大学生所制定的，各地政府为了扶持当地大学生创业，也出台了相关的政策法规，而且更加细化，更贴近实际。了解这些优惠政策，会让大学生感受到国家和政府的支持力度，更加坚定创业的决心。

【实践训练 2-1】

为什么就业难却在河南某纸业有限公司变得不难？

有一次，河南某纸业有限公司副总经理带着合作伙伴北京某设计院的工程师，来陕西某大学造纸工程学院召开专场招聘会。由于该公司地处中等城市濮阳，为河南省支柱产业中的国有大型企业之一，虽然该地区的工资与浙江、广东沿海地区有一定差距，但他们即将上马的生产线急需专业人才，副总经理当面向大学生承诺："只要顺利毕业，你们来多少我们要多少！"

分析：还有什么办法让就业不难？

【实践训练 2-2】

到西部，青年是最大赢家

贫瘠、荒凉是大多数人对西部的第一印象，然而，当大学生志愿者会聚西部，通过从事志愿服务融入当地后，却发现在西部贫瘠的只是自然环境，对青年来说，这里是实现人生价值的富饶之地。

"到西部去、到基层去，到祖国最需要的地方去！" 2003 年 4 月，团中央向全国大学生发出志愿服务西部的呼唤。8 年来，仅新疆生产建设兵团就接收志愿者 2699 名，服务期满后留疆比例高达 40.8%。

为何愿意留下？志愿者陈红波用诗作答：西部泥土的盐碱成分让我看到这里人民的朴实，西部风沙的侵袭让我明白了胡杨站立的意义，爱上西部就是爱上自己的青春，爱上了生命的感动以及感动带给我战胜困难的勇气，爱上这片土地不是因为她的富饶，她还很贫瘠还很孤寂，相信只要我真的爱她，她就一定能真正地富饶无比……

志愿者王江山说，选择留下，并不是因为自己奉献了多少，而是因为西部给予的太多，情感因素和事业平台让年轻人成为西部计划的最大"赢家"。

1. 贫瘠的土地，富饶的青春

当梦寐以求的研究生录取通知书摆在眼前时，王江山却放弃了，他选择留在服务地——新疆生产建设兵团农十四师 224 团。

"那是一段内心非常纠结的日子，'浮躁'和'不甘'一直影响着我。到底是回山东老家，选择一个大城市就业，还是留在这个偏远地区？我在世俗的眼光中迷失了自我，不知如何选择，就开始发奋考研。"他说。

在旁人眼里，王江山干起活儿来不知疲倦。在224团工会的志愿服务期内，他曾被抽调到农十四师工会建立帮扶困难职工的网上管理系统，1000多人的资料，他一星期就做完了，那段时间他每天只睡3小时。因此，服务期还没结束，就有领导希望他能留在224团机关。

收到研究生录取通知书的那一刻，王江山想通了："虽然金钱和物质享受很重要，但个人价值的实现不是为了养家糊口，而是要找到一个广阔的事业发展平台。"

他的事业平台就在224团。

2007年7月，毕业于济南大学的王江山吟诵着"男儿立志出乡关，学不成名誓不还；埋骨何须桑梓地，人生无处不青山"的诗，满怀豪情地踏上西行之路，跋涉5000多公里，从山东济南来到位于塔克拉玛干大沙漠南缘的和田地区墨玉县和皮山县交界处的224团。

"自然环境恶劣，气候太干燥！"这是王江山对这片陌生土地的第一感觉，由于地处沙漠边缘，当地年均降水量仅34毫米，而年均蒸发量却是降水量的64倍，沙尘暴常在春秋季节突袭，严重时伸手不见五指。

一开始，他并不理解："这里环境如此恶劣，干部职工为何始终精神饱满？"

"直到深入了解了224团的创业史后，我被震撼了，也找到了答案。"王江山说，这里原本是一片荒漠，8年间愣是被兵团人打造成了一个现代高新节水灌溉新型团场。

在创业初期，大雪天时，包括团长、政委都住在临时搭建的帐篷里，没日没夜地修干渠、平整土地、钻研种植技术……

"兵团人战天斗地的创业豪情潜移默化地培养了我的事业心，也让我有了想干大事的冲动！相比而言，恶劣的环境一点也不重要。"王江山如今在团场最基层的连队工作，他说，西部很多地方虽然土地贫瘠，却是青年建功立业的大舞台。"很多志愿者都是冲着这种创业豪情留下的。"224团团委书记陈方说，从2003年至今，224团共接收了52名志愿者，留团工作10人。

2. 西部的心灵课

志愿者凡改娣说："一把核桃，让我爱上了一牧场。"在普通人眼中，农十四师一牧场太小了，不用一刻钟就能把场部游览一遍，最漂亮的是慈善人士援建的希望学校，水库、平房、废弃的客运站、机关楼、小广场、职工楼几乎构成了一牧场的全部。而事实上，一牧场又太大了，2000多人居住在海拔2100米至4500米的昆仑山北坡。这里远离城市，一面依山，三面被沙漠包围。

凡改娣毕业于南阳师范学院体育教育学专业，刚来时，她每天都会沿着被当地人戏称为"一环"的新修水泥小路跑步。一天，一位早起的维吾尔族职工在路边好奇地打量着这张"生面孔"，不断朝她挥手，走近时，从兜里掏出一大把核桃硬塞到她手里，还冲她连说："亚克西"（维语，意为"好"）。

一牧场副场长文尼瓦尔说，由于地处偏远，少有大学生愿意来一牧场，但凡千里迢迢到来的人，都会被热情地奉为"座上宾"。

凡改娣的志愿服务岗位原本是在农十四师机关服务中心，在她的强烈要求下，3个月后，这个1988年出生的河南女孩如愿以偿地来到一牧场团委。

"最骄傲的事就是将一牧场志愿者的爱心接力棒传了下去。"谈起服务期的经历，这个性格豪爽的女孩禁不住手舞足蹈起来。凡改娣说："我们每个志愿者都和一个贫困学生结对子，开展爱心帮扶。"为给职工子女举办活动，她一连跑了附近的3个乡才凑齐10套文具。

"在人人逐利的社会，新疆生产建设兵团仍有一大批人默默地守卫在新疆最艰苦的边境线、沙漠边缘，屯垦戍边，为祖国做贡献，这种精神令人敬佩。"凡改娣说。被兵团精神打动，几乎是所有来到兵团志愿者的共同感受。

从市医院、连队宣传干事，到农一师、阿拉尔市少工委办公室主任，河南师范大学毕业的首批大学生志愿者陈红波经历颇丰。去年，他还出版了自己的第一本诗集《青春流痕》，其中如《到西部来——写在新疆生产建设兵团的诗》、《我的位置在塔河》、《塔里木的女人》等很多篇章抒写了兵团人的情怀。

在这种特殊环境下，凡改娣说自己快成"思想家"了。她喜欢独自跑到场部后面的沙漠边缘，坐在沙包上，脑子里的想法天马行空。有时，正在发呆，沙漠中会突然刮起"小旋风"，裹挟着沙粒黑压压地向她袭来，她只好灰头土脸地跑回去。

"参加西部计划，从大城市来到最偏远的地区，与其说是受苦不如说是享受。从小到大，我们一直在校园里，志愿服务能让年轻人走进恶劣的自然环境中，磨砺青春，像沙漠中的红柳，身处何种逆境仍能生存下去！"凡改娣说，如今，她已经到和田维吾尔医学专科学校担任体育教师，她早已爱上了西部人的淳朴。

3. 来到西部，年轻人是最大赢家

2010年11月3日上午，团中央书记处第一书记陆昊来到兵团农三师41团看望志愿者，关切地询问他们，为何愿意留下来？

"感情留人，事业留人。"志愿者的答案近乎一致。

王江山说："对年轻人来说，暂时苦一点没关系，关键是未来要有希望。"

去年，224团党委开设了"青年干部培训班"，所有正在服务期的志愿者也都参加了培训，团长、政委亲自授课，谈团场未来发展，青年干部如何成长、成才。培训结束后的聚餐会上，有志愿者感动得掉泪。

"所有人都很激动，团场不仅把我们当成志愿者，而且当成后备干部来培养！这给了志愿者莫大的精神鼓舞，这就是希望！"王江山说。

在农十四师，2003年至今已招收了8批199名大学生志愿者，结束服务期后的留疆比例高达46％。

在农十四师团委书记刘小平的工作规划中，志愿者工作的服务管理就占了三分之一。

"兵团迎来了跨越式发展的历史机遇，城镇化、新型工业化和农业现代化建设都离不开大学生，兵团人是真心实意地想留住志愿者。因此，每年接收的志愿者都会成为各单位争夺的香饽饽！"刘小平说。

"目前对西部的宣传不够全面"陈红波说，随着西部大开发和新疆跨越式发展的历史机遇，西部的城市发展已经驶上了快车道，与东部地区巨大的人才竞争压力相比，西部给予青年的成长成才空间更大。

刘小平说，以农十四师为例，2010年共有27名志愿者结束服务，其中22名通过参加各类考试录用留在新疆、兵团，留疆就业比例高达81%。

"看着沙漠中茁壮成长的庄稼、果树和防风林，就会联想起自己的成长轨迹，来到西部，年轻人是最大的赢家！"王江山说。

（资料来源：《中国青年报》2011年3月23日）

分析：这些大学生为什么要到祖国的西部去就业？

大学生就业应该选择何方？

（张静宇）

第三章

大学生核心就业力

【学习目标】
- ◆ **掌握**：大学生基本工作能力与专业社会实践能力。
- ◆ **熟悉**：培养大学生专业社会实践能力的重要性。
- ◆ **了解**：大学生核心就业力培养的意义。

情境导入 3-1

情境回放：

2002年夏天，小陈因几分之差导致高考失利，未能进入自己理想的重点大学，无奈之下她进入了一所高级技工学校。相信很多人都曾经面临过和小陈一样的困境，高考失利了，于是就感到灰心失望，甚至是自暴自弃……而对同样的境遇，不同的人会做出不同的抉择，他们各自也因此得到了不同的人生结果，有的人成功了，而有的人却钻进了死胡同。

小陈并没有因为高考失利而泄气，而是暗暗勉励自己："即使拿不到大学文凭又能怎么样？落榜不等于没前途，念职校也可以有出息。只是将一项技能学精，依然能够走遍天下。"

在技校学习的三年时间里，小陈凭借自己的勤奋，第一年学习铣工。第二年学习车工，到了第三年她成功通过考核，在众多同学当中脱颖而出，被分配到上海航天局804研究所当铣工。小陈知道，要将一件毛坯加工成精密而复杂的航空部件是相当困难的，所以在研究所她虚心求教、潜心揣摩，就这样，通过自己刻苦的努力，她练就了精湛的技能，不仅加工出了许多高端精密的零部件，还解决了大量的技术难题。

面对无数的鲜花和掌声，小陈依然保持平常心态，她认为学习是一辈子的事，工作以后，同样能学理论、考大学。因此，在工作期间，她坚持学习文化知识，2008年，凭借自己持之以恒的努力和付出，她获得了同济大学的本科文凭，实现了学历与能力上的双丰收。

思考与交流：

请分析小陈取得成功的原因。

第一节　大学生核心就业力概述

人的就业能力是多种能力相加复合而成的,是就业择业的基本参照和基本条件,是胜任岗位工作的基本要求,也是个人立足社会、获取生活来源、取得社会认可、谋求自我发展的安身立命之本。

一、大学生就业的概念

"就"即"从事","业"即"工作、职业"。就业,通俗地讲就是劳动者去从事某个工作或职业。一般意义来说:就业是指劳动者同生产资料相结合,从事一定的社会劳动并取得劳动报酬或经济收入的活动。当前大学生就业的特点主要表现如下。

① 就业的主体是受过高等教育的大学毕业生,具有一定的思想素质和文化素质。
② 大学毕业生是从学生时代步入社会的转折,一般不具有工作经验。
③ 大学毕业生择业时具有较强的群体性和季节性,每年数百万的毕业生几乎在同一时间段需要及时就业。

二、大学生核心就业力的特点

大学生核心就业力具有以下特征。

(一) 必备性

就业力是大学生众多能力中的一种,但也是必不可少的。大学生经过几年的学习,最终都是要走向工作岗位的,而就业力就是让大学生向用人单位很好地展示自己的能力,缺少了它,大学生就缺少了与用人单位沟通的平台,很难或根本找不到称心如意的工作。

(二) 主体性

就业力是主体在寻求就业机会和社会发展过程中所表现出来的个体能力,充分体现了主体的知识结构、思维方式、工作技能等方面的特征。

(三) 发展性和变动性

就业力不是与生俱来的,而是在长期的知识积累、技能训练、素质提高的基础上形成的。随着时间的推移和考查范围的变化,在激烈的竞争中,一个人的就业力是不断变化着,是可以通过适当途径进行培养和提升的。比如一个大学生可能在他初次进入人力资源市场时,表现出就业竞争力很强,但随着时间的推移,5年或10年后,在同样的考查范围内(比如在我国国内),他的就业竞争力可能增强,但也有可能减弱。可见,就业力是在竞争中不断变化的能力。

（四）综合性

就业力不是对个体单方面能力的要求，而是全方位的要求，既包括个体的素质，也包括集体协作能力；既包括对知识总量的要求，也包括技能技巧的培训；既包括专业知识的要求，也包括其他素质。

（五）可测评性

就业力评价还可以用来评价就业本身。我们进行经济和社会竞争的目的是要达到竞争群体平均水平的提高，竞争的促进作用和竞争的成果可以用群体的平均提高水平来衡量，竞争的代价是对于落后群体的排斥和淘汰。竞争的优胜作用可以用竞争力位次的变化总数和总位次的比来表示。竞争的劣汰作用可以用排斥或淘汰对象数量占总对象数量的比例来衡量。那么对于大学生的就业力而言，通常是用一定时期的学生就业率来衡量的。

三、培养大学生核心就业力的意义

目前，国内外关于就业能力价值的认识趋于一致，加强大学生核心就业力的培养作为一种影响深远的社会活动，具有不可替代的社会功能和意义，概括起来主要有四个方面。

（一）有利于大学生成才

大学生核心就业力是大学生必备的综合能力，包括的能力范畴非常广泛。培养大学生核心就业力，可以完善其知识结构，提高理论修养，提升专业社会实践水平，对于大学生成才具有非常重要的作用。

（二）有利于大学生顺利就业

大学生核心就业力的高低直接决定大学生能否就业和就业质量。高水平的核心就业力能帮助择业者树立正确的择业观念，在求职中发挥自身的优势，选择一份适合自身特点的职业，更好地发挥自身的个性和能力。如果大学生不能就业，就谈不上自我价值的实现，更不用说报效祖国，反而会成为社会的负担。大学生只有练就过硬的就业能力，才能找到心仪的工作，为今后良好的职业发展奠定基础，才能达到服务社会和实现自我的统一。

（三）有利于促进大学生的终身发展

进入21世纪，人类面临着科学技术加速发展和急速变革的挑战。有人估算，截至1980年，人类社会获得的科学知识中有90%是二战以后获得的。就人类的科学知识而言，19世纪大约每50年增加一倍，20世纪每10年增加一倍，20世纪末则是每3~5年增加一倍，21世纪将无法以时间来估计。因此，要跟上时代的步伐就必须从传统的文化心理定式中挣脱出来，让自己的主体意识、平等意识、创新意识得到充分的发挥，树立终身学习的意识并成为与现代化社会相适应的现代人。这与大学生核心就业力培养的目标是一致的。从适应现代社会的角度来说，大学生核心就业力的培养应注重个人潜能的开发、健康个性的发展、自我学习、终身学习意识和能力的形成，从而促进人的终身发展。

（四）有利于推动经济持续发展

大学生核心就业力的培养，可以更有效地开发人力资源，挖掘人才，使用人才，实现人尽其才，使人力资源的使用最优化。通过帮助择业者找到合适的工作岗位，为工作岗位找到合适的人，可以使每个劳动者为社会创造更多的财富。在适合的岗位工作环境以及职业文化环境中，劳动者追求职业成功的动机与职业组织的发展动机一致。此时，他们安于工作、乐于工作、忠于工作，积极主动地奉献自己的全部能力和智慧，这样，全社会的劳动生产率才能不断提高。因此，做好大学生核心就业力的培养对于推动经济的持续发展具有重要意义。

核心就业力是在市场经济条件下，在教育领域乃至整个社会范围提出的一个新概念，已成为人们普遍接受的新观点而应用于社会。它不是对以往教育方针、教育方向的否定，而是在当前国情及社会条件下，对以往教育的重新审视，对现代教育理念的重新阐述和概括。它更具体、更微观、更直接、更形象地明确了学校的教育任务、大学生的奋斗目标、社会对高校的评价和对大学生的需求标准，突出了素质教育，使学校教育目标与社会对人才的需求条件相吻合。核心就业力作为崭新的、适用的、科学的概念而应用于高等教育、大学生个人成长和社会对高校及其培养对象评价等领域。核心就业力将成为社会、企业、高校和大学生个体广泛认可、符合时代特点、全新的教育观念。

第二节　大学生基本工作能力

一、大学生基本工作能力的概念

所谓能力，就是运用知识进行实践活动以解决实际问题的心理功能与行为效应的总量。我们把大学生能够胜任各类工作岗位所必须具备的通用工作能力称为大学生的基本工作能力。基本工作能力应当包括以下五个方面：综合知识素养、分析判断能力、统筹安排能力、沟通协调能力和表达能力。在这五个能力要素中，综合知识素养和表达能力是基础，分析判断能力和统筹安排能力是核心，而沟通协调能力则贯穿在整个过程当中。

二、大学生基本工作能力的特点

大学生基本工作能力属于能力范畴，但与一般意义上的综合能力相比，有着自己的特点，主要体现在以下几个方面。

（一）基础性

所谓基础性，是指大学生为工作所应准备的最基础的、必需的工作能力。如果缺少了这些工作能力，必然会影响到大学生顺利就业和正常工作。基础性的特点突显出基本工作能力的地位，因此需要大学生对基本工作能力给予足够的重视。

（二）累积性

能力的提高，不是短时间内能够实现的。大学生基本工作能力也是如此，它的提高需要一个长期的积累过程，不要指望通过两三天的培训就能"速成"。要通过多种渠的培养来提高大学生的基本工作能力，通过慢慢的"量变"来实现最终的"质变"。

（三）综合性

大学生基本工作能力包括多种要素，各要素之间存在着有机的联系。在大学生基本工作能力培养过程中，不能只专注于某一两项能力要素的联系，要注意各能力要素之间的关联性，从整体上提高。

（四）实践性

理论与实践必须有机结合起来，大学生基本工作能力的提高也是如此。通过理论学习可以掌握具有指导性的知识，但这些知识的进一步的理解、深化、升华，需要在实践中来完成。如果只是掌握有关能力的一些理论，而不去应用和实践，最终只是空谈。因此，在培养大学生基本工作能力过程中，应当强调理论性与实践性相结合，尤其是要给予实践性更高的重视。

三、大学生基本工作能力的内容

（一）综合知识素养

大学生综合知识素养，主要涉及的是大学生就业必备的知识结构问题。从核心就业力培养角度来看，大学生基本工作能力要求大学生具备的知识结构主要包括基础知识、专业知识和职业道德素养等几个部分。大学生的综合知识素养是大学生基本工作能力的基础，其核心是构建合理的知识结构。大学生应该清醒地认识到自身的知识结构状况，认识到知识结构在奠定学习基础和求职择业中的重要作用，并且根据现代社会的发展需要塑造自己、发展自己、完善自己，以适应现代社会就业的要求。因此，大学生应具备合理知识结构，在学习的过程中，充分运用多种渠道，采取有效方法来构建自身合理的知识结构体系，提高自身的综合知识素养。主要有以下几种渠道。

1. 课堂学习

大学课堂是对大学生进行教育的主要场所，大学生的综合知识很大程度上是通过课堂学习所获得的。目前，大部分高校除了开设专业课、专业基础课之外，还开设了大量的选修课，包含了多种学科，这提供了很好的学习机会。大学生应当充分抓住这个机会，在课堂上认真学习，提高自身综合素质。

2. 课外阅读

课堂学习是一种规范化的学习与提高综合素质的途径。除此之外，大学生还可以通过在学校图书馆借阅图书、阅读杂志报纸等方式获取最新的信息和知识。大学生通过课外阅读来提高自身综合素质，要有计划地进行，切不可"三天打鱼，两天晒网"。据调查，大学生在课外阅读上普遍热衷于文学作品，但更加喜欢娱乐性、消遣性读物，而对于知识性、专业性读物缺乏兴趣。这种兴趣上的单一性将在一定程度上影响大学生的全面发展。

3. 网络浏览

我们所处的时代是一个信息时代，网络的影响无处不在，尤其是对大学生学习和生活的影响更大。网络作为一种载体，其所承载的知识内容是十分丰富的，超过了以往任何一种知识载体。目前，几乎所有的高校学生都能够接触到网络，问题的关键在于如何利用好网络。大学生应当正确认识网络，充分运用网络，通过网络这一新的学习途径和渠道获取知识，加快提高自身综合素质的速度。

4. 与他人交流

社会是由不同的个体组成的，每个人生活在这个社会上，都必然和他人存在种种关系，就需要与他人进行交流。与他人进行交流，不仅是心理的需要，更是自我提高的机会。大学生进入大学后，周围的同学大部分都是来自不同的地方，各自有着不同的经历和知识结构，面对的教师也与中学时代有着很大不同。这是一个十分难得的学习机会，而学习的一种方式就是交流与沟通。

5. 社会实践

"实践是检验真理的唯一标准"。通过课堂学习、课外阅读等方式所获得的知识，究竟是否正确、是否科学、是否适合自身以及现实工作的需要等，都有待于通过实践来检验。同时，参加社会实践，本身就是大学生综合知识素养提高的一种方法与途径，通过参加社会实践，大学生可以进一步认识到社会对于大学生的要求，可以更加清醒地认识到自身目前所具备的素质与社会要求之间的差距，从而有针对性地采取措施来提高综合知识素养。

（二）分析判断能力

分析判断能力是指通过了解问题、思考问题进而得出一个恰当、合理结论的能力。通常来看，一个人分析判断能力的高低与他所受的教育程度、对事物观察的仔细程度、知识面的宽窄等几个方面有着密切关系。一般认为，衡量分析判断能力的高低主要包括以下六个面。

1. 分析思考问题的深度

分析思考问题的深度是指能否透过现象看本质以及看到本质的层次有多深。对问题的分析思考要有一定的深度，不能肤浅地停留在表面。如果仅仅着眼于表象而不去挖掘更深入的内核，所得出的结论很可能是错误的、机械的或者是唯心的，当然更不可能正确推导、印证其他结论。

2. 分析思考问题的广度

每个问题、每个事物都与其他事物、现象有着客观的、必然的联系，而不是孤立存在，与世隔绝的。所以，如果仅仅局限于所思考问题的本身而不能拓展开来，所得出的结论也只能是就事论事，难以保证其正确性和全面性。

3. 辨析及综述能力

一个问题如果从纵向（即深度层次）和横向（即广度方面）全面展开将意味着与很多其他现象和问题共存，但真正解决问题未必需要，因为全面中必有重点，抓主流才能提高解决问题的效率，这就需要对各种材料、问题去粗取精、去伪存真，进行分析筛选、重新整合，得出正确结论。

4. 思考问题的逻辑性

分析思考问题进而得出正确的结论，必须有严密的逻辑，而不能天马行空，自由阐述。良好的逻辑性不仅直接影响到结论的正确性，而且是衡量一个人思辨能力的最重要指标，同时也是衡量思维过程科学的标准。

5. 分析思考问题的敏捷度

这个指标是从反应力方面考查思辨能力。一般而言，在同等知识储备和相同给定条件下，得出结论越迅速，分析判断能力就越高。特别是在面试的过程中，由于时间较短，不可能进行细斟慢酌的推理、演绎。因此，在具备相当理论水平和学识基础的情况下，提高分析思考问题的速度就是提高自己的分析判断能力。

6. 分析判断过程及结论是否符合理性

理性并不等同于正确性，而是强调在分析过程中必须依据真实材料冷静、客观地分析和总结，杜绝主观臆断或者偏激推理，更不能为追求新颖度或体现自己理论的独树一帜而制造假现象、假材料。能否将整个分析判断过程纳入理性之光并排除感情用事和武断猜测，正是思辨能力高低的深层次体现。

（三）统筹安排能力

统筹安排能力是指为了达到一个具体目标，充分调动各方面的因素，管理好时间、人员以及其他资源的能力。大学生往往会认为自己刚参加工作，不是去做领导的管理岗位，为什么还需要提高统筹安排能力呢？这实质上是对统筹安排能力的误解。统筹安排能力包括对时间的科学管理、对人员的协调安排以及对整体的组织协调等，这些要素不仅存在于领导的工作当中，也存在于每个人的日常工作当中。因此，大学生提高统筹安排能力，是提高自身基本工作能力的重要环节，对大学生顺利就业起着重要的作用。

1. 科学管理时间能力

在涉及具体时间管理内容之前，先看一个故事：有两个人到非洲去考察，在半路上迷路了。正当他们在想该怎么办时，突然看到一只非常凶猛的狮子朝他们跑过来，其中一个人马上从自己的旅行袋中拿出运动鞋穿上。另外一个人看到同伴在穿运动鞋摇摇头说:"没用啊,你怎么跑也没有狮子跑得快。"同伴说:"嗨,你当然不知道,在这个紧要关头最重要的是我要跑得比你快。"

目前人们所处的是一个竞争十分激烈的社会,每个人都必须参与一场人生的竞赛,而这场竞赛的对手可能就是你身边熟悉的人,也可能是其他人。无论如何,在竞争中,最让你感到束手无策的一样东西是时间。时间就好比故事中出现的狮子一样,无论你怎么跑也不可能比它还要快。但是你只要比你的竞争对手跑得快,你就会赢得时间,最终赢得胜利。

(1) 科学管理时间的原则

① 目标原则。合理利用时间,要有明确的目标。目标正确,工作和学习的效率就高,成果就大。如果目标错了,可能花费的时间越多,效果越低,甚至徒劳无功。

② 整体原则。即按照系统论的要求,从宏观整体上安排时间,取得运用时间的整体效应。不要随心所欲,孤立地支配单位时间。

③ 弹性原则。制订安排时间的计划时,必须考虑尽可能多的因素和由于特殊情况而出现的偶然因素。在安排时间时要有弹性,要有可调节的方案,不致因为某些因素和意外情况而打乱整个计划。

④ 最佳原则。人在一生中有学习和工作的"顶峰时间"。在一段时间内因生理活动的周期现象,有最佳时区,在一天里也因"生物钟"作用,对不同脑力活动分别有最佳时间。在计划时间内要重视这些因素。

⑤ 立体原则。即把时间看成是一个多层次、整体化、综合化的开放系统,设法利用一切可以利用的时间,不断充实时间的容量。

(2) 科学管理时间的方法

一般来说,常用的时间管理方法有许多种,下面列举20个小方法供大家参考。

① 对目标、任务、会议等事件分别按照优先级进行排序。

② 从优先级最高的任务着手。

③ 如果要做事情,就从现在开始,不要拖延时间。

④ 对于那些大的、艰难的任务,可以划分为小的、容易做的部分。

⑤ 经常为自己创造一小时的安静,哪怕这需要很强的意志力,或有时不起作用。

⑥ 找一个隐蔽的地方备用,例如图书馆或其他空闲的办公室。

⑦ 不要总是对别人说"是",当你有重要的事情需要处理时,要学会对别人说"不"。

⑧ 不要每件事都亲自去做,要学会委派别人做事。

⑨ 将相类似的事情放在一起进行处理。

⑩ 减少例行事务,不要在上面花费过多时间,抛开没有价值的信件和文书工作。

⑪ 要牢牢记住80/20定律,避免走进完美主义的误区。(注:管理学范畴有一个著名的80/20定律,它说,通常一个企业80%的利润来自它20%的项目或者是20%的重要客户。这个80/20定律被一再推而广之。经济学家说,20%的人手里掌握着80%的财富;心理学家说,20%的人身上集中了人类80%的智慧,他们生来就鹤立鸡群。)

⑫ 要对自己所要完成的工作以及所拥有的时间有着现实的估计,避免做出过多承

诺而无法实现。

⑬ 不要将个人的时间表排得满满的，要为自己留下一定的机动时间，以应付突发事件。

⑭ 要给自己做的事情设置一定的时间限制，例如，做某些决定时，不能超过3分钟。

⑮ 对于目前手头的事情，要集中精力地将其完成。

⑯ 处理重要的事情时，使用较多的时间。

⑰ 迅速处理那些困难的事情，拖延下去不会让它们变得容易。

⑱ 对于文书工作，争取只处理一次，不因重复而浪费时间。

⑲ 在行动以前，要对整件工作彻底地进行思考。

⑳ 争取第一次就做好。

对于上述一些方法，大家不需要每一项都实施，可以根据自身特点，按照自己的需求改变、组合某些方法。进行时间管理，就好像在抛鸡蛋，你要不停地把手中的一个鸡蛋换成另一个，还要保证所有的鸡蛋都不落在地上。要做好抛鸡蛋的动作，需要耐心和毅力。进行良好的时间管理，同样需要这些品质。当鸡蛋越来越多，情况越来越糟的时候，要有能力控制局面，把握好间隔和规律——这正是时间管理的核心内容。对于大学生来说，时间相对是十分充裕的，要更加努力地提高时间管理能力，充分利用好这些时间，从而实现目标，最大限度地发挥自己的作用。

2. 组织协调能力

组织协调能力是指根据工作任务，对资源进行分配，同时控制、激励和协调群体活动过程，使之相互融合，从而实现组织目标的能力。一般认为组织协调能力包括：组织能力、授权能力、冲突处理能力、激励下属能力。

（1）组织能力　是指组织人们去完成组织目标的能力，它是领导者成功有效地完成组织目标的心理特征。良好的组织能力是完成工作的保证。

组织能力可以通过以下的途径培养。

① 培养坚强的意志。不被困难吓倒，不让失败和挫折压垮。

② 明确追求目标。目标明确，才能增强一个人的自信，并积极排除干扰和克服心理障碍。

③ 提高知觉的能力。这是提高人的观察能力、获取信息和加工信息的主要通道。

④ 积累丰富的经验。经验可有效地引导人们处理好日常工作，并提高人的决策判断能力。

⑤ 提高记忆能力。记忆力是提高领导者管理及提取必要信息的基本能力。

⑥ 勇于挑战工作重担。重要的工作经验及疑难问题的处理过程，可以锻炼、检验和表现行为人的组织才能。

⑦ 提高交际及沟通技巧。这可帮助一个人协调好各种人际关系，发挥组织的功能作用，调动员工的积极性，形成良好的群众基础和干群关系。

⑧ 养成良好的工作习惯。良好的工作习惯可以提高工作效率，节省时间，分清主次。

⑨ 培养广泛的兴趣。广泛的兴趣可扩大知识面，提高综合能力和统揽全局的能力。
⑩ 克服保守思想和惰性心理，可以增强人的活力，培养创新的能力。
⑪ 学会宽容。宽容是获得友谊与支持，营造良好人际关系及管理环境的保障。

（2）授权能力　通过他人的努力来完成工作，是现代管理过程中常采用的基本做法。授权并不意味着放弃自己的职责，有效的授权是领导的一项基本职责。授权意味着准许并鼓励他人来完成工作，从而达到预期的效果；同时，领导者也自始至终对工作的执行负有责任，有效的授权可以使领导者：a.通过他人的努力来完成任务；b.与下属相处融洽，获得工作上的支持。

有效的授权是一个双向的过程，包括准备授权的管理者和准备承担此项工作的下属。当双方能就下列方面达成一致意见时，有效的授权就实现了：a.任务所涉及的特性和范围；b.期望所达成的结果；c.用来评价工作执行的方法；d.时间方面的要求；e.工作执行所需要的相应权力。

如何才能提高授权能力呢？

① 寻找合适的人选，可根据潜能、态度、人格等方面来挑选下属。
② 先与被授权者磋商。
③ 先行授权。不要等问题发生后再授权，而应先行授权。
④ 委派整个任务时，尽可能将整个任务委派给员工，而不是仅委派任务的一小部分，以表明你十分信任他。
⑤ 表明对结果的期望值。在授权时，应明确向下属讲清对该任务结果的期望是什么。
⑥ 授权后应对下属予以充分的信任。一旦授权，就要充分信任下属能做好工作，让下属自主开展工作，由他们自己决定是否需要接受你的帮助和指导。
⑦ 组织协调相辅相成，是一个集体，不可拆分。

（3）冲突处理能力　冲突产生的原因通常是人们对于同一个问题往往有着不同的看法，以及人们在为实现自己的目标而奋斗时往往会触犯他人的利益。冲突产生的原因如下。

① 误解。
② 个性冲突。
③ 追求目标的差异。
④ 欠佳的绩效表现。
⑤ 工作方式、方法的差异。
⑥ 工作职责方面的问题：缺乏合作，有关管理权威方面的问题，工作中的失效，对有限资源的争夺，没有很好地执行有关的规章制度。

作为未来工作者来说，正确地处理与同事、上级的冲突以及下属之间的冲突是非常重要的，而面试中所考察的冲突处理能力主要是对冲突原因的理解，怎样避免冲突，以及如何妥善处理冲突。

下面介绍一下怎样避免和处理工作中的冲突。

① 工作冲突的避免。在日常生活中，许多冲突都是可以避免的。避免工作冲突的

具体方法包括：

a. 承认这样一个事实，即人们的价值观、需求期望以及对问题的看法往往存在差异。

b. 对他人和自己都要诚实。

c. 抽出足够时间和精力与你常打交道的人多进行一些交流，更好地了解他们的价值观、信仰等。

d. 不要以为你总是对的，要以为自己不对。

e. 不要对不同意自己看法的人怀恨在心。

f. 耐心倾听别人的谈话。

g. 为人们表达某个看法和意见提供适当的渠道。

h. 促使人们从以往的工作冲突处理中总结经验，吸取教训。

② 工作冲突的处理。如果某种冲突的发生没能避免，那就要采取积极的、建设性的措施来处理这些冲突。成功的处理方法必须建立在对工作冲突本身正确而充分的了解基础之上。下面介绍五种工作冲突的处理方法。当然，在具体运用这些方法时，必须结合当时的实际情况。

a. 否认或隐瞒。这种方法是通过"否认"工作冲突的存在来处理冲突。当冲突不太严重或者冲突处于显露前后"平静期"时采用这种方法比较见效。

b. 压制或缓解。掩盖矛盾，使组织重新恢复"和谐"。同样，这种方法也是在冲突不太严重或者冲突双方都"不惜一切代价"保持克制时才能取得满意的效果。

c. 支配式处理方式。这种方法是冲突中的某一方利用自身的地位和权威来解决矛盾。冲突的旁观者也可利用自身的权威和影响，采用类似的方法来调解冲突双方的矛盾。这种方法只有当凭借的"权威"确有影响力或冲突双方都同意这种方法时才能取得满意效果。

d. 妥协。这种办法要求冲突双方为达到和解的目的，都必须做出一定的让步。使用这种方法的前提是冲突双方都必须有足够的退让余地。

e. 合作。当承认人与人之间确实存在许多差别的事实之后，往往就可以通过和解的方式来处理冲突。通过这种方式处理冲突，冲突双方都会感到他们是受益者。不过要使这种方法行之有效，一方面要有足够的时间保证，另一方面还必须让员工"信任"这种方式，而且冲突双方都必须具有较高的素质。

(4) 激励下属能力　作为领导者，有责任去劝说和激励下属，使他们的工作更有效，因此领导者应该懂得如何去促进工作，了解激励下属的方式，并确认自己在激励下属过程中所扮演的角色。一个有效的管理者，应能创造促使下属达成各自目标的条件，最重要的是针对不同的人应采取不同的激励方式，对激励问题提供一个通用答案是不可能的。因此，必须了解和影响下属的动机，而动机是一种对人们认定他们自己达成满足需求目标程度的尺度。马斯洛把人的需求分为五个层次，依次分别是：生理需求、安全需求、社交与被接纳需求、尊重需求和自我实现需求。在一般情况下，当某个层次的需求获得满足后，就会产生更高层次的需求。通常需求不是静态的，它们根据经历和期望随时间和条件发生变化，因此作为领导者要发现和寻找那些能激励下属、改善他们工作绩效、提高他们的积极性的手段，才会使部门工作有效开展起来。

下属的积极性一般都是由领导者激励功能的发挥和个体需要得到满足等因素产生的。通常情况下，下属的积极性包括：

第一，接受和执行组织及团体目标的自觉程度。

第二，为实现组织及团体目标的热情。

第三，在为实现组织及团体目标的活动过程中所产生的效率、聪明才智和责任心等。

因此，优秀的管理者，都善于将团体目标和个人目标统一起来，将团体目标的实现与满足员工的需要统一起来，提高下属对团体目标的感受性，让下属充分体验到团体目标中包含着个人的利益。只有将这两者有机地统一起来，下属才能产生积极性。

究竟怎样才能调动下属的积极性呢？要想充分调动下属的积极性，作为一名管理者还应掌握以下六个方面的艺术。

① 高度信任。领导者对下属信任，下属才能与领导者真诚相处；管理者对下属放心，下属才会对其没有戒心。因此，领导者一定要善于用自己对下属的真诚信任来换取下属对自己的由衷敬重。其具体做法是：一是正确看待下属的能力和水平；二是勇于把重担子交给下属，从而使其鼓足干工作的勇气和干劲，在实践中得到更多的锻炼和提高；三要授予下属相应的权力，切忌大权独揽，小权也不分散。

② 诚心尊重。诚心诚意地尊重下属，使下属时时、事事、处处都真正体验到自己的人格所在、价值所在，这是调动其工作积极性的重要一环。管理者要做到诚心尊重下属，除了在思想上要牢固树立起"政治上平等"的观念外，在日常工作中还要特别注意以下两点：一是在自己分管的工作方面，在实施决策之前，要主动、认真地听取下属的意见。当下属的意见不完全正确时，也要注意耐心听完并认真加以分析，尽量吸收其合理成分；当下属的意见与自己的意见有明显分歧时，要冷静地思考孰是孰非，并坚持按正确的意见办；当下属的意见与自己的想法在本质上一致，只是在形式上有所不同时，就不要在细枝末节上强求按自己的意见办。二是对下属分管的工作不轻易干预，只要没有原则性的错误，就要大力支持，积极协助落实。当下属在决策前主动征询自己的意见时，也要注意先听取下属的想法和态度，切忌不加思考地随意表态，或轻易否定下属的意见。

③ 主动关心。主动关心下属是管理者的责任，也是领导艺术的具体体现。管理者对下属越关心，下属对管理者就会越尊重。当然，这里所说的关心不是简单的小恩小惠，而是从各个方面给予更多的体贴和关照。一是要关心下属的学习；二是要关心下属的思想；三是要关心下属的工作，当下属在工作中取得成绩时，要及时鼓励，并注意适时提出新的目标；四是要关心下属的家庭生活，特别是对那些自身要求严格，不愿轻易麻烦组织、麻烦领导，家庭又确实有困难的下属，更要注意真诚地帮助他们排忧解难。

④ 用其所长。作为领导必须克服私心杂念，不要害怕下属显露才能，多看下属的长处，注意用其所长，就会使其感到有用武之地，在本职岗位上能施展自己的才华，工作就安心，劲头就十足。

⑤ 热情帮助。作为管理者不仅要有容人之过的宽阔胸怀，而且要有帮人之难的嘉

言懿行,这对于处理好与下属的关系,调动其工作积极性至关重要。因此,管理者应注意做好以下三点:一是对下属的缺点要善意地批评,对下属批评帮助时要注意场合,尽量缩小范围,减轻影响,以维护下属的自尊;二是对下属工作上的失误要主动弥补;三是对下属的过错要主动承担责任,以减轻下属的心理压力,便于其轻装上阵,继续做好本职工作。

⑥ 不断激励。管理者只有坚持不断地对下属进行激励,才能使其保持长久的干劲。其基本方法是目标激励、任务激励、宣扬激励和褒奖激励。

(四) 沟通协调能力

沟通是人与人之间交往的重要形式,是一个人超越自身,与他人建立联系,并通过这种联系丰富和扩展自身的主要途径。协调是指个人与他人、个人与组织之间利益与建设性关系的保持。沟通协调的过程中,沟通是方法,协调是目的。协调的是关系,而相对静态的关系必须通过动态的沟通来实现。值得注意的是:在评价自己的沟通协调能力时,一定要从整体的角度来考虑。有的人可能不善于在大众面前演讲,却擅长与人谈话,有的人可能不善于写文章,却擅长分析评价别人的文章。这样的人只要补齐相应欠缺的部分就可以了。

人际沟通能力对于任何一个人来说都是非常重要的一项能力,卡耐基说过:"一个人的成功15%取决于他的专业知识,而85%来自他的沟通能力和综合素质。"对于大学生来说,在学校的时间毕竟是短暂的,最终总是要走向社会,要以某种特定的职业身份与他人打交道,与他人进行有效沟通。人际沟通是人类社会交际的基本过程及载体。人处在社会之中,与其他人存在着各种不同的人际关系,如协作、竞争、敌对。人们基于不同的利益形成不同的人际关系,需要不断地沟通来协调好这些关系。大学生应当在对自身沟通能力有着清醒认识的基础上,按照一定的原则和方法来锻炼和提高自己的沟通能力。大学生如何才能提高自己的沟通能力呢?

第一,要仔细想想自己最有可能会在什么场合,与哪些人沟通。不同的场合对于沟通的要求是不一样的。比如在公司参加会议和在茶社跟朋友聚会,就应采用不同的沟通方式。沟通的对象也决定了沟通的语言和形式。比如与同事、朋友、亲戚、领导、客户、邻居、陌生人等沟通时,就应根据对象的不同改变沟通方式。

第二,客观地评价自己是否具有良好的沟通能力。请你就以下问题认真地问问自己:

① 你真心相信沟通在组织中的重要性吗?
② 在日常生活中,你在寻求沟通的机会吗?
③ 当你站在演讲台时,能很清晰地表达自己的观点吗?
④ 在会议中,你善于发表自己的观点吗?
⑤ 你是否经常与朋友保持联系?
⑥ 在休闲时间,你经常阅读书籍和报纸吗?
⑦ 你能自行构思出一份报告吗?
⑧ 对于一篇论文,你能很快区分其优劣吗?

⑨ 在与别人沟通的过程中,你能清楚地传达想要表达的意思吗?
⑩ 你觉得你的每一次沟通都是成功的吗?
⑪ 你觉得自己的沟通能力对工作有很大帮助吗?
⑫ 喜欢与你的上司一起进餐吗?

以上问题,回答"是"得1分,回答"否"不得分。得分在8~12分,说明沟通能力较好;得分在1~4分时,说明沟通能力不太好,需要好好培养。

第三,检讨自己的沟通方式是否合适。你要认真问自己以下几个问题:
① 在一般情况下,经常是你主动与别人沟通,还是别人主动与你沟通?
② 在与人沟通的过程中,你会处于主导地位吗?
③ 你觉得别人适应你的沟通方式吗?

主动沟通与被动沟通是完全不一样的。如果你迈出主动沟通的第一步,就非常容易与别人建立广泛的人际关系,在与他人的交流沟通中更能够处于主导地位。当你处于主导地位时,就会集中注意力,主动去了解对方的心理状态,并调节自己的沟通方式,以便更好地完成沟通过程,这时候的沟通方式就是最合适的。学会了解与沟通,对于大学生建立良好的人际关系很重要。善于交往沟通的人,往往善于发现他人的价值,懂得尊重他人,愿意信任他人,能容忍他人有不同的观点和行为,不斤斤计较他人的过失,在可能的范围内帮助他人而不是指责他人。在当今社会,人们想要有所作为,学会沟通是基本条件,新型人才最主要的特点在于是否具有沟通能力和沟通本领。大学生们应该抓住时间,采取有效措施和方法,加快提高自身的人际沟通能力。

(五)语言表达能力

语言表达能力是指通过语言顺畅、准确地表达自己思想、观点、意见、建议,以求信息接受者能够理解的能力。衡量语言表达能力的指标主要包括以下四个方面。

1. 逻辑性

这个指标是分析判断能力逻辑性的外在表现,要求表达者在表达中必须按照通常的逻辑表达方式或语言信息接受者所能接受的逻辑表达方式进行表达。由于人的思维过程要比语言表达的速度快很多,所以要尽量实现思维与语言的同步化,而不能根据"跳跃式"思维做出"跳跃式"表达。大学生们必须明白的一点是:逻辑化的思维是为了让自己明白,而逻辑化的语言表达则是为了使他人明白。

2. 准确性

在语言表达中要以对方能够准确、清晰接受为目的,因此严密、准确的遣词造句是必然和必需的。而且,优秀的遣词造句在表达自我观点的同时还能增强表达的感染力,体现表达者的精神内涵。

3. 感染力

感染力是一个较难量化却隐含其他言语表达指标的概念,其他语言表达指标的程度高低、性质优劣都可能构成对感染力的影响。感染力在一些要求引起听众情感共鸣的表达中尤为重要,丰富的感染力将有效化解听众通常情况下以自我观点为中心,而难以接受对方意见的"排异"心理惯性,从而提高表达者观点被接受的可能性。

4. 态度适当性

语言表达是一种有意识的行为,必有情感因素掺杂其中,而接受者也同样是带着某种情感来倾听的。因此,适当的表达态度极为重要。如果在应当慷慨激昂的场合使用了温文尔雅的表达态度,会给人以软弱无力的感觉,从而引起听众对所表述观点正确性的怀疑。反之,如果在应当轻声慢语的场合使用了"豪言壮语"式的表达态度,则会给人以粗鲁傲慢、飞扬跋扈的印象。其他不同的环境如果采用与之不相符的表达态度,也一样会影响表达效果,引起听众反感。

语言表达能力是大学生综合素质的突出体现,也是素质教育不可或缺的重要方面。由于受应试教育以及学生自身的影响,学校在教与学的过程中对学生语言表达能力的培养普遍重视不够,既缺少系统的培养计划,也缺乏必要的实践训练,致使学生的语言表达能力存在一定的缺陷或不足。要全面贯彻落实素质教育,就必须重视大学生语言表达能力的培养,以全面提高大学生的整体素质和综合能力。生活在21世纪的现代人,不仅要有自己独立的思想和见解,还要能够在其他人面前很好地表达出来;不仅要用实际行为对社会做贡献,还要用语言和言语去感染、说服别人。现在社会用人越来越注重于表达能力和交际水平,这已经成为学校教育不可忽视的一个问题。有三大因素影响语言表达能力:经验的积累,丰富的知识,个人角色。没有足够的经验,会导致临场的应变能力不够;知识系统的不健全,导致讲话发言时有话说却无法组织起来,无法用恰当的语言来表达;对个人扮演什么样的角色没有认识清楚,将会导致所讲的话不符实况。传统的语言培养方式已不能适应当代社会对人才的需求,所以寻找新型的创新式的语言培养方式已成为社会的一种趋势。

首先,多跟别人交流,多锻炼自己。要看一些与提高交际能力有关的书,学习别人的经验。口头表达能力表现在人的交际能力上,交际能力是人在发展过程中起着重要作用的一种能力。放眼现实世界,我们可以感受到:成功的管理者或企业家无不和突出的交际能力连在一起。然而,现在有不少学生不善交际,不会交际,甚至害怕交际,有的到了成年还视交际如畏途。交际作为一种能力,是可以培养的,而且应该注意培养。如何培养呢?

第一,应该多参加各种体育活动。体育活动是一种必须直接与人正面接触和竞争的群体活动。参与体育活动不仅需要智慧和力量,而且需要胆量。胆量正是人际交往过程中所必需的一种要素。经常参加各种体育活动,既有利于提高自身身体素质,培养兴趣爱好,也有利于提高自己的交际能力。人一旦爱上体育运动,就会主动寻找对手进行活动,这种寻找就是交际。

第二,经常外出旅游。节假日期间,走出家门、走向社会、走进大自然,不但能增长见识,陶冶性情,还可以培养兴趣、开放胸襟。旅游属于一种开放性活动,交际也是开放性的,两者相通。交际需要人们袒露自己,需要主动和热情。在旅游中,人们可以直接接触到一些新的朋友,了解新的交际内容,旅游结束,自己的见识广了、谈资多了,这又为以后的交际增加了话题。

第三,有意识地独自做客、待客。串门做客,需要寒暄和问候,也需要交谈和有关礼物的收送，这样的过程必然使人的交际能力得到一定的锻炼。

第四，有意识地训练说话能力。交际能力的核心就是说话能力，因为交际最直接的形式是交谈。在交谈中，可以时常出一些模棱两可、具有可辩性的话题让别人辩论；也可以有意地提出一些不正确的或片面的观点，据理反驳；平时话语中的差错，也不要那么刻意。平时也要多参加演讲赛，上课或开会时积极发言。

第五，克服三种在对待交际问题上的错误认识。一是认为人的交际能力是天生的。实际上，交际作为一种能力，是在后天培养中逐步形成的，培养的方法主要是实践。二是认为能说会道不算本事。其实，与心灵手巧一样，能说会道确实也是一种本事。有人认为21世纪的人才应该具备以下这样几种素质：①能言善辩；②通文墨；③眼观六路，耳听八方；④会"小兴"，即能即兴抒发感情。这四种素质中首尾两点就涉及"说"，可见"说"在未来社会中的重要性。三是认为交际会影响学习。适度的与志同道合者、与优于自己的人交往，不但不会影响学习，反而有助于促进学习，有助于智力激活。交际是一种思想、观点和感情的相互碰撞，在频繁的碰撞中，双方都可以从中获得启示，获取灵感，共同提高。

第六，最重要的是建立自信，不要怕。只要你为人谦虚，待人和善，没人会不喜欢与你交流和做朋友。至于能不能够口若悬河并不重要，因为我们知道真正内向的人认为口若悬河的人其实根本不会说话，到正式场合要他讲话他根本就什么都不会说，因为他的废话太多了，大多数话都没经过大脑，又怎么能让别人爱听和喜欢呢？所以在平时就放松一点，正常地与人交流和沟通，需要说的就说，不需要说的也可以不说。

其次，平时的学习中我们也可以培养语言表达能力，总结起来就是"积累，仿写，创造"。

"积累"。古语云："工欲善其事，必先利其器"。这里的"器"在作文中就是指语言。作文简单说来就是用语言来表达自己的思想。因此，能否掌握和运用经典的语言准确地表达自己的思想是作文成败的一个关键。而要做到这一点，就必须学会积累语言。我们平时阅读时，可以从各类杂志和书籍中收集一些精美的语句摘抄下来，然后每天熟练地朗诵，用以培养自己的语言感觉能力。俗话常说"拳不离手，曲不离口"，只有做到每天坚持，才能逐步提高语言表达能力。在这里之所以强调朗诵，是因为这是形成语感的良好途径。"成功属于有心人"。积累精美语句的工作虽然苦，但苦得值。它能为语言表达能力的提高打好坚实的基础；再者，它也可以增加我们的见闻，因为要收集精美的语言，我们就必须进行大量的阅读，这样也就间接扩大了阅读量。"读书破万卷，下笔如有神"。我们的阅读量上去了，头脑里储存的东西多了，还发愁作文能力不提高吗？

"仿写"。摘抄积累精美的语言虽然可以帮助我们培养语言感觉能力，但是只有积累，没有仿写，我们没有办法将积累的语言很好地运用到实际的写作中去。仿写是指在原文的语言结构和字数大体保持不变的基础上，根据情况改动或增减一些词语和句子，使之可以表达不同的意思。仿写应该与积累保持同步，坚持每天一次积累、一次仿写，时间长了，形成了一定的表达风格，自然就知道运用语言的技巧了。

"创造"。仿写还只是停留于模仿的基础之上，要想形成真正有自己语言特色的文章，就必须学会创造。在语言积累和仿写达到一定时间之后，我们就可以开始自己的创造了。所谓创造，就是用自己的语言来表达自己的想法。要学会创造，一定的语感是必备的，此外，还必须掌握一定的语言表达技巧。一般来说，经典的语言具备三个要素：语言的节奏；典雅词语的运用；修辞手法的运用。如同音乐、舞蹈一样，语言是有节奏的。所谓节奏，是由一对相反的因素按照一定的顺序排列形成的。比如音乐的节奏是由声音的高低、续停等形成的；舞蹈的节奏是由动作的刚柔、快慢等形成的；而语言的节奏则是由语言的舒缓与激越形成。整齐的句子和短句子激越，散句子和舒缓的长句子舒缓。所以要形成语言的节奏，就必须长短结合，整散结合。有创造性地表达语言是语言表达的最高境界，也是最难达到的一个境界。原因在于很多学生认为：既然我已经背了很多精美的语言了，为什么不直接拿过来使用？既方便又省事。学生在刚开始写的时候，总觉得很多地方写不好，于是就放弃创造，选择仿写。其实，"阳光总在风雨后"，很多事情只有经过时间的磨炼才会实现，只要不断地坚持努力，成功就在眼前向你招手微笑；但一旦放弃，成功就会绝尘而去。黎明前的黑暗是最难等的一段时间，但也是离阳光最近的时候。所以，大家不要放弃积累和仿写，因为只有"厚积"，才能"薄发"，才会有创造，积累得越多，仿写得越熟练，创造就会越多，对自己的语言表达以及思想积淀就越有益处。

第三节　大学生专业社会实践能力

情境导入 3-2

情境回放：

"我是学护理专业的学生，兼职有一个多月了，但我不知道往哪个方向去努力。"这是湖南某大学护理专业学生小璐的苦恼。

不少大学生为了获得工作经验，从大一大二开始做兼职，可到头来发现获得的不过是人生体验而不是工作经验。北大、清华这些高校的学生在大二、大三的时候，会参加企业的招聘宣讲会。学生在听的时候就会收集信息，开始做准备，大三的时候就有这个意识，找工作时就会有充分的准备。

国家人力资源和社会保障部门相关负责人建议在校大学生及早进行自己的职业规划，定位好自己，从喜好干什么、能干什么、想干成什么出发，扎实学好专业知识，多方面提升自己的全面素质并塑造核心就业力。这样等到毕业时，既能拥有一份"含金量高"的简历，也能身怀所长，这样才可能找到心仪的好工作。

思考与交流：

为什么小璐参加了社会兼职，获得的只是人生体验而不是工作经验？

一、大学生专业社会实践能力的概念

"实践能力"是指个体运用所学知识、技能去解决实际问题的能力,它是由基本实践能力和专业实践能力构成的能力体系。基本实践能力是指从事各种实践活动都必须具备的基本能力,如表达能力、人际交往能力、组织管理能力,这些是基本工作能力。专业实践能力,是相对于基本实践能力而言的,如汽车专业的学生动手修理机器的能力、中文专业学生的语言运用能力、师范类学生的教学能力等,它是在掌握专业知识后对其在专业中进行灵活运用的一种能力。

专业社会实践能力,是指大学生在有目的、有计划地参加社会实践中的过程中,运用专业知识、结合工作中遇到的实际情况,认识社会、参与具体社会生活和生产劳动的能力。譬如,英语专业的学生,毕业后进入汽车贸易公司任职翻译人员,那么他所要掌握的就不仅仅是自己本职的英语知识以及口语能力,还必须了解国内外汽车工业的现状、汽车的基本常识、汽车交易知识等。面对竞争日趋激烈的人才市场,培养大学生的专业社会实践能力刻不容缓。

二、大学生专业社会实践能力的内容

(一)分析和解决问题的能力

分析和解决问题是一个包含了多个环节的复杂过程。首先必须对问题进行深入且全面的分析,抓住问题的关键之处,在此基础上提出解决问题的初步方案;然后,对初步方案进行全面评估和论证,及时调整思路,确定最佳的解决方案。所以,分析和解决问题是一个不断变化、不断求证的过程,是一个需要及时评估、调整思路的过程。培养大学生分析和解决问题能力的方法多种多样,下面将着重从学习知识、掌握迁移、创设情境、案例学习和项目学习五方面介绍。

学习知识,是培养大学生分析和解决问题能力不可缺少的基础条件;学会知识的迁移,是提高学生解决问题能力的关键环节;创设情境,将从大学生的生活经验和已有知识出发,为大学生提供从事实践活动的机会,经历知识的形成与应用过程,能更好地理解知识的意义,同时能够激发大学生强烈的好奇心,诱发大学生质疑和猜想,有效地提高学习效果;通过案例的学习,则可以不亲临现场就能经历多种多样的学习情境,帮助大学生分析、研究解决众多不同情况的问题,增进大学生的解决问题的能力,使大学生在实践中少走弯路;而项目学习法,是以能力为本位,专业实践活动为中心,针对具体问题寻求解决的方法。

1. 学习知识,夯实基础

从认知心理学角度看,知识主要分为两大类:陈述性知识和程序性知识。陈述性知识主要回答"是什么""为什么"的问题,程序性知识主要回答"怎么办"的问题。两种知识的掌握对提高分析与解决问题的能力均有帮助。陈述性知识包括符号、事实和有组织的整体知识三种类型。人的一生要记忆大量符号,如学习汉语,要记忆3000~5000个汉字,学习英语,至少要记住5000个单词才能流利地进行交谈和阅读。事实性知识也是不可缺少的,例如当你出远门旅行的时候,你需要知道行程路线、交通工具、目的地的气候等。人的一生需积累大量的事实性知识。对大学生来说,最重要的是习得有组织的整体性知识。认知心理学家认为,陈述性知识是构成习得能力的重要方面,是解决问题能力的重要条件之一。但是只了解陈述性知识,基本上还无法解决实际问题,还需要掌握相关的程序性知识。程序性知识就是在面对一个具体问题时,该怎样一步一步来解决的可行程序。比如,同样的一套汽车零件,按照书本中已有的汽车组装过程进行组装,不同的人组装起来的汽车在性能、车况等方面会有迥然的差异。汽车组装程序,就是"程序性知识",但汽车组装是否成功,性能好坏的差异,就是"技能"的差异了。掌握程序性知识之后,就可以动手实践,解决类似的简易的相关问题,但它容易使大学生们进入一个误区——滥用程序性知识,忽略陈述性知识。也就是说,不去把握怎么从基本原理出发寻找解决问题的思路。掌握了程序性知识可以解决一些实际问题,比如靠记忆题目类型解法来进行学习的学生,遇到学过的题型能够很快地做出来,但如果对原理理解不透彻,那么如果以后遇到类似的实际问题,恐怕不能顺利地解决。陈述性知识和程序性知识都要学习和掌握,它们是提高大学生分析和解决问题能力的重要途径。

2. 掌握迁移,灵活运用

教育心理学中"迁移"的定义为:迁移是指一种学习对另一种学习的影响。知识迁移能力是指将所学知识应用到新的情境,解决新问题时所体现出的一种素质和能力。包含对新情境的感知和处理能力、旧知识与新情境的链接能力、对新问题的认知和解决能力等。形成知识的广泛迁移能力可以避免对知识的死记硬背,实现知识点之间的贯通理解和转换,有利于认识事件的本质和规律,构建知识结构网络,提高解决问题的灵活性和有效性。英国剑桥大学教授贝弗里奇说:"大多数的发现都可以应用于所在领域以外的领域,而应用于新领域时,往往有助于促成进一步的发现。"实际上,许多问题的解决都可以借助于知识的"迁移"。解析几何是17世纪时笛卡尔借助曲线上"点的运动"的想象,把数学方法迁移于几何领域,使代数、几何融为一体。美国阿波罗11号所使用的"月球轨道指令舱"与"登月舱"分离的方法,迁移于巨轮不能泊岸时用驳船靠岸的方法。照相技术被迁移到印刷排字中便形成了先进的照相排版技术。应用知识"迁移"解决问题后,需要进行总结,把使用的陈述性、程序性知识的组合,与问题的特征对应起来,作为一个新的程序性知识存入程序性知识库,下次遇到类似的问题可以直接从知识库中调用,即每一次解决问题的过程,都构成一次完整的学习,而不仅是一次对既有知识的"练习"。

3. 创设情境,激发兴趣

所谓问题,就是疑难或难题。所谓问题情境,就是指个体不能用自己的知识经验直接加以处理,而感到不能理解或束手无策的情形。创设问题情境能够使大学生积极思考,主动设计并寻找解决方案,从而达到问题解决的目的。以汽车检测与维修专业为例,在对"汽车发动"的认识学习中,大学生不但要了解汽车结构主要是由电路、油路、水路三大系统构成,以及它们各自的用途,更重要的是了解汽车可能发生的故障及问题。可以创设一个"汽车发动失灵"的问题情境，通过所学到的理论知识从马达、电路、点火锁等各个环节逐步查找分析，找到问题的关键所在，再对出现的问题进行排除和解决。相比于书本或者"填鸭式"的传统教学，通过这种方式将更好地了解"汽车发动失灵"的原因及解决问题的方法。创设问题情境并不完全是为了解决某一问题而设计或提出问题，更重要的是，可以进行自我引导，在解决实际问题的过程中去领悟、总结分析与解决问题的一般方法、思路和技巧，从而达到从特殊到一般，从理论到实践，再从实践中升华的目的。

4. 基于案例，予以示范

赫尔巴特说："如果缺乏背景经验，任何新的感知根本就没有任何意义可言。"所谓案例，是包括以故事描述的手法，刻画真实人物在复杂的真实情境中所面临的困境及必须采取的行动或决定。案例是对真实事件的描述，其中所包括的内容能引起思考和争论的兴趣，且富有启发性。在案例学习的过程当中，大学生需要主动搜集并分析有关信息和资料，对案例中的问题提出各种假设并努力加以验证。案例所呈现的问题情境，有益于大学生主动把当前学习的内容所反映的事物尽量与已知的事物相联系，并认真思考这种联系。

5. 项目学习，形成能力

项目学习，也称"基于项目的学习""课题式学习"等，指以专业知识为核心，以制作作品并将作品展示给他人为目的，并在一定时间内解决一系列相互关联的问题的一种新型的探究性学习模式。在此过程中，大学生们分成若干小组，围绕所选主题进行一系列调查、观察、研究、表达新学知识、展示和分享等学习活动。由于"项目"与将来职场中遇到的真实问题比较接近，通过"做项目"的方式将有助于培养大学生分析与解决问题的能力，为将来的职场工作做好准备。从程序上说，项目学习主要由下列环节构成：组建团队—市场调研—选择项目—规划—实施—评估。

项目学习是以项目为中心的跨学科知识学习，强调知识的整合，在做项目的过程中直接或间接地培养和发展了大学生分析和解决问题的能力。这种模式不是课程学习，而是解决问题的训练。

（二）持续学习的能力

1. 明确学习目标

学习目标是学习者努力的方向，正确的目标能催人奋进，从而产生为实现这一目标去奋斗的力量。没有学习目标，就像漫步在街头不知走向何处的流浪汉一样，是对学习时光的极大浪费。所以，大学生进行持续性学习一定要有合理的目标，目标是学习的方向和动力，是制订计划的依据，是评价学习效果的标准，是代表大学生持续学习能力的标志之一。大学生通过对学习任务的分析、对自身能力的判断、对学习结果的预期来确定自己的学习目标。合理确定学习目标，需要从客观实际出发，既知己所长，也知己所短。由于人们所处的生活环境、学习条件和自身素质不同，确立学习目标时应尽量对自己做出科学的预测和评估，把目标建立在切实可行的基础上。目标若定得过低，轻易即可达到，就将丧失目标的激励作用。若定得过高，束之高阁，也只能是纸上谈兵，同样达不到确定学习目标的目的。确定学习目标应从哪些实际情况出发呢？大致可以归纳如下几点：一是学习者的总工作需求；二是学习者现有的文化基础和经验水平；三是学习者可能利用的时间和精力；四是学习者所具有的有利条件和不利条件。

2. 制订并实施学习计划

大学生进入工作岗位以后，会感受到来自各方面的压力，如果没有良好的持续学习的习惯，每天的空闲时间就在不知不觉中溜走，到时只能感叹时光匆匆而一事无成。这种情况下，大学生要适应从学生的角色到工作人员角色的转变，学会合理安排学习，根据自身的特点，总结自己学习的最佳时机，充分利用时间，制订出适合自身的学习计划，同时根据学习计划进行持续的、自主的学习。

个人学习计划，指针对于"个人"，按照工作需要，根据每个人家庭环境、学习基础与学习时间等实际情况制订的学习计划，是对学习者要修读的全部课程所做的总体规划。一份好的学习计划，一方面要实事求是，以自己的实际情况为基础，另一方面要尽可能地细化，比如每天用什么时间学习，每段时间学习哪部分内容。可以推荐使用两种时间管理策略：时间预算和时间结算。前者指计划学习时间，后者指有意识地使用时间。持续学习能力较强的大学生会计划自己每天的学习时间，也会有意识地估计不同学习活动可能会花费的时间，把更多的时间花在有难度的学习内容上，而持续学习能力较弱的大学生则不能给有难度的学习内容分配足够的时间。一般来说，制订个人学习计划时，大学生需要综合考虑以下几个问题。

① 完成这项工作需要修读多少门课程？
② 已经有基础的是哪些？需要补修的是哪些？
③ 这些课程的关系和难易程度如何？
④ 学习这些课程需要多少时间？
⑤ 每周有多少业余时间可以用来学习？

大学生的专业背景、文化基础、学习能力、学习动机以及年龄、职业和工作、家庭负担等方面的情况都有所不同，也就是说，学习的起点和主客观因素都是不同的。因此，每个学习者都要根据自己的主客观条件，制订符合个人实际的学习计划，这是学习获得成功的关键一步。

3. 养成自主学习的习惯

有了一个好的学习计划还不够，还需要确保学习计划能够顺利实施，因此养成自主学习的习惯是至关重要的。旺盛的精力是有效利用学习时间，提高学习效果的重要保障。首先，做到生活有规律，注意饮食营养，保证充足的睡眠，保持适量的运动和休息，可以以良好的身体状态来应对学习。其次，需要了解自己的生理和精神方面的最佳状态，尽可能选择清醒、精力充沛、学习效率高的时间段进行学习，这样可以事半功倍。感觉疲倦，可以选择一些低难度的工作，如整理资料等。最后，学习紧张时，可以做做深呼吸，放松自己，集中精神。调整自己进入较好的情绪状态。

大学生习惯于全日制学校的学习方式，可能一时难以适应工作后的学习方式，这就更加需要养成良好的学习习惯：精心安排自己的时间，合理分配每天的学习任务，把学习当作每天生活的一个组成部分等，工作和学习间的矛盾就会缓解。按照既定的时间表行事，可以帮助大学生克服惰性，按部就班、循序渐进地完成学习任务。

学习目标和计划都不是固定的、一成不变的，大学生可以根据自己感受，及时调整学习目标和学习计划。

（1）选择有效的学习方法　一个猎人到森林里去打猎，需要准备猎枪和干粮。如果用来比喻持续学习的过程，那么干粮可以比拟为已有的知识结构，猎枪则可以比拟为学习方法。如果大学生在学习时只知道积蓄知识，而没有掌握获得知识的方法，那么，他就好似没枪的猎人，干粮带得再多也会很快地消耗殆尽。古语有云，"授之以鱼，不如授之以渔"，掌握获取知识的方法，则必能源源不断地汲取知识。贝尔纳提出："良好的方法能使我们更好地发挥运用天赋的才能，而拙劣的方法则可能阻碍才华的发挥。"因此，大学生迫切需要学习有效的学习方法，以提高持续学习的能力。

学习方法与学习过程、学习者的心理条件等有着密切的联系，它不但蕴涵着对学习规律的认识，而且也反映了对学习内容的把握程度。学习方法因人而异，但正确的学习方法应该遵循以下几个原则。

① 循序渐进。大学生要按照学科的知识体系和自身的智能条件，系统而有步骤地进行学习。大学生在学习时切忌好高骛远、急于求成，应注重循序渐进的学习过程。循序渐进体现为打好基础，由易到难和量力而行。

② 熟读精思。"熟读精思"要求大学生根据记忆和理解的辩证关系，把记忆与理解紧密结合起来，两者不可偏废。记忆与理解是密切联系、相辅相成的，只有在记忆的基础上进行理解，理解才能透彻，只有在理解的参与下进行记忆，记忆才会牢固。"熟读"要求做到"三到"：心到、眼到、口到，"精思"则要求大学生善于提出问题和解决问题。

③ 自求自得。"自求自得"要求大学生不要为读书而读书，应当把所学的知识加以消化吸收，变成自己的东西。它要求大学生充分发挥学习的主动性和积极性，尽可能挖掘内在的学习潜力，培养和提高自学能力。

④ 博约结合。知识的广博和精研是辩证关系，大学生应该把广博和精研结合起来，达到相互促进。坚持博约结合，一是要广泛阅读；二是要精读。

⑤ 知行统一。大学生应该把知识和实践结合起来，切忌学而不用。"知者行之始，行者知之成"，以知识为指导的行动才能行之有效，脱离知识的行动只能是盲动。同样，以行为验证的知识才是真知灼见，脱离实践的知识则是空知。因此，"知行统一"要求大学生注重实践，要善于在实践中学习，边实践、边学习、边积累。

（2）开展自我评估　与其他能力一样，大学生持续学习能力也涉及评估的问题，因为只有通过准确的评估，大学生才能了解自身的持续学习能力；也只有通过准确的评估，大学生才能了解其持续学习能力是否得到提高。对大学生持续学习能力的评估主要依赖于自我评估，这主要有三个方面的原因。首先，持续学习的核心在于发挥学习者的自主性，评估作为学习的一部分，也应由学习者自主参与；其次，持续学习是一项长期而又复杂的活动，对于学习结果、学习行为的变化，外界可观察的只是冰山一角，学习者本人才有最大的发言权；最后，在自我评估的过程中，学习者对于自身的认识会逐渐清晰，有利于提高自我意识，促进认知发展，反过来又会促进大学生持续学习能力的发展。

大学生对持续学习能力的评估主要体现在对学习方法、学习表现、学习结果的评估。在学习过程中，那些通过评估对自身学习表现感到满意的人，会更加有信心，努力完成下一步工作；对自身学习不满意的人，通过评估能及时找到不足之处，付出更多的努力去完成已设置的目标。同时，大学生需要尝试多种不同的学习方法，以了解最适合自己的方法。没有哪个单一的方法会对所有的学习者都奏效，也很少有方法在最初阶段就被完美无缺地贯彻执行。这个时候就需要大学生对某种学习方法的执行进行自我监控，并且对执行结果进行评估，以确定并选择合适的学习方法。评估是一个循环模式，在不同阶段面对不同学习目标，对学习方法、学习表现、学习效果分别给予评价，并不断地改进。

另外，自我评估关注的不仅是学习方法、学习表现和学习结果，更重要的是关注在学习活动中所表现出来的情感态度，以帮助大学生认识自我，建立自信，用发展的眼光看待自我，对学习活动的情感态度进行正确且个性化的评价，体现出自我的价值，达到评价的作用，体现评价的意义，并在持续学习的过程中享受其中的乐趣。

（三）开拓创新的能力

在 21 世纪这个知识经济时代，大学生作为社会发展的生力军，其创新意识的提高和创新能力的培养对促进社会生产力的发展、推动整个社会进步具有至关重要的作用。

对大学生的开拓创新能力进行培养和塑造，使创新成为大学生的习惯行为模式，可以从树立创新知识、坚定意志、学会使用创新方法和运用创新技巧等多个方面同时出发。创新意识主要解决为什么要创新的问题；顽强的意志是创新的精神支柱；创新方法的学习和创新技巧的运用，教会大学生如何去创新。

1. 培养创新意识

创新意识是实现创造发明的前提与动力，是大学生培养创新能力的前提。创新意识主要受内外两方面因素的影响。外在影响，是指学习中的压力和成功。学生在压力的要求下，在立功的追求中，会自觉或不自觉地发挥自己的潜能，运用自己的创造力，去实现学习目标。内在影响，指的是学生对学习的热情和兴趣，是发自内心的渴望。在学习中求得满足，在学习中追求自我实现，学生就可能焕发出巨大的创造力。

与此同时，大学生正处在思想知识、能力素质和心理品质成长的阶段。他们思想活跃，易于接受新事物，有强烈的成才渴望和发展自己的要求，同时也有理想，有正义感和责任感，较为重视自我意识和自我价值，因而大学阶段是培养创新意识的最佳时期。

2. 树立竞争观念

竞争观念就是指认识到竞争的存在、竞争的无情，树立起竞争的意识。竞争是大学生开拓创新能力提高的一种有力手段：其一，它可以极大地调动人的创新意识。为了在竞争中取胜，个体可以激发起勤奋学习和不断实践的动力，促使自身的智力和创新能力不断发展，从而激发起强烈的创新意识。其二，它能极大地发挥个体的创新能力，能增强创新整体内部的合作，更有利于集体在竞争中取胜。

没有竞争观念，就没有动力和压力，也就失去前进的活力。如何树立竞争观念呢？求变、求异、求新是基本的策略和方法。大学生只有结合自身的特点，利用自身优势去竞争，不与别人雷同，在别人已有的基础上求变化，求特异，求创新，才能永远立于不败之地。

3. 坚定意志

艰辛和风险是由创新活动的本质所决定的。创新过程，是做自己以前从未做过的事，甚至是做前人和世人从未做过的事，是新事物同旧事物斗争并最终战胜旧事物的过程。这就决定了创新过程是没有经验可循，是探索的过程，意味着创新必将是一个艰难曲折的过程，绝不可能一帆风顺。在这个过程中，创新者及其创新成果必然要遭到旧事物的抵制、习惯势力的阻挠、传统观念的抗拒和排斥。艰辛和风险是创新活动内在的固有规律，是任何时候、任何人都不能改变的。因此，凡是进行创造创新工作的大学生，都必须正视这个问题，做好充分的思想准备，迎难而上。

意志是创新的基石。创新意志，是指创新者自觉地确定创新目标，并按既定的创新目标，克服各种阻力，调节内外活动，以实现预定的创新目标的心理过程，是人的主观能动性的突出表现。坚定不移的创新信念和意志是使创新活动最终获得成功的有力保证，古人云："木秀于林，风必摧之；堆出于岸，流必湍之；行高于众，人必非之。"创新活动必将碰上各种艰难险阻。需要克服前进道路上的各种阻力，创新者付出的努力和代价是相当艰辛的。任何一个人，如果缺乏信念和意志，怕困难，怕失败，那么其创新思维就会受到束缚，创新能力最终会丧失殆尽。只有拥有坚定信念和顽强意志的人，才能承受住种种坎坷，才能最终享受到成功的喜悦。

4. 学习创新原理

美国心理学家 J. P. 吉尔福特于 1950 年发表题为"创造力"的著名演说，他认为智力不是一种单一而不可分的能力，创造性才能也不是智力范畴之外的某种东西的见解，阐明"创造力并不是少数特殊人物所专有，而是广泛地连续性地分布在普通人群之中。个体间的差异不过是源于智力结构或基本智力因素在组织方式上的差异，因而心理学家完全有可能对创造力进行研究。而且，通过教育和训练，也有可能使一般人的创造力得到开发或改善。"这一研究成果和论述，充分说明了只要大学生坚持创新的主体性，就会树立起人人能创新的信心。

时时都能创新，体现了创新的时间性。从人的一生来看，创新、创新能力与生命同在。不同人的人生表现不同，有的"早慧"，有的"大器晚成"。一天的 24 小时内，创新在分分秒秒都有可能产生，灵感的产生是没有时间限制的。什么时间最能产生创新和创意，则因人而异。美国创意顾问集团主席查理斯·汤姆森曾经做了一个权威测试，用来表明人的创意在何时最佳，结果表明人在自由和精神放松的状态下，更加容易产生创意。虽然，每个人每天创新与创新能力表现各异，但是仍然可以进行如下描述：创造是心灵自由状态下的无中生有。

处处都能创新，体现了创新的空间性。世界上每种环境都蕴藏着丰富的资源供人类开发利用。人类每进入一种新环境的认识和开发利用，就说明人类本身及其科学技术有了阶段性的创新发展和进步。除环境外，创新还表现在各个领域各个行业，它几乎涵盖了社会的方方面面，囊括了所有职业。从商业竞争到科学研究，从日常生活到典雅艺术，从国内到国外，只要有人的地方就存在着创新。目光所及的各处，都是创新能力表现的地方，世界之所以精彩就是因为有人的创新。

利用条件和创造条件去创新，体现了创新的条件性。大学生要充分利用现有条件和创造条件进行创新：①利用已有的知识和技能创新；②利用现有的技术手段创新；③运用组合技术创新；④利用主观能动性创新。

5. 拓展创新性思维

拓展创新性思维是提高大学生开拓创新能力的重点，创新性思维方法是为了在科学思维中实现创新目标所必须遵循的途径、手段和步骤等，它是思维要素在新的思维结构基础上进行新的组合，从而产生新的思维结合的过程。这种结合能通过新概念的创造和能动反作用于客观世界，从而表现出思维的创造力。创新性思维具有逆反本质和强烈的创新意识，敢于冲破旧传统、旧理论、旧观念，是科学技术创新的巨大动力。因此，要有意识地启发和鼓励大学生的自主创新精神和创新意识，自觉形成创造性思维。古人云："术业有专攻"，大学生若能在某一领域以超凡的毅力进行刻苦深入的研究，就有可能发挥创新思维和创新能力，取得惊人的成绩。

有创新精神的人往往善于思考，这是其有异于常人的个性心理特征。善于独立思考的学生，具有个性、判断的坚定性和行动的独立性，能积极地适应环境，在困难和挫折面前镇静沉着。在科学研究和创新活动中，独立思考能力是非常重要的，那种迷信权威、盲从世俗的人，是不可能有任何创新举动的。我国的部分教育工作者已经习惯于用固定的方式培养循规蹈矩、听话顺从的"乖孩子"，在这种情况下，学生只知道服从，而从不敢说"不"，这极不利于学生创新人格的培养。许多科学家之所以能够不断地推陈出新，很大程度上在于他们从不迷信盲从，且好怀疑，善发问。知识经济时代的大学生应独立思考，不迷信权威，敢于怀疑现成的东西和权威性的理论，在"学而多疑"的过程中发现自己的新见识，提出自己的新创造，实现新的突破。

拓展创新性思维有多种途径，其中主要有联想法、追根法和逆向法三种。

(1) 联想法　这是一种有意识地通过一事物想到另一种或多种事物的方法。创造过程中要充分发挥联想的能力，使得人脑中所留下的各种客观事物的联系复活。联想能力越强，就越能把有限的知识和经验充分调动起来加以利用，越能推论出别人没有想到的东西，越能运用边缘科学知识以及其他领域的知识。没有推论联想的能力，创新活动几乎无法进行。

(2) 追根法　这是一种不断设问推进思维的方法。例如，牛顿看到苹果落地，采用的就是这种一步步紧逼式的提问法，由此一步步激活思维活动，直到捉住成功的火花。日常生活、学习中，大学生应该不断地尝试逼问自己："这个问题为什么会产生？""用何种方式解决能得到最大的收益？""还有其他解决方法吗？""为什么这里运用这样的原理？"等等。这一系列的问号可以让创新者对问题重新审视，寻找突破口，找到问题的根本解决办法。

（3）逆向法　这是一种反面着眼、正反相济的方法。这种方法与上面所说的人们习惯的思维方法相反，具有反习惯与反传统的特点。例如，海尔集团就是用这种创新思维进行开拓创新的。在家电市场大战越演越烈的情况下，海尔跳出众多商家一哄降低价格的惯常思维束缚，打开创新思维的广阔空间，创造出海尔"一拖二""既可连体又可分开"的海尔空调、"小小神童"海尔洗衣机。

案例

小许学的是临床医学专业。一进大学，他就报名加入了几个社团，目的很明确，全方位锻炼自己的能力。社团中的各类活动也确实大大地提高了他的表达和人际交往能力。他还参加了不少社会实践活动，暑期打工、社区义诊等，这又培养了他解决实际问题的能力。当然，在这个过程中他始终没放松专业课的学习，实验课、社区见习等都积极动手，主动向带教老师学习诊疗技术以及如何与患者进行有效的沟通。大学的时光他过得很充实，在校期间他利用打工挣的钱报名参加了执业助理医师考试辅导班、中医针灸推拿班等辅导班，同寝室的几个兄弟都说小许是个大忙人。大三上学期，同学们开始了毕业前的实习，是在学校安排的一家社区医院。班里有的同学嫌医院太小，实习期间积极性不高，每天就是和医生、护士聊天。小许总是每天第一个到达科室查看患者，了解他们的疾病变化，认真及时地写好病程记录，遇到疑问详细地向带教医生请教。虽然累点，可是他坚持下来，熟悉了该社区医院各科室常见病、多发病的整个诊疗环节。社区医院各科室的医生都夸他勤奋，能吃苦，谦虚好学，经常把一些刚入院的患者交给他管理，他们从旁指导，让小许受益匪浅。这样，在实习结束时，小许基本熟悉和掌握了常见病、多发病的诊疗过程和常用诊疗技术。实习后不久，经科主任推荐，去了当地一家三级乙等医院，还去了他最喜欢的科室。就这样，在其他同学羡慕的目光中，小许找到了一份满意的工作，也是班里第一批获得执业助理医师资格的学生。

点评：

该同学的经历启发我们，大学生除了要扎扎实实学好专业知识外，还要勤"折腾"，提高自己的"软"实力，软硬件兼备，求职才能顺风顺水。而当机会没垂青自己时，不要怨天尤人，要首先问问自己是否付出了足够的努力。在许多同学还在悠闲地享受大学生活的时候，该同学就已经开始有计划地锻炼自己了，实习的时候，他又勤奋刻苦，在实战中检验自己的专业知识。他的汗水没有白流，他靠着自己扎实的本领赢得了自己满意的工作。

【实践训练 3-1】

沟通训练

目的：打破僵局，帮助参与学生尽快与他人熟悉起来，相处融洽，促进沟通。
形式：集体参与。
时间：8分钟。
材料：网球或其他球状物体。
操作指导
（1）把所有参加人员分成两人一组。
（2）请每一组就以下一个或几个问题进行交谈，交谈问题的数量视时间而定。
① 在他们的生活中发生的异乎寻常的三件事。
② 他们拥有的特殊才能和爱好。
③ 他们承担过的最重要的两项工作。
④ 在这个世界上，他们最崇敬（或最鄙视）的人。
⑤ 能够最准确地表现他们的个性与感受的一种色彩与一种动物。
（3）请参与人员想象一下他们最好的朋友会采取什么方式来做自我介绍，然后用这种方式来介绍自己的好恶、喜爱的消遣方式、个人的抱负等。
（4）请参与人员按照下列要求进行自我介绍："告诉我们你的全名和任意一个绰号或简称，你名字的来历，你是否喜欢自己的姓名。还有，告诉我们，如果有机会的话你会选择另外哪个名字，为什么这样选择。"
（5）拿一个网球（或其他球状物体），请参与人员围成一圈。
（6）把球扔给其中任何一个人，请那个人讲一些关于自己的不同寻常的事，然后再由他把球扔给另外一个人。
（7）重复这一过程。

【实践训练 3-2】

逆向思维训练

逆向思维是指人们沿着事物的相反方向，用反向探求的方式对产品或方案进行思考，完成新的创造的思维方法。
目的：提高运用逆向思维开展创新活动的能力。
操作指导：很多情况下，一种思路无法解决的问题，用另一种相反的思路却能迎刃而解。因此，我们从事创新活动时，应该经常提醒自己"反过来想一想"。
完成以下训练
（1）剧院演出时，许多夫人、小姐都戴着时髦的高帽子，后面的观众很有意见，但是劝说无效，你认为有什么方式可以让她们脱下帽子？
（2）老木匠钉钉子时先把钉子含在口里，这是为了什么？

(3) 咬一口苹果，发现有虫，请问有几条虫最可怕？
(4) 一个人出国后发现他周围全是中国人，这是怎么回事？
(5) 小黄问了一个人人都说"对"的问题，是什么问题？
(6) 有一个大财主对他的两个儿子说："你们到沙漠里的绿洲去赛马，但比的是慢而不是快，谁的马到的最迟，我就把全部财产给谁。"兄弟俩骑着马慢悠悠地赛马了。沙漠像火盆，赛慢马怎么得了？哥俩下马休息时，老大忽然想起了一个办法，跳上马扬鞭飞奔绿洲，赢得了全部财产。请问大儿子是怎么获胜的？

（周文一　栗　苏）

大学生自主创业

【学习目标】
- ◆ 掌握：大学生创业需要的基本素质和技能。
- ◆ 熟悉：大学生创业的过程准备。
- ◆ 了解：大学生创业的现状与未来。

情境导入 4-1

情境回放：

让 5000 元变成 10 个亿，这听起来像是一个现代的创业传奇。

圆脸、一身休闲西服，笑起来脸上带着一丝稚气，作为渡口网络科技有限公司的总裁，金津更像是一位可爱、朴实的大学生。金津在浙江理工大学上大一时，便开始"牛刀小试"，从 5000 元起步，盈利 100 万元，赚到了他创业之途上的第一桶"金"。金津并没有满足，他瞄准了朝阳产业，也是杭州正大力扶持的产业——动漫游戏。经过两年的发展，他创办的渡口公司已拥有员工 300 余人，成为浙江省规模最大的网游企业。2011 年，当国际知名的风险基金对渡口公司进行战略性风险投资时，公司的估值达到了 10 亿元。如今，他成功开发的大型纯 3D 网络游戏《天机》已在市场上获得收益。

思考与交流：
1. 你具备创业的能力吗？
2. 创业过程中需要注意什么？

第一节 大学生创业概述

情境导入 4-2

情境回放：

小白是一名在校大学生，今年大一，由于父母都在银行工作，比较忙，她放寒假回到家后就主动承担起了照顾弟弟和做家务的工作。小白很有经济头脑，经常在微信朋友圈看到别人做微商卖东西,她也萌生了自己试试手的想法。虽然已经离春节很近了,但是父母依然工作很忙碌,经常加班,她每天要帮妈妈去买菜做饭,她感觉像自己父母这样的上班族大概没时间采购春节的蔬菜和水果,于是小白想在朋友圈卖分装好的精品蔬菜水果。她和父母说了自己的想法:先在朋友圈发广告,根据订单到批发市场批发蔬菜和水果,春节前统一送货。她的想法得到了父母的大力支持,父亲帮忙策划,母亲自告奋勇当会计。于是小白借助父母的朋友圈发布广告,没想到效果惊人的好,第一天就接到了20笔订单,朋友圈的叔叔阿姨知道是小白利用寒假在卖蔬菜和水果,更加支持,纷纷在自己的朋友圈转发小白的广告,订单越来越多,最多的一天小白收到了100多笔订单。接订单的同时,小白去了批发市场批发纸箱,联系蔬菜商和水果商订货,还把买回来的蔬菜和水果精心分装。小白一个人忙不过来,拉上自己的弟弟、堂弟一起干,最后在春节前姐弟三人骑上三轮车唱着歌一起送货,姐弟三人虽然很忙,但是感受到了劳动的快乐!辛苦了十几天,挣了2万块钱,小白说这是她人生中的第一次创业。

思考与交流:

想一想:小白的行为是创业吗?

一、创业的含义

(一)创业的含义

创业(entrepreneurship)在英文和汉语中没有固定的定义,我们选取《辞海》中对创业的解释:创立基业,就是实现价值,开创事业。大学生自主创业是一种以在校大学生和毕业大学生的特殊群体为创业主体的创业过程。随着近期我国不断走向转型化进程以及社会就业压力的不断加剧,创业逐渐成为在校大学生和毕业大学生的一种职业选择方式。大学生创业作为目前解决就业困难和大学生实现自我人生价值的一个途径,得到了政府和社会各界人士的肯定和鼓励。

(二)创业的类型

1. 按照创业者身份及其目的分类

(1)生存型 生存型创业者大多为下岗工人,失去土地或因为种种原因不愿困守乡村的农民,以及刚刚毕业找不到工作的大学生。这是中国数量最大的创业人群。一般创业范围均局限于商业贸易,少量从事实业,也基本是小型的加工业。当然也有因为机遇成长为大中型企业的,但数量极少。生存型创业并非大学毕业生创业的主要类型。麦可思公司的调查数据表明,并非是那些找不到工作的大学毕业生才去创业,因为"创业理想"而创业才是大学毕业生创业的最主要理由。2014届毕业生的自主创业群体中,只有7%的创业的本科毕业生、6%的创业的高职毕业生是因为找不到合适的工作才创业,有48%的创业的本科毕业生、45%的创业的高职毕业生是因为"理想就是成为创业者"

而创业。

(2) 机会型　机会型创业是通过发现或创造新的市场机会，为追求更大发展空间通过新产业的开拓实现对新市场的开拓的创业形态，呈现出创业起点高、对经济社会的推动力大、市场空间大、造就的就业岗位多、利润高、风险大等特征。相比生存型创业，机会型创业不仅能解决自己的就业问题，而且能解决更多人的就业问题。另外，机会型创业着眼于新的市场机会，拥有更高的技术含量，有可能创造更大的经济效益，从而改善经济结构。无论是从缓解就业压力还是改善经济结构的目的出发，政府和社会都应该更加关注机会型创业，大力倡导机会型创业。

(3) 赚钱型　赚钱型创业除了赚钱，没有什么明确的目标。这种类型的创业者就是喜欢创业，喜欢做老板的感觉。他们不计较自己能做什么，会做什么。可能今天在做着这样一件事，明天又去做着那样一件事，他们做的事情之间可以完全不相干。甚至其中有一些人，连对赚钱都没有明显的兴趣，也从来不考虑自己创业的成败得失。但是奇怪的是，这一类创业者中赚钱的并不少，创业失败的概率也并不比那些兢兢业业、勤勤恳恳的创业者高。而且，这一类创业者大多过得很快乐。

2. 按照企业建立的方式分类

(1) 独立型　独立型创业是相对于母体脱离型而说的。这种创业不借助于其他任何企业，是一个全新的过程。

(2) 母体脱离型　母体脱离型创业又称脱胎创业，是公司内部的管理者从公司中脱离出来，新成立一个独立企业的创业活动。母体脱离创业现象也比较常见，如母公司随着规模扩大，追求生产专业化，分出新的企业；创业团队因各种原因分离，企业扩张，管理者意见不统一，而把母体分割或解体成多个部分；母体资本积累充足，又发现了新的商业机会，为扩大经营规模领域，投资建立新企业等。

(3) 企业内部型　企业内部型创业是由一些有创业意向的企业员工发起，在企业的支持下承担企业内部某些业务内容或工作项目，进行创业并与企业分享成果的创业模式。这种模式不仅可以满足员工的创业欲望，同时也能激发企业内部活力，改善内部分配机制，是一种员工和企业双赢的管理制度。这种创业模式在现实生活中，往往是因为企业的成长落后于组织中个人的成长，而领导又没有那么开明，优秀的职业人眼瞅着自己经营的业务大量地为公司创造着利润，而这些利润却大部分和自己无关，不可能不面临着自己创业的诱惑。在这样的背景下，企业内部创业体系孕育而生。

3. 按照创业对市场和个人的影响程度分类

(1) 复制型　复制型创业是复制原有公司的经营模式，创新的成分很低。例如某人原本在餐厅里担任厨师，后来离职自行创立一家与原服务餐厅类似的新餐厅。新创公司中属于复制型创业的比例虽然很高，但由于这类型创业的创新贡献太低，缺乏创业精神的内涵，这种类型的创业基本上只能称为"如何开办新公司"，因此很少会被列入创业管理课程中学习的对象。

(2) 模仿型　模仿型创业形式的创业，对于市场虽然也无法带来新价值的创造，创新的成分也很低，但与复制型创业的不同之处在于，创业过程对于创业者而言还是具有很大的冒险成分。例如某一纺织公司的经理辞掉工作，开设一家当下流行的网络咖啡店。这种形式的创业具有较高的不确定性，学习过程长，犯错机会多，代价也较高昂。这种创业者如果经过系统的创业管理培训，掌握正确的市场进入时机，还是有很大机会可以获得成功。

（3）安定型　安定型创业不是新组织的创造，企业内部创业即属于这一类型。例如研发单位的某小组在开发完成一项新产品后，继续在该企业部门开发另一项新品。这类创业虽然为市场创造了新的价值，但对创业者而言，本身并没有面临太大的改变，做的也是比较熟悉的工作。这种类型强调的是创业精神的实现，也就是创新的活动。

（4）冒险型　冒险型创业是一种难度很高的创业类型，有很高的失败率，但成功所得的报酬也很惊人。这类创业除了对创业者本身带来极大改变，个人前途的不确定性也很高；对新企业的产品创新活动而言，也将面临很高的失败风险。这种类型的创业如果想要获得成功，必须在创业者能力、创业时机、创业精神发挥、创业策略研究拟定、经营模式设计、创业过程管理等各方面都有很好的搭配。

二、大学生自主创业的意义

1. 改善社会就业结构，缓解社会就业压力的重要途径

随着全国高校的持续扩招，高等教育实现了从"精英教育"向"大众化教育"的转变，高校毕业生逐年增加，再加上国际经济衰退的影响，社会就业供求矛盾突出，我国的就业形势越来越严峻，大学生数量远远超过空缺岗位的数量。有专家指出，在现有经济结构下，全社会每年大概只能提供1100万个就业岗位，而每年新增就业人数为2400万以上，年度就业岗位缺口在1300万以上。因此，在今后很长一段时间内，我国将面临严峻的就业形势，大学生亦将承受巨大的就业压力。

2. 社会发展的内在需求

"不想当元帅的士兵不是好士兵"，创业本身给自己带来自尊，是最自由的职业，大学生有着活跃敏捷的思维和蓬勃的朝气，这使得他们不愿意被沉闷严格的企业制度所束缚。"自己当老板"不仅可以解决自身就业问题，而且还能为社会创造新的就业岗位；不仅时间上自由，还能自拟企业的制度，参与到社会改革当中来，给他人带来新的就业机会，缓解国家就业压力，可以说是"一举多得"。在西方发达国家，大学生自我创业非常普遍，比重高达20%～23%。而在我国，由于各方面原因，大学生创业的比重相对偏低。大学生自主创业比重越高，社会发展程度也就越高，所以，大学生自主创业，不仅能优化社会就业结构，减轻社会就业压力，也是社会发展的内在需求。

3. 实现个人梦想，充分展现自我的人生价值

当今社会是一个不断发展、不断进步的社会，每个人都想成就一番事业，实现自己的人生价值。一位白手起家的商界人士曾经说过："创业，那是一种个人的革命"。大学生通过自主创业，将自己的兴趣和梦想结合在一起，可以做适合自己性格、兴趣的事情，通过自身的努力拼搏，寻找出一条成功的道路，掌握和规划自己的人生，实现自己的梦想。创业，从某种意义上讲就是创造财富，只有适应社会的发展、时代的要求，为社会、为他人创造出更多的财富，满足社会和人们的要求，才能把自己的人生价值转化为可见的财富，才能在这种创造财富的过程中寻到一种满足感。创业的目的是为了创造更多的财富，在一定程度上，创造财富的多少可以衡量出一个人价值的大小。那些通过自己的智慧，依靠辛勤的劳作，创造出适应时代要求和人们需要的产品而获得的财富，它的多少就是衡量个人价值大小的标志。常言道："时势造英雄"。每一个时代都具有该时代特色的英雄，在当今经济迅猛发展的时代，只有敢于创业、善于创业才能顺应时势，成为时代的英雄。当前，高科技的发展，知识经济的出现，正呼唤着创业英雄的产生。只有投身于创业大潮，在商海中搏浪，最终才能成为时代的弄潮人。通过创业，不仅可以实现自身的梦想，还能实现人生价值最大化，充分展现自我的人生价值。

三、国家鼓励大学生自主创业的制度与政策

见第二章第三节。

四、大学生自主创业面临的困境

（一）社会方面

虽然政府已经出台大量政策来支持创业，但从政策支持的内容看较为集中，多样性不足。现有的政策一方面集中于大学生创业活动的优惠政策，这主要体现在注册资金等方面的费用减免；另一方面则集中于大学生创业活动的启动基金方面，如一些小额的低息贷款。这些政策针对创业活动中最为急需的资金资源，因此确实有一定的实施效果，但是对于大学生创业活动的其他支持要素，特别是市场信息、网络关系等要素的促进则远远不够。

从政策实施过程来看，还需要规范和细化。很多大学生创业者都有体会，虽然已有一些关于创业方面的优惠政策，但是如何执行，创业者应当找哪些部门，应当通过哪些程序来申请，都存在着含糊、不够详细的地方，这就在具体的操作上造成一定的问题，使得实际享受到相关优惠政策的创业者的比例下降，一些初衷较好的支持政策未能收到如期效果。

创业政策的相关配套服务还不够充分。例如，针对大学生的基金扶持政策，需要一系列的资金管理和运作流程，以有效监控资金的使用去向，同时，这一运作过程又不能简单直接地干涉创业者的经营活动，而目前的创业支持政策还无法满足上述要求。

支持大学生创业的整体制度环境也依然存在不足。例如高新技术产品开发中遇到的技术复制、市场竞争等问题，当前的解决方案还不尽如人意。同时，在当前的经济形势下，大学生创业活动又面临着国际金融危机所带来的市场需求低迷、经营成本上升等不利因素，这些都进一步加剧了大学生创业活动的困难程度。

(二)学校方面

1. 目标体系的功利性

当前我国大学生创业教育在目标设定上存在很强的功利性,其表现有三种:一是认为创业教育可有可无,主张大学生在校期间把专业知识学好就可以了,无须进行创业教育;二是将创业教育作为就业层面上的一个教育环节,认为大学生创业教育的目的只是为了提高毕业生的就业率;三是将大学生创业教育简单地定位为"企业家速成教育",认为其作用仅仅在于鼓励大学生开办大大小小的公司。

2. 理论体系的滞后性

我国大学生创业教育发展较晚,与国外相比,相关理论体系的构建显得尤为滞后,创业教育理论研究不够,系统理论论述较为薄弱,加上对创业教育的实践缺乏深入的总结,理论没有充分发挥对实践的指导作用。

3. 支撑体系的局限性

从欧美等发达国家大学生创业教育的发展来看,创业教育绝不仅仅是大学的事情,更大的责任在于社会系统本身,由社会对大学生创业教育提供一个完善的支撑体系至关重要。从当前的实施情况来看,我国的大学生创业支撑体系在很多方面都不完善,政策法规不配套,目前,除一些发达的省市外,社会和政府很少出台专门鼓励大学生创业教育的政策,也很少有投资商主动与大学生进行合作。大学生的创业模拟演习基地、实习基地不足,很少有企业愿意提供机会,让学生学习实际的企业管理和经营。总之,大学、企业、政府没有形成开放、多方互动的支撑机制,产学研断层明显,这也使得学校的大学生创业教学体系不能得到及时的调整。

(三)家庭方面

"家里支持你创业吗?""不支持。"在针对家长对大学生创业态度的随机调查采访中,这是重复最多的对话。受传统就业观念的束缚,有七成以上的家长并不同意孩子一毕业就创业的选择。他们的观点大部分是创业不容易,大学生既没有资金有没有经验,人脉也不够广泛,选择创业难免要会失败。

当我们提到现在就业形势不好,正是国家鼓励创业的时候,这对大学生来说是一个千载难逢的机会,会不会考虑让他们有所尝试?但80%的家长表示希望孩子能找一个安稳点的工作,即使工资不是很高也可以。实在找不到工作,家长们也不支持孩子创业,认为是费力不讨好的事,还不如趁这个时间多学点东西充实自己。

想创业的大学生们大多认为,家长们的思想都很保守,已经不适应时代的发展。但他们又不能无视家长们的劝告和劝阻,毕竟,得不到家里的支持,想要创业成功也很难。

在校大学生或者刚毕业的大学生自主创业,有创业激情,但社会经验不足,难免会出现这样那样的失误,如果做父母的能尽力协助他工作,帮他研究对策,会使大学生创业更有信心。大学生创业与否主要由他自己决定,但父母及亲友的支持很重要。

第二节　大学生自主创业的条件

> **情境导入 4-3**
>
> **情境回放：**
> ××教育科技公司是河南省一家专门针对小学、初中、高中阶段的学生开展一对一个性化教学的公司。某师范学院的小赵在上大学期间就在勤工俭学中心给中小学生做家教，在这方面很有些心得。毕业前他考察了本市的教育培训市场，发现市场上的教育培训机构大部分做的都是大班授课或者小班授课，一对一的个性化培训市场没有专门的机构来做，大部分是一些大学生在课余时间做家教。接着他又走访了市区的多所学校，发现很多学生有这方面的诉求，家长也希望孩子能接受一对一的精确性个性化指导。小赵感觉自己有几年的家教经验，市区的教育市场的开发空间又很大，于是他加盟了××教育科技公司，引入先进的教育理念，经过几年的开拓，现在已经是该市最大的专业做一对一教育培训机构。
>
> **思考与交流：**
> 1. 你可以在哪些行业创业？
> 2. 这样的创业机会你怎么没有想到？

一、大学生自主创业的素质要求

（一）创业者应具备的素质特征

首先，应具有自觉性、坚韧性、自制力和勇敢果断等品质。美国硅谷有着"创业大本营"的美誉，在这个地方，每年都有数以万计的企业倒下，同时也有成千上万的创业者一夜成功。美国著名创业教练约翰·奈斯汉说："造就硅谷成功神话的秘密，就是失败。失败的结果或许令人难堪，但却是取之不尽的活教材，在失败过程中所积累的努力与经验，都是缔造下一次成功的宝贵基础。"成功需要经验积累，创业过程就是在不断的失败中摸爬滚打。"大器晚成"不是说某人是大器"碰巧"晚成了，而是说大器一定晚成。拿破仑曾经嘲笑那些法国旧王朝的老爷们："平庸者的'成功'都在于成功地调低了自己的目标"，高标准的坚持需要巨大的、长时间的付出。托夫勒在他的《财富的革命》里这样写道："财富是时间的函数"，这句话的内涵很丰富，"坚持"是内涵之一。"所有的成功来自于一种毫无根据的热情，接下来的一件事情就是坚持！"

其次，要正直、守信、有责任感。几千年来大凡被人记住或称道的都是有一定道德坚守的人，通过正当的途径实现发家致富的，范蠡、乔致庸等，不胜枚举。作为商人，要尤为珍视自己的操守。我们经常看到一些人，倒卖消费者信息，出卖商业机密，短期内他们有可能获利巨大,但最后都不会获得长久发展,透支自己的道德最终将会被市场所唾弃。只有正直诚信的创业者,才可能有长期的成就。无耻(欺诈)和无聊(炒作)都只能得逞一时。"就事情的不可思议而言,创业家和疯子是一样的,有一项区别就在于前者有很多追随者",别人追随的主要原因是正直和诚信。

第三,要具有敏锐的商业意识、自我实现欲以及创新精神。金利来领带的创始人曾宪梓说过:做生意要有创意而不是有本钱!在激烈竞争的市场中,没有创新的企业很难站稳,改革和创新永远是企业活力与竞争力的源泉。

第四,要具有团队意识。在专业化分工越来越细,竞争日益激烈的今天,靠一个人的力量是无法面对千头万绪的工作的。毕竟一个人的力量是有限的,而众人凝聚成的合力将远远大于一个人的力量。现今社会是个崇尚团队合作的社会。团队合作其实就是由不同的人按照分工共同完成一件事情的工作方式,而团队意识通常能将系统效应发挥到最大化,也就是1+1>2。关于团队精神,微软公司是这样理解的:①一群人同心协力,集合大家的脑力共同创造一项智能财产,其产生的群体智慧将远远高于个人智慧;②一个人的创造力是一种神奇的东西,源自于潜在的人类心智潜能。它被情感所丰富,被技术所束缚;③一群人全心全意地贡献自己的创造力,将结合成巨大的力量,结合的创造力由于这一群人的互动关系,彼此激荡,而更加复杂;④在复杂的情况之下,领导像是人际互动的交响乐指挥,辅助并疏导各种微妙的人际沟通;⑤当在团体中的沟通和互动正确而健康时,能够使这一群人的力量完全结合,会产生相加相乘的效果。抵消互斥、沟通顺畅能使思想在团队中充分交流传达,并形成最佳效果;⑥倘若忽视了团队精神,则只会有平庸的成果。

(二)创业者应具备的知识储备

大学生创业在知识方面,应具备扎实深厚的专业知识和广博的非专业知识,及相关的商业知识、法律知识和一定的管理知识。创业需要企业注册、管理、市场营销与资金融通等多方面的丰富知识,在缺乏相应知识储备的情况下,仓促创业不仅难以融到必需的资金,而且在残酷的市场竞争中也将处于劣势。

创新和竞争力是用创业者的持续学习和知识换来的,尤其在这个快速的知识经济时代,知识或许是创业者们唯一的启动资源和战略。商业模式、竞争战略、人才培养、执行力甚至于价值观和信念,在其后面起支撑作用的都是知识(或经验)。比如,很多案例都说明不少创业者的失败是"被自己吓死"的,而恐惧的原因有很多,主要的一点就是因为无知。

(三)创业者应具备的综合能力

1. 学习能力

刚刚走出大学校门,学习能力还没有退却,自然是很好的一点,加之大学生创业者大多灵活运用,时时刻刻都能够学习到新的东西,在创业的过程中可以保持时刻能通过学习提高自己的能力、增长经验,以及学以致用。在前辈以及自己的经验教训中找到一条适合自己发展的路,从而能够证明自己的价值。现代社会要想不断地取得成功,必须具备持续的学习能力。市场和行业的竞争日益激烈，大到一个企业，小到个人，要想力争上游，那就必须比竞争对手更快地掌握更多的知识，通过不断的学习使自己处于不败之地。对于大学生创业者而言，除了书本的理论知识，更要重视学习其他方面的综合能力。

2. 实践能力

创业者每天都有可能遇到各种情况，如：竞争对手又开始降价了，厂家又有新政策，等等。对于大学生创业者而言，由于缺乏大量的社会实践经验，所以在遇到各种突发情况的时候，难免会有失偏颇地做一些决定。大家对这些无所适从的情况，可以向过来人请教，要在观察和请教别人的过程当中不断提高自身的实践能力。

3. 开拓创新能力

由于创业活动对创新能力要求更高，所以自主创业的毕业生尽管具备一定的创新能力，但满足创业需求的程度相对较低。创新能力主要包括科学分析、批判性思维、积极学习、新产品构思四种能力。有调查表明，高职高专自主创业的毕业生在科学分析、批判性思维能力方面需要进一步提升，才能满足创业活动要求。

4. 组织领导能力和管理能力

创业者是团队的灵魂，在创业之初就会面临各种各样的决策，你的一举一动都左右着创业的发展走向和兴衰。在创业过程中，要经常性地提前计划或规划一些事情。在制订计划的时候需要综合各种因素，形成切实可行的动作分解，要将任何可能的细节都考虑在内。在实施的过程当中要针对当下的具体情况适时做出调整。创业者需要针对自己团队的实际情况制订各种制度，制度不在于多，而在于是否让所有相关人都能够明白其道理，并且严格执行，建立各种有效的管理。创业者需要强有力的组织管理能力，只有具备这一能力才能让自己更靠近成功创业之门。

（四）创业者应具备风险投资常识

1. 风险投资的含义及其起源

"风险投资"这一词语及其行为，通常认为起源于美国，是二十世纪六七十年代后，一些愿意以高风险换取高回报的投资人发明的，这种投资方式与以往抵押贷款的投资方式有本质上的不同。风险投资不需要抵押，也不需要偿还。

风险投资是私募股权投资中的一种，通常投资给早期、具有潜力和成长性的公司，以期最终通过IPO或公司出售的方式获得投资回报。风险投资既然属于私募股权投资的一种，是专注于投资早期公司的，如果投资成功，投资人将获得几倍、几十倍甚至上百倍的回报；如果失败，投进去的钱就算打水漂了。对创业者来讲，使用风险投资创业的最大好处在于即使失败，也不会背上债务，这样就使得年轻人创业成为可能。总的来讲，几十年来，这种投资方式发展得非常成功。其实在此之前，无论是在中国还是在国外，以风险投资方式进行投资早就存在了，只不过那时候还没有"风险投资"的叫法而已。

2. 天使投资

天使投资是风险投资的一种。风险投资在投入资金的同时会更多地投入管理,天使投资一般不参与管理。风险投资一般投资额较大,而且是随着风险企业的发展逐步将资金投入,它对风险企业的审查很严;天使投资投入的资金金额一般较小,一次投入,对所投企业不作严格的审查。

二、大学生如何培养创业能力和素质

知识需要积累,能力需要锤炼,所谓冰冻三尺非一日之寒。创新创业往往需要通过长期艰苦的探索和磨炼,非一朝一夕之功。因此,决不能急功近利,拔苗助长。而且,有些东西是无法事先完全准备好,即使事先准备好,真正面对实际问题,可能发现和学习的东西完全不同。当今社会为大学生自主创业提供了有利的条件和大好机遇,有这方面优势和志向的大学生在积累知识和掌握技能之后,仍会面临价值观、心态、方法等共性问题,在此基础上应大胆尝试,勇于在实践中磨炼,成为新的创业者。

(一)在校期间有意识地做好准备

大学生创业必须有投身创业的理想和志向,否则,往往被创业中的困难、挫折所吓倒。有创业志向的大学生在校期间就应树立崇高的理想和志向,有意识地培养创业的意志品质。在树立崇高理想的基础上,与实际学习目标结合起来,在学习过程中不怕困难和挫折,严于律己,完成学业。同时,应积极参加各种实践活动,在确立目标、制订计划、选择方法、执行决定和开始行动的整个实践活动中,加强意志的自我锻炼,注意培养提高自我认识、自我检查、自我监督、自我评价、自我命令、自我鼓励的能力。此外,培养健全的体魄,积极参加体育活动,也是锻炼坚强意志品质的重要途径。

(二)在创业进程中不断完善提高

大学生要想培养商业意识,就应用心去钻研有关商业知识。特别是在创业实践中要善于观察分析,把握事物的本质,善于收集和利用信息,摸清市场运行的基本规律,积极主动去寻找和创造商业机会。同时,大学生要想挖掘自己智慧潜能,就必须认识智慧潜能是一个内涵十分丰富而又极其复杂的综合概念。因此,在锻炼和培养自己的创业才能时,不能局限于单纯从成才的方面去寻求提高的捷径,而必须在多方面打好扎实的基础知识,既要通过学习增长知识和智力,还要通过创业和实践来增长才能,也要通过创业过程中的竞争和自我否定增长才能,以求得创业才能得到综合性提高。

(三)掌握创业者心理的变化

在整个创业过程中大学生创业者一般都将经历如下历程:首先,不甘学习、生活和发展现状—建立创业发展规划目标—组织创业团队—为目标实现奋斗;接下来,不考虑任何物质利益的尝试—挫败—失败—再尝试—挫折—局部成功;最后,成功点逐步增多—成功量的累积到阶段性的飞跃—最终走向成功。伴随这样的进展过程,大学生创业者心态也将发生变化:由起初的兴趣、特长和爱好—目标和热情—团队工作的乐趣—梦想和理想化的前景激励；接下来是挫折、怀疑和信心的反复摧残和重建；最后是重新评估团队目标和自身的再认识—责任—新的乐趣和兴奋点。

（四）根据学习过程积极准备

与创业进程心态变化相对应的学习过程，起初，被动盲目学习和积累—专注目标直接相关内容—扩大目标外延—理解目标的社会背景和真实必要条件；接下来在尝试、失败、总结、调整的循环中发现缺陷（包括知识、能力甚至目标本身）并改进—领悟隐藏在市场、技术、商业背后的秘密即规律性—有的放矢的学习；最后，形成自己的观点和思维体系—有选择地补充和提升知识水平。因此，大学生创业知识、能力和素质需要在学习过程中不断完善提高。

三、大学生自主创业的过程准备

（一）项目准备

人人都可以创业，但却不是人人都可以创业成功的。从许多创业失败的例子中总结经验，创业者首先必须做的便是决定要从事哪一种行业，哪一类项目，目标顾客是哪个群体，哪些人在跟你做同样的事，自己的优势在哪些方面？在决定之前，最好先为自己做个小小的测验，了解自己在哪方面较有创意、潜力；哪方面的事业较能吸引自己的注意力并鞭策自己勇往直前等。一旦做好选择，接下来的许多课题便需要创业者一步步地去执行，才能逐渐地迈向成功之路。

1. 选择自己喜欢做的事

当所从事的工作是自己喜欢做的事情时，人们在工作时就会投入极大的热情，也就容易取得成功。

2. 选择自己熟悉的事

要想使自己的生意成功，就一定要选择自己熟悉的事来做。生意能否做下去，在很大程度上还取决于创业者对这个项目的熟悉程度。

在计划开始运营之前，你必须选择哪种法定组织结构适合你的创业计划。也就是说，首先你必须决定是准备自己创业还是选择合伙创业？如果选择合伙创业，那么公司的起始资本额该如何分配？公司的组织结构，并没有可依循的准则来分析各种可能出现的状况以区分优劣。创业者必须先了解各种企业的组织形态的利弊及运营方式，再选择最适合组合模式配合自己的创业方式。

尽管各种公司营运结构有些微的差异性，但最需要注意的是一旦公司运营出现状况时，公司内部将由谁负起最后法律上的财务责任？举例来说，以独资企业或合伙人企业形态创业的话，公司法要求个人负担公司的债务归属问题。也就是说，一旦公司因牵连上财务官司而败诉，则个人名下的财产及不动产等都会受到法院的扣押、拍卖以偿还债务。但是无论最初选择哪一种经营模式，都不代表企业的经营体制定型不变，还是可以根据公司的发展与未来潜力做适时的变更。

（二）资金准备

俗话说得好："用钱创造财富！"在众多创业失败的例子中，资金不足经常是最后让创业者黯然落下"英雄泪"的主要原因。因此，信心满满的创业者别忘了在公司正式营运前，一定得先把资金募集充足，换言之，创业者必须明白公司在草创期的第一年内可能无法赚到一毛钱，创业者因而要有所警悟及万全的准备，以渡过难关。创业者募集创业资金的来源有很多。

(1) 自有资金 包括向亲戚、朋友借款，甚至是信用卡借贷也能派上用场。

(2) 股权融资 是指创业者或中小企业出让企业一部分股权以获取投资者的资金。让投资者占股份成为股东而不是借贷，是带有一定风险投资性质的融资，是投融资双方利益共享、风险共担的融资方式。

(3) 债权融资 是指创业者或中小企业采用向银行等金融机构贷款或者向非金融机构（民间借贷）借款的形式进行融资，在约定期满后当事人必须偿还本金并支付利息。

(4) 政策性贷款 是指政府部门为了支持某一群体创业出台的小额贷款政策（比如下岗失业人员小额贷款、高校毕业生自主创业小额贷款），同时也包括支持中小企业的发展建立的许多基金。

(5) 金融租赁 是指出租人根据承租人选定的租赁设备和供应厂商，以对承租人提供资金融通为目的而购买该设备，承租人通过与出租人签订融资租赁合同，以支付租金为代价，而获得该设备的长期使用权。

(6) 其他 包括短期典当、天使投资。

（三）人脉准备

人际关系条件对创业者来说十分重要，搞好人际关系和社会沟通协调，对创业者顺利完成创业活动将起到积极的促进作用。

所谓的人际关系条件主要是指创业者在自己工作、学习以及生活的空间内，通过交往而逐步形成的相对稳定的联系。创业者会在自己的生活范围内逐步形成一个相对稳定的关系网络，这个网络对于创业者来说是一笔不可多得的财富。作为创业者还要学会充分利用和调动这些有利因素，使其能最大限度地为创业活动提供援助。

（四）捕捉创业机会

1. 机会源于生活

(1) 生活中的变化带来机会 产业结构的变化、科技进步、通信革新、政府放宽管制、经济信息化服务化、价值观与生活形态变化、人口结构变化，这些生活中的变化带来了巨大的商机。

(2) 顾客的需求带来机会 比如可以认真研究政府职员、菜农、大学讲师、杂志编辑、小学生、单身女性、退休职工等各类人员的需求的差异性；也可以从生活的"负面"着眼，着眼于那些大家"苦恼的事"和"困扰的事"，会发现很多商机。例如双职工家庭没有时间照顾小孩，于是有了家庭托儿所；没有时间买菜，就产生了送菜公司。

(3) 从"低科技"中把握机会　开发高科技领域是时下热门的课题，例如美国近年来设立的风险性公司，电脑相关的占25%，医疗和遗传基因相关的占16%，但是在运输、金融、保健、饮食、流通这些所谓的"低科技领域"也有机会，关键在于开发。

2. 机会源于市场

(1) 对现有市场进行升级　即针对现有的产品与服务，重新设计改良，弥补缺陷和不足，也是追随新趋势新潮流，如电子商务与网际网络。

(2) 要对市场进行细分　营销者通过市场调研，依据消费者的需要和欲望、购买行为和购买习惯等方面的差异，把某一产品的市场整体划分为若干消费者群的市场分类过程。每一个消费者群就是一个细分市场，每一个细分市场都是具有类似需求倾向的消费者构成的群体。细分消费者市场的基础：①地理细分：国家、地区、城市、农村、气候、地形；②人口细分：年龄、性别、职业、收入、教育、家庭人口、家庭类型、家庭生命周期、国籍、民族、宗教、社会阶层；③心理细分：社会阶层、生活方式、个性；④行为细分：时机、追求利益、使用者地位、产品使用率、忠诚程度、购买准备阶段、态度。

第三节　制订创业计划书

一、创业计划书概述

创业计划是创业者叩响投资者大门的"敲门砖"，是创业者计划创立的业务的书面摘要，一份优秀的创业计划书往往会使创业者达到事半功倍的效果。

（一）创业计划书的含义

创业计划书是创业者计划创立业务书面摘要，用以描述与拟创办企业相关的内外部环境条件和要素特点，为业务的发展提供指示图和衡量业务进展情况的标准。通常创业计划是市场营销、财务、生产、人力资源等职能计划的综合。其主要用途是递交给投资商，以便于他们能对企业或项目做出评判，从而使企业获得融资。

（二）创业计划书的特点

1. 结构合理

投资者应当能够在计划中找到他们所关注问题的答案，很容易找到他们特别感兴趣的话题。这就要求创业计划必须有一个清楚的结构，使读者能够灵活地选择他们想要阅读的部分。

2. 以客观性说服投资者

尽量使自己的语气比较客观，使投资者有机会仔细地权衡你的论据是否有说服力，而不是无边际吹牛、做广告。

3. 让大众也能读懂

一些创业者相信，他们可以用丰富的技术细节、精心制作的蓝图，以及详细的分析给投资者留下深刻的印象。他们错了，只有极少数情况下，会有技术专家详细地评估这些数据。大多数情况下，简单的说明、草图和照片就足够了。如果计划中必须包括产品的技术细节和生产流程，你应当把它们放在附录中。

（三）创业计划书的评估

当确定自己准备创业后，不要急着立即走上创业这条路，还必须先评估一下自己的创业计划是否可行。大学生创业者可以参考以下的方法来检验自己的创业计划是否合乎社会和市场的需要。

（1）你能否用语言清晰地描述自己的创业构想？你应该能用很少的文字把自己的想法描述出来。如果不能把想法变成语言，应该也是一个警告：你还没有考虑清楚！

（2）你真正了解所从事的行业吗？现在许多行业都要求选用有从业经验的人，并对行业内的各方面都有所了解。如果你不了解，就要花更多时间和精力去调查价格、管理费用、行业标准、竞争优势等。

（3）是否看到别人使用过这种产品？一般来说，经营红火的公司的经营方法比一些创新的想法更现实。企业家中流行一句名言：还没有被实施的好主意往往可能实施不了。

（4）你的创业设想是为了自己还是为了别人？这决定了你在未来会不会全身心地投入到这个计划的实施中。

（5）你想过潜在的回报吗？创办企业，最主要的目的是为了赚钱，但是在创业的过程中我们得到的不仅仅是钱，还会获得创业的成就感、社会的存在感、亲情、友情等。

经过自我分析后证明自己适合创业，同时也能正确回答上面的几个问题，那么你创业成功的胜算将会很高，你可以决定着手去创业。但是创业也并不是一时冲动所决定的，如果创业前举棋不定，最好还是选择先找工作这条路。因为，尽管你现在有机会创业，你的动机不错，想法也很棒，但是基于市场、经济能力或家庭等因素的考虑，现在也许不是你创业的好时机。

总之，创业必须要有相当的竞争力，而且只有自己才能决定怎么做最恰当。成事不易，创业更难。选择创业这条路，自然而然地会憧憬成功的景象，而不会想到万一失败的问题。因为一开始就想到失败，未免太消极也太不吉利了。然而，往坏处打算尽管令人不愉快，却是创业之初应该考虑清楚的。

二、创业计划书的内容

创业计划书是将有关创业的想法，借由白纸黑字最后落实的载体。创业计划书的质量，往往会直接影响创业发起人能否找到合作伙伴、获得资金及其他政策的支持。如何写创业计划书呢？要依目标，即看计划书的对象而有所不同，譬如是要写给投资者看呢？还是要拿去银行贷款？从不同的目的来写，计划书的重点也会有所不同。

一般来说，在创业计划书中应该包括创业的种类、资金规划及基金来源、资金总额的分配比例、阶段目标、财务预估、行销策略、可能风险评估、创业的动机、股东名册、预定员工人数，具体内容一般包括以下十一个方面。

1. 封面介绍

封面的设计要有审美观和艺术性，一个好的封面会使阅读者产生最初的好感，形成良好的第一印象。

2. 计划摘要

计划摘要是浓缩了的创业计划书的精华。计划摘要涵盖了计划的要点，以求一目了然，以便读者能在最短的时间内评估计划并作出判断。

① 公司介绍。
② 管理者及其组织。
③ 主要产品和业务范围。
④ 市场概貌。
⑤ 营销策略。
⑥ 销售计划。
⑦ 生产管理计划。
⑧ 财务计划。
⑨ 资金需求状况等。

摘要尽量简明、生动。特别要说明自身企业的不同之处以及企业获取成功的市场因素。

3. 公司介绍

这部分的目的不是描述整个计划，也不是提供另外一个概要，而是对你的公司作出介绍，因而重点是公司理念和如何制订公司的战略目标。

4. 行业分析

在行业分析中，应该正确评价所选行业的基本特点、竞争状况以及未来的发展趋势等内容。

关于行业分析的典型问题：
① 该行业发展程度如何？发展动态如何？
② 创新和技术进步在该行业扮演着一个怎样的角色？
③ 该行业的总销售额有多少？总收入为多少？发展趋势怎样？
④ 价格趋向如何？
⑤ 经济发展对该行业的影响程度如何？政府是如何影响该行业的？
⑥ 是什么因素决定着它的发展？
⑦ 竞争的本质是什么？你将采取什么样的战略？
⑧ 进入该行业的障碍是什么？你将如何克服？该行业典型的回报率有多少？

5. 产品介绍

产品介绍应包括以下内容：

① 产品的概念、性能及特性。
② 主要产品介绍；产品的市场竞争力。
③ 产品的研究和开发过程。
④ 发展新产品的计划和成本分析。
⑤ 产品的市场前景预测。
⑥ 产品的品牌和专利等。

在产品（服务）介绍部分，创业者要对产品（服务）做出详细的说明，说明要准确，也要通俗易懂，使不是专业人员的投资者也能明白。一般的，产品介绍都要附上产品原型、照片或其他介绍。如果你的产品前景广阔，那就要让投资人充分了解，这样投资人会因为产品方向好而投资。

6. 组织结构

在企业的生产活动中，存在着人力资源管理、技术管理、财务管理、作业管理、产品管理等，这里面每个环节都很重要。其中投资人非常看重创始人背景和产品的前景，如果创始团队背景非常亮眼或者创始人有异常魅力，都很容易取得投资人的信任和关注，相对而言也会比较容易拿到投资。

7. 市场预测

市场预测应包括以下内容：
① 需求进行预测。
② 市场预测市场现状综述。
③ 竞争企业概览。
④ 目标顾客和目标市场。
⑤ 本企业产品的市场地位等。

8. 营销策略

对市场错误的认识是企业经营失败的最主要原因之一。在创业计划书中，营销策略应包括以下内容：
① 市场机构和营销渠道的选择。
② 营销队伍和管理。
③ 营销计划和广告策略。
④ 价格决策。

9. 制造计划

创业计划书中的生产制造计划应包括以下内容：
① 产品制造和技术设备现状。
② 新产品投产计划。
③ 技术提升和设备更新的要求。
④ 质量控制和质量改进计划。

10. 财务估算

详述预估的收入与预估的支出，甚至应该列述事业成立后前三年或前五年内，每一年预估的营业收入与支出费用的明细表,这些预估数字的主要目的,是让创业者确实计算利润,并明了何时能达到收支平衡。

11. 风险与风险管理

这一项目指的是在创业过程中,创业者可能遭受的挫折,例如:经济景气变动、竞争对手太强、客源流……,这些风险对创业者而言,甚至会导致创业失败。因此,风险评估是创业计划书中不可缺少的一项。

① 你的公司在市场、竞争和技术方面都有哪些基本的风险?
② 你准备怎样应付这些风险?
③ 就你看来,你的公司还有一些什么样的附加机会?
④ 在你的资本基础上如何进行扩展?
⑤ 在最好和最坏情形下,你的五年计划表现如何?

如果你的估计不那么准确,应该估计出你的误差范围到底有多大。如果可能的话,对你的关键性参数做最好和最坏的设定。

三、创业计划书的编写步骤

准备创业方案是一个展望项目的未来前景、细致探索其中的合理思路、确认实施项目所需的各种必要资源、再寻求所需支持的过程。

需要注意的是,并非任何创业方案都要完全包括上述问题中的全部内容。创业内容不同,相互之间差异也就很大。

第一阶段:经验学习。

第二阶段:创业构思。

第三阶段:市场调研。

第四阶段:方案起草,写好全文,加上封面,将整个创业要点抽出来写成提要,然后按下面的顺序将全套创业方案排列起来。

① 市场机遇与谋略。
② 经营管理。
③ 经营团队。
④ 财务预算。
⑤ 其他有直接关系的信息和材料,如企业创始人、潜在投资人,甚至家庭成员和配偶。

第五阶段:最后修饰阶段。

① 根据你的报告,把最主要的东西做成一个1~2页的摘要,放在前面。
② 检查一下,千万不要有错别字之类的错误,否则别人对你是否做事严谨会产生疑问。
③ 设计一个漂亮的封面,编写目录与页码,然后打印、装订成册。

第六阶段:检查,可以从以下几个方面加以检查。

① 你的创业计划书是否显示出你具有管理公司的经验。
② 你的创业计划书是否显示了你有能力偿还借款。

③ 你的创业计划书是否显示出你已进行过完整的市场分析。

④ 你的创业计划书是否容易被投资者所领会。创业计划书应该备有索引和目录，以便投资者可以较容易地查阅各个章节。还应保证目录中的信息流是有逻辑的和现实的。

⑤ 你的创业计划书中是否有计划摘要并放在了最前面。计划摘要相当于公司创业计划书的封面，投资者首先会看它。为了保持投资者的兴趣，计划摘要应写得引人入胜。

⑥ 你的创业计划书是否在文法上全部正确。

⑦ 你的创业计划书能否打消投资者对产品（服务）的疑虑。

如果需要，你可以准备一件产品模型。

【实践训练4-1】

完成一份创业计划书

创业计划竞赛起源于美国，又称商业计划竞赛，是风靡全球高校的重要赛事。它借用风险投资的运作模式，要求参赛者组成优势互补的竞赛小组，提出一项具有市场前景的技术、产品或者服务，并围绕这一技术、产品或服务，以获得风险投资为目的，完成一份完整、具体、深入的创业计划。请结合自己的专业，完成一份创业计划书。

【实践训练4-2】

狂人马云及其团队的创业故事：1999年3月，当初从杭州跟马云来北京做经济贸易部网站的18个创业骨干同时跟马云南下杭州创业。这意味着他们在经济上放弃了YAHOO和SINA提供的月薪几万元的金领收入，意味着放弃在贸易部里的发展机会。马云凭借他的个人魅力和企业远景凝聚了这18条好汉。这18人到现在一个也没有离开阿里巴巴公司，在以"挖墙脚"和"吃青春饭"著称的IT公司，这样的零跳槽率本身就是一个奇迹。在阿里巴巴刚创业的时期，启动资金只有50万元人民币，支付了购买域名的1万美金之后（www.alibaba.com被加拿大一个青年注册，马云花了1万美金从他手里把域名买过来），公司只剩下了40万元，又买主机又买电脑，再加上前几个月的员工开销，阿里巴巴囊中羞涩。当时阿里巴巴办公的地点就在马云的家里，墙壁渗水，马云就找了张报纸贴上，暂时解决问题。那时阿里巴巴的员工工资只有500元，大家围绕着马云的住所租房子，只为了节约交通费用。后来马云实在没钱开工资了，就向员工借钱，再发给他们。就这样苦苦生存，直到后来网站成立，有了良好的盈利模式，一直到后来高盛的风险投资。就这样，马云在借债中起步，在信任与团队中创业。现在，阿里巴巴已成为全球最著名的B2B电子商务服务公司，马云被著名的"世界经济论坛"选为"未来领袖"，是50年来第一位成为《福布斯》封面人物的中国企业家，被评为"2004CCTV中国经济年度人物"。2003年，阿里巴巴实现了一天收入100万元；2004年，实现了一天利润100万；2005年，狂人马云又将目标定为一天缴税200万元。

（资料来源《阿里巴巴神话——马云的美丽新世界》）

  百度的诞生：一手创办全球最大中文搜索引擎"百度"（baidu）的李彦宏在美国纳斯达克一夜之间拥有了近百亿身价，并因此使得追随他的人群中突然冒出了7个亿万富翁、51个千万富翁、240多个百万富翁，谁能相信这位对大学本科专业也曾经缺乏热情，37岁（1968年出生）就成为在新经济的舞台上长袖善舞的财富新贵。1987年，李彦宏以山西阳泉市第一名的成绩考上了北京大学图书情报专业。一边为离开阳泉迈进中国最高学府激动不已，一边却在为图书情报学的枯燥、乏味沮丧不已。这个高中时就参加过全国青少年程序设计大赛的"乖孩子"从大学三年级起，买来托福、GRE等书狂啃，唯一的目标就是留学美国，方向锁定在计算机专业。1991年，李彦宏收到美国布法罗纽约州立大学计算机系的录取通知书。1994年夏天，他进入华尔街一家公司——道·琼斯子公司，做起了金融信息检索技术，从这家公司老板身上，李彦宏看到了"一个有知识的人如何利用知识发财致富，在泡时间读硕士、博士、当教授之外，另有一条明朗的成功途径"。此后，他成为《华尔街日报》网络版实时金融信息系统的设计人员。问题是，在华尔街最有前途的是金融家而不是计算机天才。对于李彦宏来说，自己的热爱和长处只在计算机，于是，1997年李彦宏离开自己为之奋斗了三年的华尔街，前往硅谷著名的搜索引擎公司Infoseek（搜信）供职。在硅谷，他见识了当时最成功的搜索技术公司如何在股市上呼风唤雨，见识了一个每天支持上千万流量的大型工业界信息系统是怎样工作运转，并在这里写成了第二代搜索引擎程序。1999年他开始酝酿回国创业，2000年1月1日公司在北大资源宾馆开张，百度就这样上路了。2005年8月5日，就在百度上市首日，其股价飙升到150多美元，引起了一场自2000年网络泡沫破灭以来从未出现过的轰动。新经济时代的传奇故事偏偏就是这样诞生的，李彦宏用兴趣和特长打造了全球最大中文搜索引擎——"百度"。（资料来源《搜索百度》）

  分析：1.马云成功的因素有哪些？
    2.李彦宏成功的因素有哪些？

（邹红双）

第五章 大学生求职择业心理

【学习目标】
- ◆ **掌握**：如何做好大学生求职择业的心理准备。
- ◆ **熟悉**：求职择业过程中的心理调适。
- ◆ **了解**：影响大学生求职择业心理的原因，就业过程中易出现的心理问题。

> **情境导入 5-1**
>
> **情境回放**：
> 　　在某医药类大专院校学习的阿峰今年就要毕业了，自去年以来，他参加了多场招聘会并参加多家医院、卫计委系统的招聘考试，他对自己的求职目标定位明确，工作地点：江苏省内；工作单位：社区医院、乡镇卫生院；职位：医生；薪水：4000元以上。
>
> **思考与交流**：
> 　　1. 阿峰的就业动机是什么？
> 　　2. 如何分析阿峰的就业心理？

　　就业是大学生活中的重要内容，更是大学生人生中面临的重大抉择，多数大学生从进校起就会开始考虑自己的前途问题，并为未来的就业提早做各种准备。因此，就业心理是贯穿整个大学的学习与生活中的心理现象。大学生的就业心理可以理解为以就业为中心，在与其他社会现象的交互作用中形成的一系列心理反应。一般来说，就业心理是大学生在职业选择中的心理活动过程，包括就业准备、就业冲突、就业调适等心理过程。就业准备，一是心理上的准备，包括主动的就业意识、积极的竞争意识、健康的自信心、敢于面对失败的心理等；二是思想上的准备，包括正确认识机遇、服从社会需求、了解职业的性质、掌握用人单位情况等。就业冲突，指高期望与现实的冲突、就业的趋利性和自我发展的冲突、多样化选择与依赖心理的冲突等。就业调适，指改变或扩大原有认知结构，以适应新情境的心理历程。大学生完成学业，从学生身份过渡为社会生活中的职业人身份，是其人生中的一次重要转折过程，它不仅表现为一个人的身份转变，其内心世界也会随之发生着种种反应、变化。作为一名即将毕业的大学生，需要了解影响就业的心理因素，自觉加强就业心理准备，努力提高自我的就业心理调适能力，为顺利就业做好准备。

第一节　大学生求职就业心理分析

一、大学生就业心理动机分析

需要产生动机，动机影响到个体行为的发生。一个人为什么要选择这种职业而不选择其他职业，为什么到这个地方而不去其他地方等就业选择，在很大程度上是受就业动机支配的。因此说，就业心理的核心就是就业动机的问题。影响就业动机的主要因素有职业的社会意义、经济报酬、地理位置、劳动强度、自身的适应性等。概括起来，毕业生就业动机主要表现在以下几个方面。

1. 专业对口

不少毕业生在择业时首选专业对口的职业，学以致用是大部分毕业生的共同心理。他们认为专业对口能缩短工作适应期，有利于自我的才能发挥，有利于自我的发展。所以，不少毕业生宁愿报酬低点，条件艰苦点，也乐意从事与所学专业相关的工作。

2. 社会地位高

职业有一定的社会意义，社会地位高的职业容易受人尊重。所以，谋求社会地位高的工作岗位几乎是毕业生普遍存在的就业心理动机。这些所谓社会地位高的岗位，主要是指有实权、有声望、经济实力雄厚的单位。毕业生在求职择业过程中往往首选的就是这样的岗位。

3. 稳定性强

我国传统的就业观认为有了稳定性才有安全感。所以，部分大学毕业生放弃了一次次机遇，而到一些所谓保险性强的行政、事业单位或国有大中型企业，不愿"冒险"。当然，随着社会的发展，人们观念的更新，也有的大学生不再看重稳定性，而是选择有利于自身发展、更具挑战性的就业形式。多数人喜欢在行政事业单位、高端职位工作，例如国家机关公务员、事业单位、国内外知名企业和三资企业等，而对于个体私人企业、民营企业、私营企业的选择还是比较少。这也说明了部分大学生选择自己未来就业的类型还是多从自身的需求考虑，再加上中国传统价值观念的影响，而对国家、社会的考虑欠少。

4. 地区发达

经济发达地区就业机会多、劳动报酬相对高、就业市场相对规范，所以很多大学生的就业目标主要定位于北京、上海、长三角、珠三角等经济发达地区。众多毕业生蜂拥而至，使这些地区的人才呈过剩状态，不少毕业生因准备不足多次求职无果而无功而返，而急需人才的中西部地区往往得不到所需人才。

5. 经济待遇

现在社会上有句很流行的话,"金钱不是万能的,但没有钱是万万不能的"。在市场经济环境下成长起来的大学生对经济问题也很敏感。当然,一直靠父母供养的大学生,渴望真正自立时,挣钱也就成了当务之急。只有具备一定的经济基础,他们才能建立家庭、回报父母,有的毕业生才能将求学时的贷款还清等。所以,大学毕业生择业时,经济待遇是他们考虑的一项重要因素。

6. 奉献社会

不可否认,有一批毕业生面对职业选择时,他们放弃一般人们所羡慕的好单位、高收入等优越的工作环境和职业,而是选择支援西部建设或到边疆、到基层、到生产第一线去建功立业。每年毕业前夕,都有一部分毕业生申请支边、支援西部、到艰苦地方去工作就是例证。这部分毕业生的就业心理动机是报效祖国、奉献社会,充分展现了新时代学子的精神面貌,是大学毕业生学习的榜样。

二、大学生常见的就业心理表现分析

由于大学毕业生就业动机的不同,结合其自身实际,就会有不同的就业心理表现。有的学生乐观、自信,为自己的就业目标不懈努力;有的学生则会因为一时的困难和挫折,心理消极、悲观。

(一) 积极的就业心理表现

1. 乐观自信,主动出击

这部分学生能客观地认识、评价自己,对职业的要求有比较明确的目标,能正确地分析社会就业形势和社会需求,求职时能够扬长避短,千方百计地采用最有效的方法追求目标,遇到挫折不气馁,相信天生我才必有用。他们主动收集就业信息、主动出击,直至找到自己最满意的职业。

2. 敢于竞争,勇于挑战

这部分毕业生能顺应形势,适应社会,明白在求职市场中竞争是必然选择。他们一方面为增强自身的就业竞争力而不断地从各方面充实完善自己,积极参与社会实践和校园文化活动,提高自身综合素质;另一方面,他们有强烈的竞争意识,敢于竞争。相当一部分毕业生不仅有竞争意识,更具有冒险精神。他们在就业中出现多元化的求职趋向,不局限于国家行政、事业单位和国有大中型企业,开始尝试选择那些挑战与竞争性更强的职业,甚至在学校期间就积极参与创新创业活动,毕业后自主创业。

(二) 消极的就业心理表现

1. 缺乏自信,依赖他人

有的毕业生对于求职一事总是忧心忡忡,担心失败,明明是自己理想中的工作,可是一看到求职者众多,就打起退堂鼓,尝试一下的勇气也没有;明知求职要靠自己去

"推销"，可就是没有勇气跨进招聘单位的大门。有的毕业生依赖家长、依赖亲朋好友，在洽谈会上，由父母或亲朋好友代替自己同用人单位洽谈，把自己的命运交给别人来决定。有的毕业生一到招聘者面前，就面红耳赤，手足无措，回答招聘者的询问也是语无伦次。凡此种种都是缺乏自信，缺乏对自己正确的、全面的认识所致。

2. 自卑怯弱，羞于展示

有的毕业生因自己生理或出身方面等的原因，担心别人瞧不起自己，进而自我否定，自我封闭，不敢走向求职市场。如有的毕业生认为自己个子矮或来自闭塞的农村而自惭形秽，有的毕业生认为自己能力有问题或长相不好而不敢与人交往等。这些自卑心理严重影响到毕业生的求职择业。

3. 犹豫观望，难以决断

世界上没有十全十美的工作，任何工作都是有利有弊的。在双向选择时，瞻前顾后，犹豫观望，徘徊不定，前怕狼后怕虎，这山望着那山高，该拍板时不敢拍板，即使做出一个决定，也还忐忑不安，顾虑重重，别人一旦说好，便沾沾自喜；别人一旦说不好，就后悔不已。这类毕业生缺乏对自己的清醒认识，对利害得失过分注重，往往会失去许多难得的良机。

4. 缺乏主动，盲目从众

从众心理是日常生活中常见的一种现象，在毕业生求职择业时也往往会出现这种情况。一些大学生在求职现场热衷于热门职业，热门职业应聘的人数越多，他们对热门职业的渴求越大；也有毕业生看到别人都去大城市或经济发达地区择业，自己就跟着效仿。这部分毕业生缺乏对自身的客观认识，没有"量体裁衣"的求职意识，把自己限制在狭窄的求职道路上，成为一叶障目之势，从而错失不少就业机会。

5. 求稳求闲，稳定心理

在就业形势比较严峻的情况下，有的毕业生不能从这一现实出发，一味求稳或求闲，人为给自己的就业道路设置障碍。所谓求稳是指在选择职业时受传统思想的影响，试图从职业的稳定性出发而寻找有"安全保障"的工作；所谓求闲是指在求职择业中认为自己是大学毕业生，是知识分子，而追求舒适、清闲、安逸的工作，宁可待业也不干"艰苦"的工作。这样的毕业生往往毕业后便失业，仍然依靠父母供养。

6. 虚荣攀比，好高骛远

有些毕业生在择业时，认为自己无所不能，社会上的所有工作都能胜任，因而在求职择业过程中自傲清高，挑三拣四。如在目前毕业生求职倾向中有所谓的"三高"，即"起点高、薪水高、职位高"。有的毕业生还有攀比心理，认为自己比别人强，所以选择职业不能落后于别人，对工作的具体要求有"六点"，即"名声好一点、牌子响一点、效益高一点、工作轻松一点、离家近一点、管理松一点。"这是一种明显贪图安逸、追求享乐、怕吃苦的表现，其就业思想中带有明显的功利动机、享受动机、求名动机。如此追求"三高、六点"，在就业过程中必然会碰壁。究其原因，这些学生的问题在于一是脱离社会，对社会缺乏认识；二是过于依赖自我感觉，而对自我理性认识不足。

7. 被动求职，满腹抱怨

有人曾形象地比喻：在求职的道路上，没有人会主动向你说"请"字，你必须使劲地敲门，直到有人来给你开门为止。而有些毕业生还是没有明白这个道理，面对求职的艰辛，怨天尤人，认为自己生不逢时、怀才不遇，在郁闷、抱怨中打发日子，而不是发挥自己的主观能动性，适应形势的变化，主动地进入求职市场。现代的竞争压力下，没有工作会主动地找到自己，必须自身主动地进入人才市场，发挥自身的能力和专业知识去获取工作，适应就业市场的变化，主动地完成自身的就业。

第二节　大学生求职择业过程中的心理准备

情境导入 5-2

情境回放：

小王是一名应届大学毕业生，在校 4 年，自觉学有所成，然而却在就业上处处碰壁。他看中的单位，人家却看不中他；单位看中他的，他却看不中人家。毕业已经快一个月了，他还未与一家单位签约。时下，他处在焦虑、忧郁、自卑、不满、无法决断的状态，内心十分矛盾、痛苦。他该怎么办？

思考与交流：

1. 小王为什么如此苦恼？
2. 问题究竟出在哪里？

就业是大学生人生的重大转折，严峻的就业形势给大学生带来了较大的心理压力。通过大学生活的锻炼，毕业生的世界观和人生观都有了一定的定位，在知识储备、综合素质和人格个性等方面都有了积极显著的发展，有着强烈的就业意愿和积极的就业动机。然而面对激烈竞争的就业现状，初涉人世的毕业生往往表现出不同程度的心理矛盾和心理不适。求职择业是大学生人生道路上的一次重大选择，也是人生职业道路上必经的一个关口。大学生要想在未来就业中掌握更大的主动权，必须具有良好的思想品德素质、科学文化素质、身体素质，尤其是必须做好必要的心理准备。

一、大学生求职择业思想准备

（一）树立正确的职业价值观

职业价值观指人生目标和人生态度在职业选择方面的具体表现，也就是一个人对职业的认识和态度，以及对职业目标的追求和向往。价值观念是心理态度最基本和最重要的组成部分，有了明确的价值观念，才能够正确地求职就业。

1. 破除依赖思想，树立自主择业的观念

在社会主义市场经济下，资源配置主要由市场机制发挥基础性作用。大学生作为主要的人力资源之一，需要由市场机制来配置，而非国家来包办。据不完全统计，自大学扩招以来，我国每年大学毕业生人数逐年上升，2016年达765万人，这样一个庞大的就业群体，由国家进行分配是根本不可能的。政府主要负责劳动就业的立法和宏观调控政策的制定与实施，至于具体到每个毕业生如何就业，这主要是毕业生个人决定的问题，应通过劳动力市场和人才市场来自主择业。

2. 破除上层意识，树立基层就业的新观念

在大学为精英教育的年代，大学毕业生大多是进大城市、大机关。在大学教育进入大众化的当前，大学毕业生就业的去向已经发生历史性的变化。大量的大学毕业生的就业去向，不再是大城市、大机关，而是要面向基层。在就业时可以多考虑一些公益性岗位，目前在社区和农村有很多公益性岗位，比如农村教师的帮扶计划、大学生村官等，可以去基层锻炼一两年，有了一定历练后再去找工作或报考公务员。

3. 破除传统意识，树立竞争就业的新观念

几千年的自然经济和几十年的"大锅饭"体制，使一部分人养成了不思进取、得过且过、与世无争的观念。这种观念是与社会主义市场经济格格不入的。旧体制下形成的随遇而安、一切听从他人安排的习惯，也已经行不通了。在市场经济下，竞争无处不在，无处不有。不仅企业之间要在竞争中优胜劣汰，劳动者个人也要在竞争中择优上岗，竞争就业。这是不以任何人的主观意志为转移的，也是任何人都躲不开、逃不掉的。

4. 破除等级意识，树立正确就业的新观念

不少人觉得，坐办公室是正当职业，服务业是伺候人的差事，低人一等。在这些人看来，人分"三六九"，活分"上中下"。他们宁肯闲待在家，也不去干那些"低人一等"的工作。结果，长期赋闲在家，依赖父母供养。正确的职业观应该是工作无贵贱之分，都是社会的不同分工。

5. 开拓思维，树立创新创业的新观念

李克强总理在2013年新一届国务院第一次全体会议上提出要大力推动创新创业，2014年9月又在夏季达沃斯论坛提出，要在中国960万平方公里土地上掀起一个"大众创业""草根创业"的新浪潮，形成"万众创新""人人创新"的新态势。这是面对全球新一轮科技革命与产业变革、面对我国经济发展新常态下的趋势变化和长期存在的就业压力提出来的。以创业带动就业，将成为催生经济社会发展的新动力，高校毕业生更是推进大众创业、万众创新的生力军。创新创业也是缓解高校毕业生的就业压力，实现个人价值的重要途径。毕业生要自觉开拓思维，树立创新创业的新观念。

（二）养成良好的职业道德

职业道德行为是指从业者在一定的职业道德知识、情感、意志、信念支配下所采取的自觉活动。对这种活动按照职业道德规范要求进行有意识、有目的训练和培养，称之为职业道德行为养成。养成的最终目的，就是要把职业道德原则和规范贯彻落实到职业活动之中，养成良好的职业行为习惯，做到言行一致、知行统一，进而形成高尚的职业道德品质，并达到崇高的职业道德境界。

1. 在日常生活中培养

"勿以恶小而为之，勿以善小而不为"。职业道德行为的最大特点是自觉性和习惯性，而培养人的良好习惯的载体是日常生活。因此，要紧紧抓住这个载体，有意识培养自己的良好习惯，久而久之，习惯就会成为一种自然，即自觉的行为。

2. 在专业学习中训练

专业理论知识与专业技能是形成职业信念和职业道德行为的前提和基础。职业道德行为的养成，离不开知识的学习和技能的提高。

3. 在社会实践中体验

"人的正确思想，只能从社会实践中来"。丰富的社会实践是指导人们发展、成才的基础，是实现知行统一的主要场所。职业道德行为的养成离不开社会实践，社会实践是职业道德行为养成的根本途径。

4. 在自我修养中提高

自我修养是指个人在日常的学习、生活和各种实践中，按照职业道德的基本原则和规范，在职业道德品质中有目地自我锻炼、自我改造和自我提高。

二、大学生求职择业心理准备

由于缺乏就业经验和就业市场竞争异常激烈，许多大学毕业生就业压力很大，备受就业问题困扰。他们在寻找工作的过程中或焦虑不安，或情绪高涨，或灰心丧气、怨天尤人，或优柔寡断、患得患失，整日心神不宁，以至于影响到了正常的生活和学习，也影响到了正常的求职择业。毕业生应该从以下方面做好准备，以避免或减轻这些心理反应。

1. 正确评价自我，合理定位自己

世界上没有两片相同的树叶，人的个体差异更是不胜枚举。每个人都有自己特定的气质、性格、兴趣、爱好、能力、特长，这种种的不同，决定了适合自身的职业和职业发展方向的不同。大学生就业前要做到知己知彼。知己就是实事求是地评价自己，对自己有正确的认识。要客观、正确地认识自己德智体诸方面的情况，对自己的优点和长处，缺点和短处，自己的性格、兴趣、特长等有比较清晰的了解。全面了解自己的特点是选择职业的重要前提，作为一名求职者，只有在知己的基础上才能扬长避短，从而作出适合自己的求职决策。科学地认识自己最有效的方式是通过科学的心理测试、测量。当然，通过与老师、家长、同学交流，得到他们对自己的客观评价也是一个有效的渠道。知彼就是要了解社会大环境，正确认识面临的就业形势，了解社会需要什么样的大学毕业生，了解自己要从事的行业对大学生有什么样的特殊要求。一个人的择业目标应与本人所具备的实力相当或接近，避免理想主义，避免从众心理，一切从自身的特点、能力和社会需要出发，不与同学攀比，要适时调整就业期望值，不刻意追求最满意的结果。只有这样才能保持良好的就业心态，才有可能找到适合自己的工作。对于绝大多数学生来说，大学阶段过的是一种相对单纯而有保障的生活，学习、生活、交往等都有稳定性、规律性，在这样的环境里，容易滋生浪漫的情调和美好的理想，但这样的生活与社会现实存在一定的距离。在大学生活即将结束，面临着由一个无忧无虑、令人羡慕的大学生，转变为一个现实的社会求职者，这种身份的转变，也就是所谓的角色转换。角色的转变需要大学毕业生抛开幻想，面对自主择业这一社会现实，及时地进行角色调整。只有这样，大学生才能有充分的心理准备去应对激烈的就业竞争。大学生应该清醒地认识到大学时期所学的专业知识、技能是为个人适应社会需要、成为一名合格的社会主义建设者而打下的基础，只是一个知识积累、储备过程。这样，大学生就不再认为自己是社会上的特殊群体，而只是就业劳动大军中的普通一员。从而及时地进行角色转换和合理的角色定位，正视自己的身份，自觉投身于择业者行列，去寻找适合自己的工作。

2. 增强自信心理，敢于竞争

我们处在一个充满竞争的时代。竞争冲击着人们的事业和生活，冲击着人们的意识和思想，在求职择业上竞争尤其激烈。在走向社会之前，迎接新的挑战，强化竞争意识是大学生最基本的心理准备。大学生要克服自卑、胆怯的心理，树立自信心，勇敢地面对就业竞争，不仅要敢于竞争，而且还要善于竞争。深化改革的今天对大学生强化竞争意识提出了迫切要求，也提供了客观环境。大学生的竞争意识，就是要在正确自我评价的基础上，充分相信自己的实力，敢于通过竞争去达到理想的目标，自觉地正视社会现实，转变观念，做好参加竞争的心理准备。要想在求职与择业中取得成功，仅仅敢于竞争还不够，还必须善于竞争。善于竞争体现在具备良好的心理素质、实力和良好的竞技状态。在求职与择业竞争中，应注意确定恰当的期望值。期望值是个人愿望与社会需求的比值，期望过高会使心理压力加大，注意力难以集中，造成焦虑，影响正常水平的发挥。如果一个人自始至终地以良好的情绪对待学习、工作和生活，那他就有可能在竞争中获胜。

3. 形成正确的职业认识，合理评价自己的职业

正像不同的人有适合自己的不同职业一样，职业对适合从事的人群也有要求。如从事推销、公关性质的职业，需要性格外向、多血质或胆汁质的人，而在流水线上工作的人最好具有黏液质的气质特征。所以作为一名求职的大学生，需要对职业要求有一定的认识。职业只有分工的不同，没有高低贵贱之分。俗话说：七十二行，行行出状元，因此作为一名大学毕业生，最好不要将自己的职业选择限定在某个范围内，摆脱轻视体力劳动或服务性劳动的传统思想，而是要根据社会需要和自己的特点，选择适合自己的职业，从而拓宽就业渠道。

4. 积极做好心理准备，面对严峻就业形势

随着我国教育的发展，高等教育从"精英教育"过渡为"大众化教育"，人才出现

"相对过剩"的现象。据统计，我国2015年的高校毕业生人数达到749万人左右，2016年达765万，比上年增加16万人，同期还有上一年甚至前几年没有就业的毕业生。从此，我们可以看出，大学毕业生的就业形势是多么严峻。作为即将毕业走向社会的大学生，对目前的就业形势要有充分的认识，做好求职道路上将可能遇到的艰辛和曲折的心理准备。所谓人才"相对过剩"，是指国家培养的大学生不是多得用不完了，而是呈现出需求不平衡的状况。如急需人才的边远地区和基层单位，仍苦于招不到需要的人才，处于"无米下锅"的局面。所以希望回报社会、展示自己的才华、实现人生价值的大学生，应该审时度势，做好到边远地区或基层单位的心理准备。

5. 克服盲从心理，实现真正自立

对于一个人来说，年满18岁便被视为成人。但在我国，青年学生在大学毕业前大多数仍在依赖父母、老师的帮助指导，没有实现真正意义上的自立。因此，有些大学生在择业过程中缺乏自信，把希望寄托在"拉关系""走后门"上，有的毕业生甚至由家长出面与用人单位洽谈就业事宜。殊不知，这样做的结果，用人单位会对毕业生产生缺乏开拓能力、独立生活和工作能力差的印象，最终事与愿违。因此，大学毕业生一定要实现自主择业，靠自身实力叩开职业大门，充分做好不依赖任何人的心理准备，实现真正自立。

6. 理想与现实有差距，积极调适意向

大多数毕业生是怀着对未来的美好期望离开学校，走向工作岗位的，一帆风顺的成长过程可能使大学毕业生梦想着在社会这个大舞台也一展身手，实现自己的人生价值，这本来无可非议，但大学毕业生在实际工作中职业意识的缺乏和工作能力的不足，可能导致领导或同事的批评或冷遇，犹如当头一盆冷水，使其失去心理平衡。如将大学时期懒散的生活习惯带到工作中，表现出好高骛远，大事做不来，小事不愿做；对工作挑肥拣瘦，拈轻怕重；工作责任心不强，敷衍了事，不能按时完成领导交办的任务；过于看重自我得失，不思奉献；缺少集体观念，对事妄加评论，造成不良影响；感觉工资低、领导对自己不重视而牢骚满腹；业务不熟练，造成工作差错等不良现象。这些情况都可能使意气风发的毕业生受到批评或冷遇，有时可能不是毕业生个体的过错，但也连带受到批评，因此感到冤枉、委屈。遇到这样的情况，有的毕业生能够冷静下来，分析其中原因，亡羊补牢，不断进步；但也有人一气之下，"跳槽"走人，造成不必要的损失。对于每一个人来说，以往的成败得失只能代表过去，新的起点需要重新开始，以自己的实际表现来赢得别人的尊重和信任。所以，大学毕业生要对期望值与现实的差距有一定的心理准备，宠辱不惊，不断完善、提高自己。

7. 正确面对挫折，遇到困惑要善于求助

人们在求职择业中遇到挫折是正常的，遇到挫折不应消极退缩，应采取积极的态度，勇于向挫折挑战。一个心理健康的人对人生总保持着自信心，如果丧失了自信心，就失去了开拓新生活的勇气。遇到挫折后应放下心理包袱，仔细寻找失利的原因，调整好目标，脚踏实地继续前进，争取新的机会。需要特别指出的是，有时候所谓的"挫折"，只是没有达到我们的理想，并不能算是失败。

求职过程也是一个竞争的过程，有竞争就会有失败者。毕业生的就业理想与现实会出现一定的差距，这时，大学生往往产生自卑、恐惧等不健康的心理，这些表现，都是毕业生对求职过程中可能遇到的挫折没有充分的心理准备而造成的，以至当挫折真正出现时，不知该何去何从，以至于迷失了方向。

面对激烈的竞争和巨大的就业压力，很多大学生在心理上难免会出现困惑、迷茫甚至悲观情绪，对前途失去信心。遇到这些心理问题时，大学生在自己不能处理时，要善于求助。比如：①可以与同学、朋友谈谈这方面的感受，以取得帮助；②向辅导员老师或者心理专家求助，及时排解心理问题；③多听一些校内安排的毕业生就业心理专题讲座，及早对就业心理问题有所了解；④多看一些相关资料，以积极的态度应对心理问题。

就业是大学生从校园迈向社会的重要一步，只有做好充分的心理准备，拥有健康积极的就业心态，大学生才可能找到适合自己的工作位置，顺利地走向社会。

三、大学生就业应有的就业意识

必要的心理准备是大学生顺利就业的前提，树立一定的就业意识则能帮助毕业生发挥主观能动性，迎接就业挑战。

1. 主动求职意识

很多大学生在对学校或专业的选择上，因受这样那样因素的影响，并没有把自身情况与职业生涯有机地联系起来。如有的同学是为了获取最大的被录取可能，选择了自己并不了解或自己并不喜欢的专业；有的同学受当时社会热点的影响而随波逐流，选择那些所谓的热门专业；有的同学是受家长、中学老师以及亲朋好友建议的影响，以他人的尺度来选择自己的专业；有的同学则是因分数低或志愿没报好而被调剂录取的。因而，从总体上来讲，大学生对所选专业以及将来自己所适应的职业等问题可能处于盲目状态，等到即将毕业，尤其是面临择业问题时，往往感到手足无措，更难以适应就业制度的变革和人才市场的激烈竞争。但专业的选择已成事实时，大学生应抓紧了解自己的专业，明确自己所学专业的培养目标及应用方向，树立专业思想，并主动将个人发展与社会需求结合起来，跟上社会发展变化的步伐，变被动为主动，提高自己的综合素质，提升自己的竞争力。在毕业前，注意搜集社会各方面特别是本专业的用人信息，树立自我推销的求职意识，凭借自己的实力叩开职业大门。

2. 创业意识

从李克强总理在2013年新一届国务院第一次全体会议上提出要大力推动创新创业，到2015年政府工作报告把"大众创业、万众创新"提升到国家经济发展新引擎的战略高度，在"大众创业、万众创新"的政策推动下，中国的创新和创业正在迎来一个最好的时期。大学生是青年中的佼佼者，思维活跃，创新意识强，在政府多项优惠政策的激励下，完全可以走自我创业的道路。这样可以在就业难的情况下另辟蹊径，不但为社会拓展了就业渠道，而且能最大限度地满足大学生自我实现的需要。据统计，大学生创业的比例在美国高达25%，在日本有10%，我国大学生自主创业也呈上升势头。作为新时代的大学生,应有敢闯敢干的精神,树立自主创业意识。

3. "转业"意识

通过与毕业生座谈了解到,不少强调专业对口的毕业生在求职过程中往往更加难于找到用人单位,有的同学不能实现一次性就业,与其就业观念有很大关系。以专业对口为择业标准的这种画地为牢的观念,确实制约着一部分毕业生的就业。有关专家指出,大学生在校期间所学知识仅占其一生中所需知识的10%左右,终身学习理念已被越来越多的人所接受。目前在发达国家,一个人全部在业期间平均更换4~5次工作岗位,从业期间的再学习已是非常普遍。"从一而终""一步到位"的就业观念已不能适应社会发展需要,更不利于个人发展。经过系统学习,基本素质较高的大学生应具备"转业"意识,树立"先就业,再择业"的观念。

4. 角色意识

几年大学生活即将结束,在离别母校、踏上社会之前,最重要的就业心理准备就是要转变角色。所谓转变角色,主要是指由一个受父母老师呵护的大学生,转变为一个现实的社会求职者。学校环境和社会环境有很大差异,不能把学校、家庭、亲友及同学所给予的关心、呵护、尊重当成是社会的最终认可。想正确地选择职业,就必须转变角色,要摆正自己的位置,客观、冷静地进入求职状态,认识社会,了解社会,以自身的实力,积极主动地去适应社会需要,在选择社会职业的同时,也接受社会的选择,正确地迈出人生这关键的一步。从学生到一个真正的社会人,是其社会角色的转变,必然有一个适应过程、一段磨合期。毕业生应意识到自己的角色转变,自觉调整自己的思想、行为,以适应社会和用人单位的要求。

第三节 大学生求职择业的心理问题

毕业生求职过程中所表现出来的各种心理问题,其成因是复杂多样的,既有毕业生主观认识的偏差,也有整个社会就业大环境所存在的客观原因,同时也混杂着毕业生先天或后天形成的性格和情绪等因素。

一、导致大学生产生就业心理问题的因素

(一)高校毕业生产生就业心理问题的外部因素

1. 社会因素

(1)经济发展的地区性差异 近几年我国经济保持了持续良好的发展势头,而整体就业形势并没有出现好转的迹象。劳动力供过于求的局面短期内无法改变,其中一部分原因是经济发展的结构性不平衡导致很多大学毕业生不愿到基层就业,造成中西部和基层地区人才匮乏,而大城市人才相对过剩的现象,这种反差必然给毕业生造成一定的心

理压力。

（2）就业服务体制滞后　随着国家对高校毕业生就业制度的改革，由统包统分变成了双向选择，但就业制度性障碍和市场化运作机制的缺乏，导致就业市场不完善的问题依然没有彻底解决。教育体制改革滞后，就业市场不完善，就业歧视监管不力，缺少统筹安排以及社会保障制度不健全等政府服务职能的缺位，已成为我国当前大学生就业难的一个重要原因。

（3）用人单位选聘标准提高　随着高校毕业生逐年增多，大学生一次性就业难度不断加大，有时一个职位出现多人甚至上百人竞聘的现象。许多用人单位利用毕业生急于获得就业岗位的心理，通过提高录用标准来增加毕业生的求职难度，进而实现低成本录用高层次人才的目的，面对一些无奈的岗位标准许多毕业生只能望而却步。大学学习生活的投入和毕业时产出的差值明显呈现出不断扩大的趋势，无形中给毕业生心理带来了巨大的心理压力。

2. 学校自身教育体制问题

（1）专业设置及教学内容无法与社会需要接轨　学校对当前大学生就业形势不无责任，高校的计划专业设置及教学内容无法与社会需要完全接轨，高校的计划体制比较明显，教育培养计划和社会需求错位，市场化反应迟缓，信息预警机制不健全等问题仍然突出。许多学校专业同化和课程同类的现象屡见不鲜，造成一定程度教育资源的浪费。虽然进行了一些改革，但重视书本知识的灌输而轻视实践能力培养的办学理念短期无法改变。这种理念的落后又导致高校课程和专业结构滞后于经济发展和产业结构变革的需要，以致学生专业知识陈旧，应变能力、操作能力普遍欠缺，难以胜任人才市场上一些岗位的要求。

（2）就业指导缺乏系统性、实效性　高校就业和职业生涯指导明显滞后于市场转变速度。许多高校设立了就业指导中心但缺少全局性、系统性的规划，短期性、功利性、阶段性特点明显。另外，途径方法单一，专业的测评工作开展并不广泛和深入，使就业指导没有达到预期的效果，很难对大学生的就业起到实质性帮助。这些都导致了大学毕业生就业观的不成熟，造成其就业能力偏低。

（3）创新创业教育落地困难　与西方发达国家相比，我国创新创业教育起步较晚，尚未形成完备的创新创业教育结构体系。近年来，高校创新创业教育不断加强，取得了积极进展，对提高高等教育质量、促进学生全面发展、推动毕业生创业就业、服务国家现代化建设发挥了重要作用。但是校内的创新创业课程往往停留在理论层面，创新创业课程的师资配备不到位，与专业结合度较差，对学生的创业实践的指导作用较小，很多学生并不能从校内创新创业教育中得到明确指导。

3. 家庭因素

这些因素主要包括父母期望、父母职业及职业榜样、父母对子女专业及工作的关注、父母对各种职业的看法、父母的社会地位与社交能力、父母教育子女的方法、家中其他成员的影响以及学生对父母的看法与态度等。在竞争激烈的就业市场中，由于自身条件或者外在条件的限制，很多人最终还是要从事普通而平凡的工作，但是由于受家庭高期望值的影响，多数人虽然知道自己确实很难达到亲人所期望的标准，可又不知道怎样去处理这种思想意识上的差异，这样双方思想认识上的冲突难以得到化解，最终使得大学生的心理负担一直难以得到适度的调节、释放而诱发心理问题。

（二）高校毕业生产生就业心理问题的内部因素

这种内部因素是指学生的个性特征，也就是指与就业有关的能力、兴趣、需求结构、性格特征、自我意识、职业价值观念、理想、个性、职业倾向等交互作用而产生的结果。

1. 认知能力弱

（1）自我认知不明确　这类学生往往缺乏自知之明，过于自负，不能客观评价自我、准确定位，应聘时急功近利而屡屡受挫，时常感到怀才不遇而导致心理问题。另一类学生则是保守怯懦，迟迟不行动，持观望态度，对自己能力和学识缺乏应有的自信，渴望竞争但缺乏竞争的勇气，从而产生自卑心理。

（2）社会认知能力缺乏　有些学生缺少足够的社会形势分析和关键时刻位置的判断能力，对于机遇不能准确把握，要么选择盲从，要么另辟蹊径而屡战屡败，从而产生一定的心理压力。

2. 心理调节能力不足

大学生在就业过程中遇到困难无法有效及时地调整自己的心态，对自己的前途感到担忧或者遇到困难轻言放弃，面对机会与挑战时存在自我怀疑、自我贬低的心理，从而产生焦虑、急躁、抑郁、冷漠甚至消极逃避等心理问题。

3. 缺少人生规划

当前就业形势严峻，除了社会大环境和学校自身专业设置管理等问题外，也有部分原因是一些大学生自身贪玩，缺乏长期学习计划和未来职业生涯规划，甚至许多大学生毕业时不知道自己到底能干什么，适合做什么工作，对前途感到迷茫。

情境导入 5-3

情境回放：

晓丽是2015届的会计专科毕业生，现在仍待业在家。今年的招聘会陆续开始后，她听了不仅没有多大的兴奋，甚至十分恐惧。她从去年开始经历了几次面试失败之后，就一直不敢找工作了，很害怕招聘者那挑剔的眼光。

思考与交流：

1. 晓丽在找工作的过程中出现了什么样的心理问题？
2. 如何帮助晓丽进行心理建设？

二、大学生求职择业的一般心理问题

大学生群体是个体由青年期到成年期成长过程中一个特殊的群体，集多种特殊性于一身——处于"第二心理断乳期",存在多重价值观、人格的再构成等心理内在原因,同时又因环境诱发因素,使得大学生的心理健康状况比个体一生中的其他阶段及处于这一时期的其他群体明显要差。面对就业,大学生的心理是复杂多变的。通过几年大学生活,同学们在知识、能力与人格方面有了积极的显著发展,有着强烈的就业意愿和积极的就业动机,为能尽快实现自己的人生价值而感到由衷的欢欣;而就业岗位和就业方式的多样化也为大学生就业提供了更多的机遇和更大的自由度,许多大学生都跃跃欲试,准备在所学专业领域一展身手。但是在就业过程中,又难免出现种种心理矛盾、心理误区和心理障碍。

(一)就业忧虑和恐惧心理

当前激烈的就业竞争环境使就业问题给大学生带来了较大的心理压力,而且这种压力在各年级学生都存在。主要表现为:一方面渴望自己尽快走上社会,谋求到适合自己的理想职业,另一方面又患得患失,不愿意走出校门,对走上社会感到心中无数。

大学生毕业前心理压力较过去有明显增大,主要原因是毕业方向的选择、就业、考研、恋爱分合、大学中不愉快经历、离别感伤、突发事件、经济条件等冲突和事件。一般而言,女大学生心理压力大于男大学生,农村学生的焦虑水平高于城市学生。大学生面对就业压力的释放方式则过于内向化,主要是自己解决和求助于同学朋友。

(二)就业心理期望与失落

许多大学生都有一种"十年寒窗,一举成名"的心理,因此对择业的期望相当高。大学生大多希望到生活条件好、福利待遇高的大城市、大机关、大公司工作,而不愿到急需人才但条件艰苦的中小城市和基层小单位,过分地考虑择业的地域、职位的高低和单位的经济效益。可是现实就业岗位大多不像大学生所想象的那么美好,因此当发现现实与理想的差异较大时,就容易出现"高不成,低不就"现象,产生偏执、幻想、自卑等心理问题,并可能导致择业行为的偏差。近年来由于受多种因素的影响和干扰,高职生择业的期望值过高是普遍的心态。90%以上的高职生希望选择效益好、工资高的单位;更多的毕业生要求到发达的大城市工作。这说明高职生对自身在社会中的定位没有正确的认识和分析。在进行个人社会定位时,必须认真考虑自身的知识和能力水平、专业的社会适应性、自身的个性特征等各种综合因素。

(三)就业观念不合理、不现实

大学生的择业观念虽然在总体上是倾向于务实化与理性化,但由于处于择业观念的转型过程,因此各种不良观念也存在着,并影响了大学生的心理健康、顺利就业。这些不良观念主要表现在以下几个方面。

1. 只顾眼前利益,忽视职业发展

一些毕业生的择业标准中只有工作条件、收入等眼前实在利益,而对自我的职业兴趣、能力、职业的发展前景等因素不作考虑,因而极易选择并不适合自己的职业。

2. 职业标准过于功利化、等级化

一些毕业生过分强调职业的功利价值，甚至将职业划分为不同等级，而不考虑国家与社会的需要，不愿意到条件比较艰苦的地区和行业去工作。

3. 谋求安稳，求职试图一次到位

很多毕业生喜欢稳定、清闲、福利保障好的单位，希望以此就能选定理想的终身职业，而不愿意选择有风险、有挑战性的职业，更不敢去自己创业。

4. 过分强调专业对口，固守学以致用的观念

在求职时，只要是与自己专业关系不密切的职业就不考虑，这样做只能是人为地增加自己的就业难度。不少学生择业时希望一步到位，然而只有在工作的过程中才能找到最能发挥自己特长的岗位。因此，"先就业，后择业"能让毕业生在工作过程中逐渐找准职业生涯的发展方向，不必计较跨出校门的第一个台阶有多高，不要让"专业对口"和"铁饭碗"的思想束缚了择业范围。

5. 职业意义认识不当

许多大学生从观念上来说，还是仅仅把工作当作一种谋生的手段，没有充分认识到职业对个人发展、社会进步的重要意义。

（四）就业人格缺陷

1. 自我同一性混乱

有许多同学在毕业择业的时候，尚未达成自我同一性。具体来说，对自己的职业目标、需要、价值观以及自身特点等没有明确的认识；在就业时不能正视自己的能力、素质和择业的客观环境，不能对自己有一个客观、清醒、全面的评价。因此，他们在职业选择时往往非常茫然、犹豫不决、反复无常、见异思迁、躁动不安，不能主动、独立地获取职业消息、筛选目标、规划职业生涯，也不能解决就业中的问题，做出正确的决策。自我同一性混乱在就业中的两个突出表现就是盲目从众与依赖心理。

（1）盲目从众　是指在求职中不考虑自己的兴趣、专业等特点，盲目听从或跟随别人的意见以及盲目寻求热门职业的现象。部分高职生不能客观地分析社会的需要，对自己的竞争能力缺乏信心，因而在就业时产生随波逐流的盲从心理。他们在求职择业时，缺乏信心、瞻前顾后、勇气不足、人云亦云，跟着别人走，自己毫无主见。还有的毕业生表现有情绪的极端性，心境受到多重择业因素的困扰，面对现实处境缺乏应有的冷静和自控能力，情绪急躁，盲目攀比，满腹牢骚，求职缺乏计划性，对各种信息常做出不假思索的反应。

（2）依赖心理　是指在就业中不愿承担责任，缺乏独立意识，没有个人独立的决策能力，没有进取精神，只是依赖父母或老师、学校，甚至只等职业送上门而不去积极争取。一些毕业生自己不去找工作，只等着父母和亲朋好友出面四处奔波，到处找关系、托人情，甚至还怀念过去那种统包统分的制度，希望学校解决就业问题。当别人为自己找的工作不合心意时就大发脾气，抱怨父母或学校。还有不少毕业生由家长陪着参加供

需见面会，职业的好坏完全由父母决定，缺乏自主择业的能力。

2. 就业挫折承受力差

许多大学生对求职中的挫折既缺乏估计也缺乏承受能力，不能很好调节自己的心态，也不会通过总结求职中的经验教训来获得下一次的成功。自主择业给大学生提供了就业的自由及通过竞争获得理想职业的机会，应该说这是大多数学生所期望与认可的。但当大学生真正面对激烈的竞争环境时，也有许多人表现出缺乏信心、缺乏勇气，求职时战战兢兢、顾虑重重、畏首畏尾，不敢大胆自荐，结果是有压力没勇气，不能真正向用人单位展现自己的竞争实力，错过机会，在竞争中陷入了不战自败的境地。特别是一些冷门专业或学习成绩不佳的同学就更容易出现不敢竞争、不敢尝试的问题。害怕竞争的保守心理一方面与大学生缺乏社会实践锻炼有关，另一方面更与许多大学生害怕失败，不敢面对就业挫折有关，害怕求职失败遭受打击。

3. 自卑与自大

一些毕业生在求职中常会产生自卑心理，对自己评价偏低，他们总是以为自己的水平比别人差，单位要求很高自己肯定达不到，自己能力不行等。就业中的自卑一般产生于以下一些情况：首先，一些冷门专业的学生看到就业市场适合自己专业的单位少、待遇差或在求职中遭冷遇，就容易悲观失望；其次，一些性格比较内向、不善言辞的大学生看到其他应聘者口若悬河，自己什么也说不出来也会自惭形秽；再次，一些在校成绩与表现一般的大学生看到别人的自荐书上奖励、证书、成果一大堆，自己什么也没有，也容易自我贬低；最后，一些女大学生在求职遭到用人单位的歧视后也会自怨自艾。总之，自卑的大学生不敢正视现实，对自己的长处估计不够，怀疑自己的能力，不善于发现适合自己的职业岗位，在对自己的抱怨、贬低中失去了求职的勇气。

高职生由于社会上大量博士生、硕士生、本科生的竞争以及社会对职业院校毕业生的偏见而产生的自卑心理尤为突出。有自卑心理者可以在求职前进行积极的自我暗示，努力克服自卑心态。

自卑的反面是自大，而且两者有时会相互转化。一些专业较好、就业资本较雄厚的大学生容易从自信变为自负。还有一些大学生脱离实际、盲目自大，他们既缺乏对自己的客观认识，也对就业市场、职业生活缺乏了解，一切都凭自己的主观想象。如有的大学生自以为经过大学几年的学习和锻炼已经满腹经纶，任何工作到手中都可以出色完成，在求职中自觉高人一等、自命不凡、四处吹嘘，但一旦出现变故则容易陷入自卑、自责，一蹶不振。

自卑与自大是大学生身上常见的人格缺陷，在就业中的表现都是对自己缺乏客观的评价，同时对职业缺乏深入的认识。在就业中自卑与自大常存在交织的现象，如一些大学生在求职比较顺利时容易自大，一旦出现挫折就自卑；一些大学生虽然对自身条件比较自卑，但是真正遇到用人单位时却又表现为自大，要价很高。

4. 偏执与人际交往障碍

大学生就业中的偏执心理有不同的表现。

（1）追求公平的偏执　大学生要求公平的竞争环境，对一些不良的社会风气感到气愤是正常的，但有一些大学生表现为对公平的过分偏执，将自己求职中的一切问题都归结于就业市场不公平，以致给自己的整个求职过程都笼罩上了心理阴影。

（2）高择业标准的偏执　大多数毕业生对求职有过高的期望，不过多数人能通过在就业市场的体验，客观地认识和接受当前的就业现状并调整自己的择业标准，但仍有一部分大学生固执己见，偏执地坚持自己原来的择业标准，甚至宁愿不就业也不改变。

（3）对专业对口的偏执　一些大学生在就业时过分追求专业对口，不顾社会需要，无视专业伸缩性、适应性，只要是与专业有一定出入的工作就不问津，只要不能干本专业就不签约，这样就人为地减少了自己就业的机会。

有些大学生缺乏基本的人际交往能力。如有的在求职过程中过于怯懦、紧张，不敢在用人单位面前表现自己，甚至连面试也不敢去，常常一开口就语无伦次；还有的在求职中不会察言观色，不懂得照顾别人的感受，不懂人际交往的基本礼仪。如有位大学生在面试结束时，用人单位的负责人出于客气递给他一支烟，他不仅当即拒绝还气愤地说："我从来都没有这种恶习！"

（五）就业心态问题

1. 过度焦虑与急躁心理

就业时许多大学生是既希望谋求到理想的职业，又担心被用人单位拒之门外，还担心自己在择业上的失误会造成终身遗憾，并对未来的职业生活感到心中无底，因此，在就业过程中存在一定焦虑是正常的。但一些大学生的焦虑过了头，整日都充满了各种不必要的担心，造成精神上的持续紧张不宁、忧心忡忡、烦躁不安、意志消沉，行为上反应迟钝、手忙脚乱、无所适从。还有一些大学生在就业时显得过于急躁，整个就业期情绪始终处于亢奋状态，常常心急如焚、四面出击、东奔西跑，希望尽快找到合适的工作，但又缺乏对就业形势的冷静观察以及对自我求职的理性思考，做了许多吃力不讨好的事。因此常常有一些毕业生在并不完全了解用人单位的情况下就匆匆签约，一旦发现实际情况与自己想象的不一样或发现了更好的工作机会时，又追悔莫及，甚至毁约，给自己带来许多不必要的麻烦与心理困扰。

2. 消极等待与"怀才不遇"心理

与就业时的急躁心理相反的是一些大学生在就业问题上表现得非常消极，平时也不参加招聘会，有单位来就看看，如果不满意就等下去，满意时也不主动争取，抱着"你不要我，是你的损失"的态度，期待着有单位会主动邀请。还有些人这山望着那山高，不肯轻易低就，明明已经找到工作，但拖着不肯签约，总希望有更好的单位出现。另外有些大学生自恃条件很好，认为自己学富五车，可以大有作为，但在择业时却常常要么碰壁，要么对找到的工作不满意，于是经常抱怨无人慧眼识金，抱怨自己运气不好，成天闷闷不乐、怨天尤人。

3. 攀比与嫉妒心理

在求职中，同学之间"追高比低"的现象时有发生。一些同学在求职中经常相互吹嘘自己的职业待遇好、收入高，导致职业期望越来越高，求职变成了自我炫耀。还有些同学看见或听说别人找到了条件优越、效益较好的单位心理上就不平衡，抱着"他能去，我更能去"的心态非要找一个条件更好的单位，而不考虑自身的条件、社会需求特点、职业发展及就业中的机遇因素。一些毕业生对别人所找的工作心存嫉妒，特别是看到自认为条件不如自己的人也能找到很好的工作就更容易出现嫉妒心理，于是有些人故意对别人的工作冷嘲热讽、贬低、讽刺和挖苦，意图打击别人，更有甚者抱着"我得不到，你也别想得到"的畸形心态在用人单位面前造谣中伤、打小报告。

4. 抑郁与逆反心理

在择业中受到挫折后，一些毕业生同学会感到无能为力、失去信心，表现为失落抑郁、不思进取、情绪低落、意志消沉，他们常常会放弃一切积极的求职努力，转而听天由命，严重时还会对外界的环境也漠然置之，减少人际交往，对一切都无所谓，进而导致抑郁症。而另外一部分毕业生，则对正面的职业教育、职业信息存在逆反心理，对来自辅导员、班主任、学校就业指导服务中心以及同学和用人单位的正确信息、善意批评与建议，他们不相信、不听从，偏要对着干，要按自己的一厢情愿去求职。比如当别人为其推荐某工作单位时，总是抱有戒心，别人讲得越多他越不相信；当求职失败时，不总结自己的问题，甚至明明知道自己失败的原因也不改正，在以后的求职中依然我行我素，听不进任何批评与建议。

5. 说谎、侥幸与懒散心理

有些同学认为用人单位不可能去查实每个人的自荐书是否真实，而且在面试时时间比较短、不可能对自己进行全面的考察和了解，只要自己当时充分地表现一下，把工作骗到手，签好协议书就行了。于是，一些毕业生把别人的获奖证书、成果证明等偷梁换柱地复印在自己的自荐书里，而且自己明明没有当什么学生干部，也没有参加什么社会实践活动，也照着别人的写上甚至胡编乱造一番，以致有时在同一家用人单位收到的简历中一个班竟出现了五六个"班长"。还有的大学生在面试时把自己吹得天花乱坠、无所不能，结果经过现场实践考核或试用时就马上露出了原形。有的毕业生签约比较早，往往在离毕业半年前或更长时间就落实了单位，这时就容易出现懒散心理，认为工作单位已定，没有什么可以担心了，可以松口气、歇歇脚了，于是学习上没了动力，组织纪律散漫，考试仅仅追求及格，毕业论文只求通过，甚至长期旷课、上网、夜不归宿。还有极少数大学生因此受到学校的处分，严重的甚至被开除或勒令退学，找到的工作也因此丢了，悔之莫及。

6. 诚信意识和法律意识淡薄

在选择用人单位的过程中，部分学生抱着骑驴找马的心理，即不管用人单位的好坏先签下再说，然后再继续挑选其他单位，一旦发现稍有好点的单位则轻易毁约。有的毕业生虽然在签订协议时是真心诚意的，但在找到更好的单位时又欲毁掉先前已签好的协议。

毕业生一旦与用人单位签订了就业协议书，它就具有了法律效力，毕业生在没有征得原单位或学校就业部门同意的前提下，不得随意单方私自解除协议而更换单位。在求职过程中毕业生要学会运用法律手段来保护自己的合法权益不受侵犯，更要信守诚信原则，尊重与用人单位签订的就业协议书的法律效力。

7. 心理不满与行为、生理反应失常

由于就业市场中确实存在一些不公平现象，以及某些专业、学校不易找工作的客观现实，一些大学生在遇到就业挫折时就容易出现各种不满心理。比如，有些同学认为"学习靠自己，就业靠关系"，还有些同学出现了对专业、学校的抱怨、贬低。在各种不满与不良就业心态的影响下，部分同学还会出现一些不良行为和生理反应。这些不良行为有故意旷课、夜归、喝酒、起哄、闹事、损坏东西、打架对抗、不良交往、行为怪异、过度消费等，严重时还可能导致严重违纪与违法行为的出现。由于心理应激水平高，心理冲突强度大，有的毕业生会出现一些躯体症状，如头痛、头昏、心慌、消化紊乱、神经衰弱、血压升高、身体酸痛、饮食障碍、失眠。行为与生理反应的失常通常是比较严重的就业心理失常的表现，出现这些问题时要及时进行心理调适或寻求心理咨询专家的帮助。

第四节 大学生求职择业过程中的心理调适

情境导入 5-4

情境回放：

某高校中文系的小吴说："我原来就知道努力读书，考试考个高分，现在好像忽然就要毕业了，我们中文系是万金油专业，好像去哪个单位都可以，但自己真不知道该干什么！"在向几家学校、公司、出版社分别投出简历后，小吴选择了一家公司做文职工作。经过一段时间的公司工作，小吴觉得公司的快节奏工作方式并不适合自己，她在工作上提不起激情，心情也很郁闷，多次被部门主管批评。经其师姐提醒点拨，小吴参加了中学语文教师招聘。她觉得自己的个性更适合学校的环境，虽然不是师范专业毕业，但是其学校在当地非常有竞争力，于是她经过努力考取了教师资格证，并通过了中学的招聘考试与面试，成为一名中学教师。

思考与交流：

1. 如何正确地了解自己，发现自己的长处？
2. 发现工作不适合自己时，如何进行就业心理调适？

心理调适是使用心理科学的方法对认知、情绪、意志、意向等心理活动进行调整，以保持或恢复正常状态的实践活动。既可以自己进行心理调适，也适用于帮助别人。自我心理调适是根据自身发展及环境的需要对自己进行的心理控制和调节，从而最大限度地发挥个人潜力，维护心理平衡，消除心理问题。大学生的心理调适能力是指大学生应当具备的一种对自身的心理障碍以及周围环境作出适当调整的心理特征。这种心理特征能使大学生顺利地应对学习、就业过程中所遇到的困难和压力，及时作出与自身角色相适应的调整。

一、大学生就业心理的自我调适

就业本身就是大学生认识和适应社会的一个过程，在求职过程中遇到困难，甚至经过几次挫折才成功是正常的；在就业中遇到许多心理冲突、困惑，产生一些不良情绪也是正常的。遇到就业问题时，要学会调节自己的心态，使自己从容、冷静地面对就业这一人生重大课题，并做出正确、理智的选择。

1. 提高心理承受能力，坦然面对挫折

面对市场竞争、就业压力，大学生的求职总会遇到许多困难、挫折甚至是委屈，如一些专业"热门"，有些则"冷门"；又如女大学生找工作容易受到歧视等。面对这些问题仅抱怨是没有用的，更重要的是调整自我心态，提高自己对各种突发事件的心理承受能力。其实，就业的过程也是大学生重新认识自我、认识社会，并主动调整自我适应社会的过程。如果能通过求职而增强自我心理调节与承受能力，对大学生今后的职业生活也是非常有益的。

在求职中遇到挫折时，要用冷静和坦然的态度待之，客观地分析自己失败的原因，进行正确的归因。首先，在就业市场化、需求形势不佳、就业竞争激烈的条件下，出现求职失败在所难免，不能期望自己每次求职都能成功，要对可能出现的求职挫折有充分的心理准备。同时，应把就业看作是一个很好的认识社会、认识职业生活、适应社会的机会，应通过求职活动来锻炼自己，促进自我成熟。其次，自己求职失败并不一定就是因为自己的能力不行。出现求职失败有许多原因，可能是因为你选择求职单位的方向不对，也可能是因为你的价值观与单位的企业文化不符合，还有可能是其他一些偶然因素。总之，要正确分析自己失败的原因，调整自己的求职策略，学会安慰自己、鼓励自己，以便在下次的求职中获得成功，找到合适的工作。

2. 调整就业心态，促进人格完善

在求职时，自己或身边的同学出现一些不健康的心态是正常的，没有必要过度担心，害怕自己有心理障碍。当然对于这些不良心态也要学会主动调适，必要时还可以寻求有关心理专家的帮助。进行自我心理调适的方法有很多。首先，可以进行积极的自我心理暗示，鼓励自己、相信自己，帮助自己渡过难关。其次，可以向朋友、老师倾诉，寻求他们的安慰与支持。最后，还可以通过体育锻炼、听音乐、郊游等方式转移自己的注意力，排解心中的烦闷，放松自己的心情。

通过对自己在就业时出现的种种不良心态的分析，可以发现自己平时不容易察觉的一些人格缺陷。可以说这些人格缺陷是产生这种就业心理问题的根本原因，要在发现自己问题的基础上，积极改变自己、发展自己，使自己的人格趋向成熟，使自己将来的人生道路更顺利。

> **知识拓展**
>
> **良好心理调适者的一般特征**
>
> 心理调适能力对于每个人来说存在差异。有些人心理调适能力高一些，面对困难和压力，能够应付自如，而有些人的心理调适能力则低一些。一般来说，具有良好的心理调适能力的人具备以下特征。
>
> 1. 心态乐观
>
> 乐观的人更具有自信，能够面对各种挫折和挑战。研究表明，一个心态乐观的人更容易在找工作的过程中及时做好调整，顺利找到工作。
>
> 2. 自觉控制力水平较好
>
> 自觉控制力是指自我对身心主动控制和调节的能力。一个人身心健康时，心理活动就表现为稳定正常，思维流畅，反应良好。如果一个人不能较好地控制自己的情绪和行为，则反映出他的身心健康出现了问题。所以，自觉控制力水平是衡量一个人心理健康水平的重要指标。
>
> 3. 灵活性较强
>
> 心理调适能力较高的人能够积极地投入工作与社会生活，有较强的灵活性和变动性。他们面对压力时不会固守于一种思维模式，能够根据实际情况作出恰当的判断和评价，采取行之有效的应对方式。
>
> 4. 自我效能感较高
>
> 班杜拉对自我效能感的定义为"人们对自身能否利用所拥有的技能去完成某项工作行为的自信程度"。班杜拉认为除了结果期望外，还有一种效能期望。结果期望指的是人对自己的某种行为会导致某一结果的推测。如果有人预测到某一特定行为将会导致特定的结果，那么这一行为就可能被激活和被选择。自我效能感是指个体对自身是否具有胜任某种工作所需能力的信念。对自身能力的主观评估等于或者略高于自己的实际能力，是心理调适能力高的一种表现。

二、大学生心理调适的方法

1. 积极暗示法

心理学上的暗示，是指个人通过语言、形象、想象等形式，对自身施加影响的心理过程。积极的心理暗示能够令我们保持良好心境和乐观情绪，充满自信，从而调动内在因素，发挥主观能动性。在就业时，大学生可以暗示自己，"我很年轻、有专业特长、动手能力强，一定能够找到合适的工作。"

2. 注意力转移法

把注意力从不良情绪转移到其他事情或者从事其他活动的一种自我调节法。当落聘后，可以把注意力转移到自己感兴趣的事情上，如逛街、上网、看电影等，体验积极情绪，以防止不良情绪泛化、蔓延。

3. 自我安慰法

当遇到挫折时,为了防止精神上的痛苦和不安,可以找出一种合乎心理需要的理由来辩解和说明。类似于"酸葡萄原理",如塞翁失马、焉知非福,下一份工作一定比现在的好。

4. 自我激励法

用生活中的榜样事例或者明智的思想观念来激励自己,同不良的情绪做斗争。大学生在择业的过程中,要相信自己的实力,通过不断的自我激励,增强自信心,消除自卑感,保持良好的情绪和心态。

5. 适度宣泄法

当遇到各种矛盾冲突,引起不良情绪时,应尽早进行调整或适度宣泄,使压抑的心境得到缓解和改善。适度地排泄不良情绪,在求职择业过程中十分重要。当求职受挫、心情不好时,可以向同学、朋友、心理咨询师诉说自己的烦恼,或者大哭一场,排解心中的烦闷。

6. 理性情绪疗法

克服过度焦虑的情绪,最根本的办法还是利用艾利斯的理性情绪疗法,用理性认识代替以偏概全等非理性认识,最大限度地减少不合理的信念给情绪带来的不良影响。大学生在求职就业的过程中应树立正确的择业观,正确认识自己,正确认识社会,在双向选择过程中确立自己的职业定位,寻找合适的工作岗位。

自我调适的方法还有很多,如补偿法、升华法、环境调节法、自我静思法、松弛练习法等,这些心理调适的方法需要在具体的求职过程中灵活运用。但最主要的是大学生一定要树立正确的择业观,培养乐观的心态,始终保持积极向上的精神状态和健康心理。

中国的高等教育已经迈进大众化时代,毕业生的就业制度、政策、环境发生了根本的变化,大学毕业生就业的成功与否,不仅取决于其专业能力、道德素养、文化素养等方面,同时也取决于毕业生的就业心理状况和心理调适能力。在激烈的就业竞争面前,一些学生在求职过程中出现了各种各样的心理问题,有的甚至出现严重的心理障碍,这给他们的求职造成了很多障碍。针对毕业生在求职中的各种心理问题,我们要认真分析,找出根源,合理疏导,帮助他们进行心理调适,树立良好的心理素质和就业观,积极做好就业心理准备,及时调整不良的就业心态,这对他们成功就业、适应社会及个人的成长都是十分重要的。

【实践训练 5-1】

自卑心理测试

你是一个自卑的人吗?对下面的问题,请选择你认为适合自己的答案。将你所选择的答案用"√"勾出。凡选"是"的计1分,选"否"的不计分。

(1) 在商店里逛一圈之后什么也没买,你是否会感到内心不安?是□ 否□

（2）听见别人窃窃私语时，你是否经常怀疑别人在谈论自己？是□　否□
（3）见到你所讨厌的人遭到困难，是否觉得心里很愉快？是□　否□
（4）你是否经常羡慕其他人的家庭？是□　否□
（5）你是否会给自己不喜欢的人寄贺卡或送生日礼物？是□　否□
（6）有时并不是你的错，你会不会向别人道歉？是□　否□
（7）当你和别人闹矛盾时，你是否通常责备自己？是□　否□
（8）你是否经常花时间反思过去？是□　否□
（9）你是否尽量不做让别人不高兴的事？是□　否□
（10）你是否觉得一个人独处时心情舒畅快乐？是□　否□
（11）你是否认为你的家人对你失望？是□　否□
（12）你是否不敢在公众场合表达自己的看法？是□　否□
（13）你喜欢和年幼的人一起玩吗？是□　否□
（14）你是否觉得自己渴望与人交往，但又害怕与人交往？是□　否□
（15）你是否讨厌参加集体活动？是□　否□

【实践训练 5-2】

命运在自己手中，而不是在别人嘴里

阅读内容：1995年我就开始讲成功学，做成功训练，那时不知道有多少人给我泼冷水，甚至直接嘲讽说你自己都不成功，凭什么教别人如何成功？我的人生中确实有过不少低潮：曾破产过两次，大学以后大概做过十几种不同的工作——当过大学教师，做过公务员，做过歌厅串场歌手，当过小画匠，管理过菜场，下过农村，开过餐馆，做过流水线工人，搞过装修，搞过房地产，当过推销员……因为珠海创业失利而来到上海，刚来上海的头两年，五次尝试白手创业均告失败……每当低潮来临，每当再遭挫折，我几乎都会抓紧自己的手，暗暗对自己说：命运在自己的手里，而不是在别人的嘴里。真的，很奇怪，每当我把手抓起来的那一刹那，我几乎立即能感觉到内心无限的信心与动力。

阅读并回答：
1. 我是谁？
2. 我想要的是什么？
3. 我凭什么要？
4. 我如何去要？

（施海燕）

第六章

大学生求职技能

【学习目标】
- ◆ **掌握**：面试与笔试中的各种技能。
- ◆ **熟悉**：求职前需准备的材料。
- ◆ **了解**：求职的各种信息渠道。

情境导入 6-1

情境回放：

毕业的大学生一年比一年多，就业一年比一年难。就业，成了大学生一心想要跨过的坎。

在找工作之前，小秦走访了一些校友，向他们了解求职信息、面试技巧等，写出了有自己特色的中英文简历。还通过父母、朋友了解到一些公司企业的进人计划等信息。一方面，小秦在网上投递简历，择取符合自己的职位；另一方面，小秦时常会去招聘会现场投简历。在小秦的电脑里，建立了一个简历投递的文件夹，以职位加日期命名，针对不一样的职位要求，小秦的简历并不千篇一律，而是有针对性地调整。如果他相中的是甲公司的 A 职位，他会从网上寻找该公司 A 职位的要求叙述，整合修改后加到自己的简历中，充实内容。

招聘会现场始终是人山人海，尽管知道就业形势不容乐观，但小秦在投简历时还是有所选择，那就是选自己较有兴趣的职位。小秦认为不加选择地盲目投递，既浪费了自己和用人单位的时间，也阻碍了别人的求职机会，是不可取的。后来在老师的推荐下，小秦得到了一家与自己所学专业相关的公司的面试机会。由于十分在乎这个机会，面试前他比较紧张，但他通过充分准备来化解紧张情绪。他先把"自我介绍"想好；接着，他从互联网上搜索其他人对该公司的评价，如该公司在社会上有哪些新闻、影响等；然后登录公司官网，了解该公司最近招聘什么职位，尽可能全面了解该公司；之后，他准备好面试当天要穿的服装，保证得体大方地参加面试。由于准备较充分，面试过程相当顺利，自信的回答为他加分不少。结果在面试回家的路上，他就接到了这家公司通知报到的电话，开始了实习。

思考与交流：
1. 大学毕业生如何收集并有效利用求职信息？
2. 大学毕业生求职过程中应注意哪些问题？

第一节 大学生求职途径

一、求职途径

现代社会求职途径多种多样，了解并利用好有效途径，成功推销自己，是找到理想职业的必要保障。

（一）推荐

推荐是指通过学校或其他人联系、介绍毕业生给用人单位。推荐就业是毕业生求职的一个重要途径。有关统计资料显示，在毕业生求职择业过程中，通过学校推荐、教师推荐、校友推荐、家长和亲友推荐、毕业生就业服务机构推荐等渠道就业的学生占毕业生总数的80%以上。

学校推荐是所有推荐方式中比较常见的毕业生求职择业途径。学校无论是对用人单位的详细情况、就业信息、职位空缺，还是对毕业生的综合情况，都掌握得比较全面，因而采用这种由学校就业主管部门向用人单位推荐毕业生的方式，具有较大的权威性和可信性，较易得到用人单位的认可。而作为学校，也会千方百计地为毕业生顺利就业提供各种服务。

（二）自荐

自荐就是在了解、认识对方的同时，利用各种途径和方法正确地宣传自己，让用人单位认识自己、了解自己、选择自己，从而实现自身的就业愿望。自荐在很大程度上决定毕业生是否能获得进一步的面试机会。

目前常见的自荐种类可分为口头自荐、电话自荐、书面自荐、广告自荐、网上自荐等。

1. 口头自荐

这种自荐方法要求求职者亲自到用人单位或招聘现场，毛遂自荐，自我展示工作实力。口头自荐的优点是，可直接在招聘者面前展露才华，给人留下深刻印象，甚至现场录取。

2. 电话自荐

电话自荐是指通过电话推荐自己的一种求职方式。在求职过程中，电话自荐起着敲门砖的作用。怎样充分利用短短的通话时间，用最简明扼要的话语清楚地表达自己的求职意愿、展示自己的特长、博取对方的好感来达到求职目的，这涉及一些电话礼仪和电话自荐的技巧问题。

（1）首先要收集想应聘的用人单位的资料。根据单位的需求结合自己情况，有的放矢地设计一份问答小提纲,并演示一遍。

(2) 选择适当的时间。一般情况下,打电话选在每周二、三、四的上午 9:00～10:00 之间比较合适。周一、周五一般不要打电话,接近下班时也不要打电话;否则,因对方忙碌会影响自荐效果。

(3) 打电话之前要调整好自己的心态,不能太紧张。语言要清晰、流畅、明快,说话时要面带微笑,尽管不见面,也能让对方感受到自己的态度。

(4) 自始至终都用礼貌用语表现良好素质和涵养,但不要滥用。需要提示的是,即使对方拒绝了你,你也要对他(她)说声"谢谢"结束。

(5) 电话自荐的主要内容是自我介绍并说明求职意愿。

3. 书面自荐

决定择业成功与否的因素很多,其中择业前有关资料的准备是非常重要的一点。采用书面自荐的材料应包括毕业生就业推荐表,学习成绩单,各种证书,参加社会实践、毕业实习的鉴定材料,有关科研成果证明,在杂志或报刊上发表的文章,推荐、引荐信。

4. 广告自荐

利用报刊、电视等刊登求职广告是一种很好的自荐方法。广告词要写好,注意突出自己的特长,写明自己的条件和要求,语言要简明扼要,精彩有吸引力。在荧屏上展示自己的才华使招聘单位全面了解自己一言一行、一举一动、文化素养等方面。

5. 网络自荐

目前,许多学校的就业指导中心增加了一项新工作——在网络上建站,邀请用人单位在学校网址上发布招聘信息,允许学生随意调阅选择。通过互联网自荐,不但方便快捷,还可以抓住先机,抢先应聘。随着全球信息高速公路的开通,公司招聘、求职自荐将越来越多地利用互联网络。

(三) 竞荐

市场竞荐一般是通过人才招聘会的形式,让用人单位与毕业生直接见面,互相选择,这是就业途径中最为直接、最为常见的一种形式。人才招聘会具有招聘单位多、专业面广、相对集中的特点,它充分体现了人才之间、企业之间相互竞争的特点。

(四) 引荐

1. 教师引荐

教师推荐是毕业生求职择业的重要途径之一。一方面,任课教师对学生或多或少地有所熟悉和了解;另一方面,教师在教学、科研等方面往往与对口的用人单位有着多方面的科研协作关系,教师的推荐意见容易引起用人单位的重视和信任;同时,教师熟悉的单位往往使毕业生能够找到专业对口的岗位,从而使得毕业生就业的成功率增大。

2. 校友引荐

校友与毕业生同出一校,有的是同出一系,甚至是同出一个专业,有着天然的亲近关系。许多校友正在自己所要选择的单位和行业中工作，也有的校友已经担任一定的领导职务。找他们了解信息往往会受到热情接待，也更能了解到许多真实情况。而且，一般来说，这些校友也会非常乐意把自己熟悉的人推荐给单位的人事部门，而单位的人事部门往往也会非常重视他们的推荐。

3. 毕业生就业服务机构引荐

毕业生就业服务机构包括各级毕业生就业主管部门、人才市场、职业介绍中心以及各类人才就业招聘网站等。这些机构掌握着许多地区和用人单位的需求信息，并定期举办各类毕业生就业招聘活动，它们与众多的用人单位建立了密切的联系，对用人单位的情况也比较了解，而且这些机构的推荐对用人单位往往具有一定的权威性。

二、就业信息的整理与使用

（一）就业信息的整理

对于收集到的需求信息，大学生应结合自己的实际情况，加以筛选过滤，去粗取精，有针对性地选用。只有这样，才能使获得的信息具有准确性、全面性和有效性，使之更好地为自己的求职服务。整理就业信息时注意以下六点。

1. 掌握重点

信息可以全面收集，但在比较筛选之后，应把重点信息选出、标明并注意留存，一般信息则仅作参考。

2. 善于对比

当从不同的渠道收集到大量的需求信息后，可用对比鉴别的办法，确定其对自己的用处。

3. 勤于打听

当收集到一些需求信息后，应当通过各种办法，找有关人士打听、了解，以确定信息的可靠程度。

4. 了解透彻

对于重要的信息要顺藤摸瓜、寻根究底，务求了解透彻，不能一知半解。要全面掌握情况，抓住信息的中心内容。

5. 避免盲从

获取用人信息以后，不能一味盲从，那种认为亲友告诉你的信息一定可靠，报刊上传播的信息肯定没问题的想法是不可取的。不要未经筛选就轻率地做出选择，这样有可能会错过良机，耽误时间。

6. 适合自己

一切信息都要用来对照衡量一下，看是否适合自己。千万不要好高骛远，挑选不适合自己的工作岗位。

(二) 就业信息的使用

由于就业信息时效快、数量大、种类多、范围广，大学生在对其使用时必须做到以下三点。

1. 正确选择

择业的成败很大程度上取决于对就业信息如何进行选择。要选择得好，首先，必须能在较短的时间内查阅大量信息，以便从中迅速发现最有用、最重要的信息；其次，要鉴别、判断，善于识别信息的准确性、有效性和可行性。信息在传递过程中由于信息来源和人为的一些因素，难免造成某些信息的失真。这就要求大学生必须通过查询、核实加以修正、充实，使信息具有有效性；同时，必须依据各自实际情况和有关方针政策找到最适合自己的信息，使之更具有针对性。

2. 善于挖掘

许多信息的价值往往不是直观的，必须经过深入思考，加以引证才能发现。正如常说的那样：信息的价值用则有，不用则无。所以，大学生获得一定量的就业信息时就必须善于利用，否则将一无所获。

3. 迅速反馈

信息有很强的时效性，及时用之是财富，过期不用是废品。当收集到广泛的信息并加以分析处理后，应尽早决断并向用人单位反馈信息。

第二节　大学生求职技能

一、自我推销

(一) 自我推销及其要则

1. 自我推销的含义

从本质上讲，人的一生就是不断改造和丰富自我，并不断被人接纳的过程。从这个意义上讲，人的一生很大程度上就是一个自我推销的过程。这里讲的自我推销，是求职中的自我推销，就是毕业生通过自我介绍，向用人单位宣传自我，展示自我，从而使用人单位了解自己，认识自己和选择自己，达到求职录用的目的。自我推销是最有竞争性和技巧性的个人择业形式。在现实生活中，人人都想进入心目中理想的用人单位工作，但是，有的人成功了，有的人失败了，成功和失败除了内在素质和机遇之外，一个很重要的原因就是是否会推销自己。善于推销自我，乃是获得成功就业的重要因素。

2. 成功的自我推销

要成功地推销自己，获得用人单位的认可和接纳，必须要注意以下几点。

（1）有自信心　自信是成功的第一要诀。所谓自信，就是自己相信自己，相信自己的能力，相信自己的水平，相信自己能适应未来的工作。自信是敢于推销自己的心理基础。自信是一个人格健全的人必备的素质，它是前进的动力、成功的保证。凡是事业上有所成就的人，尽管自己的出身、学历、经历、思想、性格、处境等不同，但他们都对自己的才能、事业和追求充满信心。但自信是以真才实学为基础的，只有具有真才实学的人，才能敢于推销自己。

（2）了解对方　要了解对方，就要认真调查研究，从各方面了解招聘单位的情况，做到心中有数，即所谓的"知彼知己"。了解对方，可以到在该单位供职的朋友和熟人处了解，也可以从电视、广播、报纸、杂志或该单位的出版物等间接了解。要对对方企业的文化、规模、管理水平、经济效益、社会效益等有基本的认识，然后再与人事部门或有关领导面谈。某毕业生，她对想去的公司作了极为细致的调查，当她在面试中被要求回答"我公司在社会上的知名度如何"的问题时，便脱口说出了公司主要人员姓名、业务情况、典型服务项目及有关资料，此回答令人事主管部门非常赏识，因此这家公司果断地录用了她。推销自己就像在做生意，既然是做生意，那么就要以消费者为导向，所以推销自己不能以自己为导向，应该以对方为导向，即以用人者为导向。在推销自己的时候，注重的应该是用人者的需要和感受，只有针对他们的需要和感受才能取信于对方，被用人者所接受。

（3）注意形象　目前大学生求职应聘，大多已重视自我"包装"。爱美之心，人皆有之，"人靠衣装马靠鞍"，一个不修边幅的人是不会受人欢迎的。学会"包装"，功在平时，广大毕业生只有将"内功"与"外功"结合起来，才能有更强的择业竞争能力。

（4）尊重对方　尊重对方体现了一个人的文明素养和礼貌，也是最实际最有效的自我推销。见到用人单位的领导主动打招呼，作自我介绍，并说明来意。如果约对方面谈，应说"对不起，打扰你了"，以表示歉意；如果是对方约你面谈面试，则说："谢谢你给了我这样一个机会。"递材料时，应轻轻端起，微微欠身，双手递上；回答对方提问时，口齿要清楚，声音不要太大或太小，答话要简练、完整，但也不能简单地说"是"或"不"。说话时不要东张西望，左顾右盼，显得漫不经心，眼睛要适时地注视对方，目光不能过高或过低，不能不停地晃动身子或用眼睛瞟对方桌上的材料；不要打断对方的讲话，如果用人单位代表谈话冗长或多次重复，也不要表现出不耐烦，而应耐心倾听，从而体现出对用人单位的尊重。对于对方问的问题，要一一回答；如不能回答某一问题，应如实告诉对方："对不起，这件事我不知道"，"请原谅，这个问题我没有考虑过"，"不好意思，这一专业名词不在我的专业理论范围之内，我不熟悉"，绝不能不懂装懂、含糊其辞或胡讲乱侃；对对方谈话要认真聆听并用点头等形式作出适度反应，对幽默的话可用适度的笑声增添气氛，对方讲到严肃处，应全神贯注，强化气氛。当用人单位表态可以接收时，要向对方表示感谢，并表示今后好好工作，为单位的发展尽心尽力；如用人单位没有当场表态接收，可能还有问题未搞清或要进一步考察和研究，就不要让对方马上表态；如果对方表示不能接收，这也是正常现象，要泰然处之，不要失态，更不要当场说气话，相反，要表示理解对方，以显示自己的修养。当然，还有一种情况，通过与用人单位接触，用人单位比较满意，表示愿意接收，但由于某种主观或客观原因，求职者却不想去，那也要实事求是地向对方说明，用真诚去换取用人单位的谅解。

（5）积极主动　应做到：不等对方索要材料，主动呈交；不等对方提问，主动向对方介绍；不消极等待回音，主动询问。这样往往给人一种"求职积极，态度诚恳，胸有成竹"的感觉。

（6）重点突出　在介绍自己的情况时，要重点突出自己的能力和知识。可以详细介绍自己的专长、经验、能力、兴趣等，本人和家庭情况简单介绍即可。为了取得对方的信任，有时还要举例说明。比如，在大学学习期间发表的论文、获得的奖励、承担的社会工作或某些工作经验、社会阅历等。

（7）如实全面　在介绍自己各方面情况时一定要实事求是，优点不夸大，缺点不掩饰，尤其是在介绍自己以往学习、工作上取得的成绩时，一定要恰如其分，否则，效果将适得其反。同时，自荐材料要全面、完整，切忌丢三落四；个人基本情况、社会关系、工作简历、学习成绩、特长及爱好，不能缺少其中任何一项，否则会有不全面的感觉。自荐信、推荐表、个人简历、证明材料一应俱全，才能给用人单位以系统全面的整体印象。

（8）有的放矢　针对用人单位的具体要求，强调自己的社会经验和专业特长，这样才能使招聘者相信自己就是最理想的应聘者。当然，强调针对性的同时，也不能抹杀相关知识才能的作用。专业特长加上广泛的知识面和兴趣爱好会更受用人单位的青睐。

（二）自我推销的方法

1. 人际推销

进行自我推销，建立关系网络乃是最有效的方法。采用这种方法就要把自己的意愿透露给相关人员，如亲戚、朋友、师长、父母的同事、上级领导等，并同他们保持良好的联系，找适当机会婉转地向他们提供自己目前的情况和想法，询问他们对找工作的看法，提请他们的帮助。在网络推销中，要在利用旧的网络关系的同时，注意不断发展和建立新的网络关系，以扩大本身的影响力。建立网络关系，不要眼睛只盯着上层，有时与中下层的联系也会出其不意地使自己得到帮助。

2. 网上推销

网上推销是随着计算机网络的兴起而诞生的一种新的求职方法。它除了可节省一大笔打印、印刷自荐书的费用，不再有奔波于不同单位之间的劳苦外，更主要是查询方便，信息量大，选择面广，不受时间、地点的限制。现在许多用人单位都有自己的网站，毕业生可以从网站上了解用人单位的发展动态、招聘信息。特别是近两年教育部和各省市就业指导部门都陆续开出了就业网站，为各类毕业生和求职者提供了快捷的就业信息通道。毕业生不妨经常查阅这类网站，以寻找到合适自己的就业岗位。同时，毕业生也可制作自己的求职网页，主动为用人单位提供信息，这也是求职推销的一个渠道。

3. 信函推销

信函推销是一种常见的自我推销的方法，其特点是简便、直接，有利于用人单位对自己的全面了解。信函推销最重要的是写好一份能打开用人单位应聘"大门"的求职信，同时准备好能说明自己能力、水平的相关资料，如简历、有关成绩证明材料、获奖证书（复印件）等，使用人单位对自己有一个比较全面的认识。求职信最好打印或用黑色或蓝黑墨水书写，以示郑重，同时最好翻译成英文，以示英语水平。信封和信纸不要选用有单位名称的，如果在信封上动一点脑筋，有时会收到出其不意的效果。

4. 广告推销

广告推销也是一种有效的方法。这种方法就是利用报纸的求职专版提供自己的信息，它的好处是针对性强，目标明确。但报纸求职往往在同一版面上人数较多，求职者的竞争比较激烈。

5. 电话推销

电话推销是一种最为快捷的方法。电话打得好与坏，效果直接明显，因此一定要注意打电话的技巧。一是打电话的时间要选准，不要太早也不要太晚，一般不要打到对方家里；二是要礼貌用语，声音不要做作，吐字要准确清楚，声音和语速要适当；三是交流、询问什么问题，一定要事先想好，记下要点顺序，以免通话时颠三倒四和遗忘；四是在电话里不要对具体问题强求对方马上给予答复，预约面谈时间，最好让对方先定，尊重对方的意见。

6. 行为推销

用自己良好的行为推销自己是最好的方法。某职业技术学院有位计算机应用专业的毕业生到一家电脑公司应聘，在众多的应聘者中并不显露，此时，公司的一台电脑正好出了故障，他自告奋勇，在很短时间里排除了故障。于是，无需多言，公司马上录用了他。有位毕业生到一家公司应聘，没有被录用，于是，他找到公司主管，请求到公司来锻炼，不挣工资，只是为了学习。公司给他安排了一份临时工作，他抓住了这个机会，虚心求学，认真工作，每天总是第一个到公司上班，打扫卫生，做好各项上班的准备。安排的各项具体工作也都尽力尽责地完成。一个月下来，公司领导和同事对他工作非常满意，于是，公司和他签订了正式合同，他如愿以偿。

7. 直接面对招聘推销

主要是直接面对人才市场和招聘会，也包括登门自荐和学校推荐的面试，这种直接面对的招聘，可以和用人单位直接面对面对话，减少中间环节，成功率较高。

（三）自我推销的策略

1. 自荐要出新

求职者应认真设计一段精彩的自荐词，自荐词要突出个人的风格。独特的风格能使自己出类拔萃，是自己经验和感受的结晶，也是引起别人注意和重视的快捷方式。某高职生十分向往的岗位只招聘一人，但他在应聘者的长队中却排在第 26 位，完全可能连和招聘者打个照面的机会都没有。他急中生智马上写了封短信，托门卫带给了招聘者。信是这样写的："先生，在见到第 26 名应聘者之前，请不要轻率做出决定。"最后凭借优秀的表现,他被选中了,但不能说他"开了后门"。

2. 自荐要精当

简历中要准确地列出自己的情况,对自己作一个明确的自我描述。不要怕别人说自己骄傲,但应该客观真实,可验证。一定要写清楚个人的特长,如适应性强,守纪律,做事有恒心,思维活跃,善于交际,自信等,使对方一目了然。在求职中,尽可能把成功的例子表现出来。如果自己曾成功地主持一项活动,就应该将新闻图片拿出来,还应该附以简短的文字,说明该活动的特点、背景及社会、经济效益。通常,视觉效应比语言说明更深刻,更具有持久的效果。在简历中可列出个人全部重要经历以及值得一提的关键点,如工作经验、成绩、所获得的奖励等。但篇幅不宜过长,因为招聘工作繁忙,不可能用很多时间阅览。同时篇幅过长还会使自己想说的重点在对方心目中得不到凸显,所以写简历一般不超过两页纸。写好的简历要打印或自书漂亮规范的黑体楷书,给人以严谨、庄重、质朴的感受,还要注明电话号码及通信处、工作目标、可变通的愿望等。

3. 礼仪要周到

衣冠整洁大方,充满朝气是青年学生的风貌,也是用人单位的选才标准之一。注重仪表,讲究风度,这不仅是对别人的尊重,同时也是对自己的尊重。以整洁悦目的良好形象出现在别人面前,会给人以快感和好印象,而且自己也因此感到快乐和自信。如果脸色蜡黄、衣履不整、须发蓬乱,那么就等于向对方表示自己是人生的失败者。如此,对方对自己的印象必然不佳。进门时,无论门是虚掩着,还是开着,应先敲敲门,询问一下"我可以进来吗?"得到允许后方可推门而入。落座时也是这样,应先问一下"我可以坐吗?"这可表现你对对方的礼貌和尊重。在会见主试者时,可以自然大方地作一下自我介绍。自我介绍时必须充满自信,清晰地报出自己的姓名,简练流畅地介绍一下自己的基本情况。如果能表现出自信,对方一定会对你产生好感,而喏喏嚅嚅的介绍,会让人感到你不能把握自己。交谈时,眼睛要正视对方,以示尊重。眼光不要游移不定,以免让人觉得玩世不恭和轻视不屑;眼光也不要总是冲上或向下,生怕与对方目光交流。注意坐姿,举止不要僵硬拘束,要从容自然。跷二郎腿、坐立不安、晃动腿脚、抓耳挠腮等不雅的动作,应是绝对予以避免的。坐在软椅或沙发上时,尽量控制自己不塌陷下去。与主试者的谈话距离要远近适宜。太近会唾液横飞,让人生厌;太远会使人感到有些生疏。话语要适中,话太多,给人以过于自我为中心的印象;太少,则示以懦弱和缺乏自信。对主试者的话,要听完再说,不要抢话。告辞时,要面带微笑,站起身来,主动与主试者握手,并感谢对方给了这样一个机会,然后再离去。

4. 心态要调适好

求职者需要有足够的从容度,从容就是面对现实能潇洒自如地把握自己的一种心理素质。它能全面地调动人的思维活动,充分地发挥人的聪明才智。因此,具有从容品质的人,对周围事物能作出敏捷的反应并驾驭自如,既给人带来愉快,又使自己洒脱。然而令人遗憾的是,在求职中有些人显得紧张,紧张的由来往往是想追求一种自命不凡的架势,结果窘态百出,既使人轻蔑,又使自己很累,甚至有时还不知所措。由此可见，多数的紧张来自对自己不切实际的估计，如果在真实水准上泰然自若地表现自我，不矫揉造作，"我就是我"，这样从容就会自然产生，就能镇定自如地应付求职了。

5. 要有坚韧不拔的毅力

在求职和自我推销过程中，往往会经常碰壁，遭受挫折，有的毕业生为此一蹶不振，十分灰心。要知道，在求职和自我推销中碰壁，这是正常的。即使是著名的科学家爱因斯坦，大学毕业后的求职经历也是历经坎坷。爱因斯坦1879年出生于德国的一个犹太人家庭，他家境贫寒，依靠舅舅的支持，以优异的成绩毕业于苏黎世工业大学。大学毕业后，爱因斯坦曾想留校任教，但他在读书期间不修边幅、个性倔强，不善于交际，又不懂得跟教授们搞好关系，有哪位教授愿意推荐他留校呢？大学毕业等于失业，这使爱因斯坦几乎跌到了人生的低谷。绝望之余，他竟然异想天开，向德国伟大的化学家奥斯特瓦尔德写信求助，但杳无音信，这使爱因斯坦非常失望。无奈中，爱因斯坦又向荷兰莱顿大学的诺贝尔物理学奖获得者昂内斯教授求助，寄上论文和明信片，可又杳无音信。爱因斯坦的父亲同情儿子的处境，出于父爱，也给奥斯特瓦尔德写信，谋求一个助教的职位，但仍然没有收到任何回信。后经大学同学的推荐，爱因斯坦到瑞士伯尔尼专利局当三级技术审查员。就是这位专利局的三级技术审查员，后来提出了惊世骇俗的相对论和光子理论，并于1921年获得诺贝尔物理学奖，成为可以跟哥白尼、牛顿等相提并论的世界上最伟大的科学家。

二、准备求职材料

（一）求职简历

情境导入 6-2

情境回放：

家住南京的小黄希望毕业后回南京工作，而学校地处徐州，于是，他萌生了在网上试试看的想法。

按照网站上规定的格式，小黄填写了一些个人基本信息。他说："网上求职不是面对面的交流，招聘单位只能从简历获得对求职者的第一印象，然后才谈得上面试或录用。我就读的学校不是名牌重点院校，但我的优点是动手能力强、做事认真，而且我还当过学生会干部，具备较强的组织能力。我把这些优点全都写在简历中，可能会引起招聘单位的注意。"

小黄的简历在网上挂了一段时间，但很少有人问津。他又试着给几家公司发过邮件，也是石沉大海，没有回音。

思考与交流：

1. 小黄向用人单位投递的简历为什么很少有人问津？
2. 写简历是求职中的重要一步，什么样的简历才是出色的简历？

一份好的简历意味着求职成功的一半。

1. 简历的写作原则

（1）真实　真实是简历最基本的要求，诚实的记录和描述能够使阅读者产生信任感。一些学生为了达到较好的包装效果，故意遗漏某一段经历，造成履历不连贯或对经历夸大其词、弄虚作假，很容易被阅历丰富的人事主管识破。费尽心机修饰而与事实不符的简历，经不起面试的考验。

（2）完整　完整、全面不是面面俱到，不分主次。要根据企业和职位的要求，巧妙突出自己的优势，给用人单位留下鲜明深刻的印象，使一个陌生人在很短的时间内了解到个人的基本情况。通常一份毕业生简历应当包括：姓名、年龄、性别、家庭住址及户口所在地、联系方式、求职意向、教育背景及学历、专业、外语水平、电脑水平、实践经历、实习经历、特长、爱好、自我评价，以及其他重要或特殊的对求职有价值的经历等。

（3）简洁　招聘人员要面对大量的求职简历，在阅读和筛选时，平均每份简历所用的时间不超过一分钟。对于应届毕业生的简历，最好是简洁、清晰，篇幅不超过两页纸。言简意赅、流畅简练、令人一目了然的简历，是最受欢迎的。撰写简历前应根据不同的单位、职位和要求进行必要的分析，突出重点、有针对性地设计简历。

（4）规范　行文要准确、规范。作为实用性文体，简历句式以短句为好，文风要平实、稳重，以叙述、说明为主，不可动辄引经据典、抒情议论。不要使用拗口的语句和生僻的字词，更不要有病句、错别字。英文简历的撰写要特别注意，不要出现拼写和语法错误。有些同学写简历时喜欢使用一些文学性的修饰语，例如"大学毕业，我毅然走上工作岗位"，"而今大学毕业，我热切期待着一个大展宏图、创造辉煌未来的良机"之类的口号，这样的内容只能让人觉得空洞。

（5）美观　一份好的简历，版面设计也是一个非常重要的因素，是真正的"第一印象"。基本要求是条理清晰、标志明显，段落不要过长，字体大小适中，排版端庄美观、疏密得当。不要为了节省纸张而排得密集局促，令人看得吃力，也不要某页纸上只有几行字，留下大片空白，还要注意版面不要太花哨。有的毕业生喜欢在简历上画一些图案或使用一些色彩，除应聘设计类或教学类特别的职位外，这样的简历会让人感到缺少基本的职业素养。简历要写出类似公函的风格。

（6）诚恳　行文中所表现出的语气要遵循诚恳、谦虚、自信、礼貌的原则。陈述时既不妄自尊大也不妄自菲薄，要客观评价自己的优势又避免夸夸其谈，客观陈述自己尚未参加工作，在工作经验方面有些不足，反而更能赢得好感。

2. 简历的完整结构

（1）基本情况介绍　基本情况包括姓名、年龄、性别、民族、住址、联系方式、政治面貌、户口所在地等。注意一定要保证电话或其他联系方式的准确和畅通，以免错过好的机会。

（2）自我评价和求职意向　自我评价要符合职位要求，求职意向与所应聘的职位是一致的。

（3）教育背景　对没有工作经验的应届毕业生来说，写完基本情况和求职意向就可以接着写教育背景。内容包括学校的名称、学习的时间、所学专业和主要课程、学历和学位等。

（4）培训经历　写出参加过哪些培训，最好与所应聘的职业有关，如果没有，可以不写。

（5）实践经验　写出在校期间参加各种实践活动的经历，如在校时担任过哪些职务、是否参加过志愿者工作、做过哪些兼职工作等，这些经历能很好地说明你具备相关的工作能力。这对没有正式参加工作的大学生来说是非常重要的，可以视为工作经验。

（6）所获荣誉　列举在校期间获得的荣誉包括获得奖学金的情况。如果没有，这一部分可以不写。

（7）所获证书　除学历和学位证书之外的证书，如大学英语等级证书、计算机等级证书、从业资格证书等。

（8）爱好特长　可以写关于运动、艺术、技能等多方面的内容，但要具体，不要泛泛而谈。如"擅长运动"，可以具体写成"擅长长跑、羽毛球"等。

3. 简历的有效投递

是否能获得面试机会，除了简历质量的影响外，简历投递的方式方法对求职成功也有不小的影响。简历投递的途径主要有现场投递和网络投递。

（1）现场投递　一般企业不接受求职者的上门拜访。现场投递最常见的方式就是人才招聘会。简历投递前要仔细检查各项信息的完整性，不要忘了贴照片、附上相关证明资料等。现场投递时还应注意，不要盲目乱投简历。有些毕业生不管企业招不招应届生，放下简历就走，是不明智的。大部分人事主管会对在招聘会上收集到的简历，当场做一个简单的区分，哪些是要尽快约见的，哪些是予以考虑的，哪些是不予考虑的。如果放下简历转身就走，这样的简历会被人事主管放在不予考虑的一类。因此，投递完简历就要争取和现场的招聘人员做一下简单的交流，留下一个好的印象，这样才有可能争取到面试的机会。

（2）网络投递　网络投递也是最常见的投递方法，可以从知名的大型招聘网上投递，也可以上专场网络招聘会，还可以直接向用人单位的网站或邮箱投递。有的同学在网上投几百上千封简历都石沉大海，有的同学投出为数不多的几份简历就有面试通知，所以网络投递是需要技巧的。

① 要有的放矢。首先仔细浏览招聘单位的简介、招聘职位的要求、信息发布的时间、有效期等。掌握了这些真实的情况后，再结合自己的实际情况决定投递简历。用人单位发布招聘信息的第一时间是投递的最佳时间。

② 不要向同一家单位申请多个职位。招聘主管不会因为你申请了多个职位而认为你什么都能干，相反，他会认为你没有目标，只是盲目地乱投简历。

③ 按招聘单位的要求投递简历。有的单位对简历格式、附件都做了特别的要求，如果没有按招聘单位的要求去做，简历再精彩也会被直接删除而错过机会。

④ 电子邮件的主题要醒目。如果没有特殊要求，一般情况下可写"×××应聘××职位"，千万不要空着。

⑤ 将简历存在各大招聘网站上。凡是使用网络招聘的单位，都会主动到网站上搜索所需的人才，当他们需要你这个专业的应届毕业生时，就能搜到你的简历并主动跟你联系。

⑥ 做好投递记录。很多人投递简历像天女散花一样不计其数，当有一家公司通知面试时，却半天也想不起来是哪家公司。这会让招聘单位觉得你不重视这个机会，对你的印象大打折扣。建议做一个投递信息的记录，以免张冠李戴。

知识拓展

个性化简历创新之道

在各种简历模板的约束下，许多简历失去了个性，被招聘人员扔进了垃圾筐。只有个性突出、特征鲜明的简历，才更容易吸引招聘主管的眼球。

创新方法一：为目标企业量身定做

认真分析所应聘企业的情况，研究招聘主管的心理愿望，再结合自己的情况写简历。在你的简历中出现招聘主管最想看到的几个要素，是最容易打动人心的个性化简历。

创新方法二：结合应聘岗位来创意

简历应从求职者应聘岗位需要的职业技能和职业修养的角度进行创新。例：小李想应聘某公司的网站设计工作，他仔细了解该公司和该职位的要求后，发现公司正在对原网站进行改版。他利用自己所掌握的专业知识，提出了网站改版的思路，并精心设计了网页。当招聘人员看到这样的简历时，很快判断出小李具备所应聘岗位要求的能力、水平和职业意识，马上拿起电话通知他前来面试。

创新方法三：从所学专业上创新

专业有其专业特点和专业语言，从专业角度进行求职简历创新，可以通过简历体现专业素养。例：小张是会计专业毕业生，在应聘某公司财务人员时，他把求职简历做成了一份会计报表。对于招聘主管而言，看到这样的简历，首先不会怀疑小张的专业能力和修养，其次面对每天千篇一律的求职简历，突然看到这份令人耳目一新的简历，马上约见就不足为奇了。

（二）求职信

求职信的作用不仅可以吸引招聘主管的目光，还可以大大提高求职的成功率。

1. 求职信内容

① 写求职信的缘由。从何处得悉招聘信息、申请目的、加入用人单位的原因、申请的职位。

② 自我介绍。说明为什么适合所申请的职位，提出你能为未来的用人单位做什么。

③ 简明突出相关实力，即你为什么比别人更适合这个职位。

④ 简述你所受过的教育、培训、技能和成就。

⑤ 要明确表示你希望获得面谈的机会,以及你希望获得某项工作或职务的强烈愿望,这实际上才是你写这封求职信的目的。同时留下你的联系方式,以便对方随时和你联系。

⑥ 最后别忘了对阅读者表示感谢,这是基本礼仪。

2. 写求职信的注意事项

① 篇幅一定要简短,内容紧扣所应聘职位和你的核心优势。

② 言简意赅,切忌面面俱到。

③ 求职信要精雕细琢,忌有文字、语法上的错误。

④ 写求职信要谦虚、谨慎,忌过分吹嘘。

(三) 求职材料

求职材料是用来向用人单位介绍本人的基本情况和全面反映大学阶段自己在德、智、体等诸方面情况的。求职材料一般应包括以下几方面的内容。

1. 学校推荐表或推荐信

一般由学生所在院系填写推荐意见,因为组织对你的全面评价,招聘单位一般是比较重视的。

2. 学习成绩单

这是反映毕业生大学学习成绩的证明,成绩单要由学校或系(部)成绩管理部门统一填写,并加盖公章。

3. 各种证书

如外语、计算机等级证书,各种荣誉证书,所获奖学金以及各类竞赛的证书或驾照,以及社会实践活动积极分子、积极参加文体活动所获得的奖励或证书等。

4. 参加社会实践、毕业实习的鉴定材料

在学习期间参加的各种社会实践及其履历证明,实习单位的实习鉴定等材料是证明自己工作经验的最佳材料。

5. 成果证明材料

成果证明材料指的是获得的发明专利证书或正在申请的专利材料,在报纸杂志上发表的文章、论文,出版的专著或读物,有一定价值的调查报告,以及参与并完成的科研工作的证明材料等。

6. 推荐信

如果老师或企业领导愿意推荐的话,是最好不过的了。一般来说,这些推荐材料比自我介绍效果要好得多。

7. 英文简历

对于即将毕业又想应聘外企的大学生,英文简历通常能体现求职者的综合素质和能力。下面是英文简历的几点写作技巧。

（1）教育背景是英文简历的重要内容　撰写时应将最近的学历放在最前面，时间要倒序；学校名称大写并加粗，便于招聘主管迅速识别；地名向右对齐，全部大写并加粗，国内地名后别忘了写"中国"。另外，担任过学生干部，只写职务即可；如参加过社团协会，应写明职务和社团名称，不必写出工作详情，留在工作经历中写；奖学金可用一句话概括。

（2）个人资料真实具体　个人资料是向面试官展示自我真实情况的一部分，能增强面试官对求职者的了解和信任。所填内容一定要真实，不然一旦被面试官发现，他会认为你是在撒谎，甚至会否定掉你的所有优点。

（3）工作经历多用点句　工作内容部分要用点句，避免用大段文字。点句的长度以一行为宜，最多不要超过两行；句数以三到五句为佳，最多不超过八句。应注意少用"我"，正规简历多以动词开头。

三、面试与笔试

情境导入 6-3

情境回放：
"见了面试官，如履薄冰，手脚不知往哪儿放，头不敢抬，眼睛也不敢看人，低着头在那儿等过关，本来平时都能回答的问题，面试的时候脑子一片空白，还出现答非所问的现象。"性格腼腆的小江，每次去应聘，都是输在面试上，每次回来都懊恼不已，自惭形秽。越是这样，就越是影响到她下一次面试的心态。随着面试失败次数的增多，小江不知不觉就产生了自卑心理，慢慢失去了信心，甚至不敢再投简历。

思考与交流：
请分析小江总是败在面试上的原因，如果你是小江的好朋友，该如何给她支招？

（一）面试

面试是通向求职成功的"敲门砖"，它不仅是大学生充分展现自我、成功推销自我的关键环节，也是深入了解应聘单位的一次机会。大学生必须充分认识面试的重要性，认真准备，应对挑战。

1. 面试前的准备工作

面试就像一次登台表演，"台上十分钟，台下十年功"，要想抓住机会，得偿所愿，就必须做好充分准备，成功总是眷顾那些有准备的人。应聘者要以最好的状态，用最好的形式，把最拿手的好戏呈现给挑剔的观众，要想博得满堂的喝彩，平时就要"曲不离口，拳不离手"，做到有艺在身，有备而来。

面试准备有四大方面：信息准备、形象准备、状态准备和答案准备。所有的准备都为了一个目标：以最好的表现留下最好的印象，从而赢得工作机会。

（1）信息准备

① 了解单位和职位。面试前全面地调查单位，面试时胸有成竹地谈论单位，能充分表现出你对该单位的重视和热情，给面试官留下"做得好"、"待得住"的印象。通过公司网站、行业网站、招聘宣讲会、经验交流、实地参观等各种方式，尽可能多地搜集有关单位的信息，包括单位的名称、性质、业务、规模、主导产品和服务、地位和经营状况、理念和文化风格、目标和发展方向、竞争对手和竞争优势、面临的主要挑战和问题等。如果公司有面向大众开放的商店、办事处、展厅、营业点等，至少要去其中一个地方看看，最好能产生一些交互行为，这对于市场销售类职位尤为重要。再次读一遍招聘广告，逐词逐句分析。搜集其他公司类似职位的广告作为对比，找出关于应聘职位的信息，包括职位名称、备选职位、职位任务、工作强度、工作方式、职位要求的知识、职位要求的经验、职位要求的素质、职位的薪水待遇水平以及其他广告用词的含义等。针对单位信息、职位信息、预期问题，准备好对应的简历、求职信、文凭、成绩单、证书、照片、身份证件、荣誉证明、作品等必备材料。记住，一定要带上足够份数的简历，不要以为单位已经有了你的简历，就不需要带了。如果到了现场，你让某个面试官自己去打印简历，那就麻烦了。另外，要记得带上一本比较正式的笔记本和一支好用的笔，以便随时做记录。最后要问一问自己，我对招聘过程清楚吗？是否还有其他要做的准备？如果不清楚，应立即打电话咨询一下招聘单位。

② 掌握路线，避免迟到。面试迟到是绝对不应该发生的事情。面试迟到，会造成"不重视该公司和职位"、"不知轻重"、"不会安排时间"、"无诚意"、"不守约"、"不礼貌"等不好的印象。因此，一定要记好公司地址、联系方式、联系人、行车路线。预备两套方案，预留比行程多50%的时间，宁可提前许多，也不能迟到。在行程中如果发生意外，有可能迟到，应该果断更换方式，比如打车。如果过早到了，不要立即坐到接待室，那样会让人觉得你过于焦虑，可以到咖啡馆休息一下，带一份报纸看看，但还是要保证提前10分钟到场。万一要迟到，一定要尽早告知对方，并给出一个合理的解释。

（2）形象准备　以貌取人是人的天性，在初次见面的5~10分钟内，面试官就会产生对你的第一印象。随后的交流会依此展开，你可能没有机会改变人家的印象。为了不让形象掩盖住自己的才华和愿望，一定要对自己的形象做仔细的检查和装扮。很多学生，特别是技术、艺术、文学类学生，喜欢表现"真我"，以自己平时的状况去应试。其实，包括面试官，谁都知道在面试时的打扮未必是平时的打扮，问题是面试是正式场合。"真我"是什么？就是最好的自己！面试官想看到的就是一个人最好的精神面貌，他们希望找到的就是一个感觉良好、状况良好、充满活力、精力充沛的新员工。

一个公开的秘密是：面试官就喜欢招自己喜欢的人。所以，你得招人喜欢，至少不要招人嫌弃。在不同的行业、职业和企业文化下，具体的形象要求是不一样的。大多数单位喜欢西装革履式的职业化形象；有些行业和单位，例如外企，可能会喜欢有活力、略带时尚或潇洒意味的形象。在面试前，应该及早了解他们的形象标准，以便有充分的时间准备，但无论哪一种风格，以下标准是共同的：一是打扮合乎主流而不是合乎潮流，奇装异服的风险很大；二是打扮应该干净、整齐、得体、大方，蓬头垢面、气味难闻、鞋带泥灰、邋里邋遢、衣着不合体、不合时都犯忌讳；三是如果不能断定企业文化倾向，男生应着深色西装，女生应着正式套装，但衣饰不可过于严肃、艳丽或奢华，总体目标是让人亲近喜爱，避免疏远厌恶；四是打扮反映出的精神面貌应该是干练、稳重、活跃，举止姿态要显得健康、沉稳、自信、从容、礼貌。

(3) 状态准备　忽然和一个陌生人作一次正式、严肃、似乎是决定命运的交流，难免让人心潮起伏，紧张不安。面试前应克服以下不良心态。

① 自卑。一些同学感到自卑，并罗列出一大堆不利的理由：学校不好、学历低、专业不对口、成绩不够好、没有干部经历、社会实践少、没有本地户口、农村长大、见世面少等。其实，大学生自己的评价标准、甚至是社会普遍的评价标准，与单位对人的评价标准差别往往是很大的。对于自卑的学生而言，他的实际情况往往要比他自己的感觉要好得多，是一种自我否定的力量抑制了个人良好状态的正常发挥。大学生一定要记住：你向人推销的不是你的过去，而是你的未来！过去不精彩不要紧，重要的是未来你能不能给单位带来价值。在面试前想象自己在理想状态下，在该单位会如何做事、如何创造业绩、如何做人、如何发展、如何给公司创造价值。当想清楚这些的时候，你就可以信心十足地去面试了。

② 自傲。有些同学自我感觉良好，或者对面试单位不太满意，因而犹豫不决；或者觉得自己优势突出，因而疏忽大意。以这样的心态，在面试时就会漫不经心。面试官是敏锐的，求职者的任何不满和犹豫，都会被他们看在眼里。他们只招那些有强烈愿望认可自己单位的应聘者。对于犹豫不决的同学来说，一定要重新考虑，如果不想放弃机会，就应该仔细研究这家公司的优势，并做一个自己在该公司的发展规划，从而让自己进入渴望加入该公司的状态。

③ 紧张。除了因自卑引起的紧张以外，由于过于重视这个机会，或者担心自己性格内向、不善言辞，也会引起紧张。对于这类紧张，解决的主要办法有：一是事前进行模拟面试，多进行几次，让紧张感提前产生和释放；二是回想一下哪些事情、哪些方面、哪些活动会让自己感到轻松愉快、信心十足。比如有的同学爱打篮球，那就去打一场篮球，情绪是能转移的，当你在球场上挥洒自如、兴高采烈之后，有利于消除面试中的紧张情绪。

(4) 答案准备　万变不离其宗，面试中的大部分问题实际上都是可以好好准备的。应聘者应该思考以下问题的答案：我了解单位的哪些方面？够吗？单位是否适合自己？单位哪些地方吸引了我？"为什么要选择我们单位？""为什么不选择其他的单位？"，对于类似问题，我如何回答？我对职位了解哪些？职位是否适合自己？自己能否胜任该职位？该职位的核心要求是什么？自己竞争该职位有何优势和劣势？如何凸显优势，回避劣势？在知识、经验和素质方面，面试官会提出哪些问题？如何回答？有哪些证书可以证明自己满足该职位的要求？有哪些例子可以证明自己的知识、经验和素质，足以胜任该职位？自己在该单位1年、2年、5年的发展计划是怎样的？在找工作之前，就应该把这些通用的问题和答案准备好，演习好。面试前，应该针对面试单位准备好特定的答案,做到熟烂于心、熟练于口。

2. 面试的形式与技巧

面试其实就是提问和回答问题。以此为基础,衍生出许多面试方式,达到更加准确地考查大学生的各方面能力的目的。熟悉面试类型,就像考试要了解考试题型一样,为了取得更好的面试成绩,首先应了解一下面试的类型。

(1) 一问一答 这种形式的面试一般被应用在第一轮中,它的作用往往是将素质较低或明显不符合本岗位需求的面试者淘汰出去。

面试开始之前,一般都要求大学生进行自我介绍。自我介绍作为在面试过程中留给面试官的第一印象,其重要性不言而喻。自我介绍一般是1~2分钟,这是让你在众多应聘者当中第一分钟就突显出来的机会。之前已经准备好的有价值的、与众不同的经历或者特长,务必要说出来,面试官也希望知道你的个人经历以及个人特点是否符合你未来工作的需要。这一类的面试都会倾向于围绕大学生的简历和申请表来进行,所以简历必须是真实的,而且要对简历上所涉及的所有事情做到心中有数。如果过程中出现小的差错,可以不用太介意,要坚持下去,体现出自己良好的素质。在应对这种形式的面试过程中,大学生要表现出对所申请职位的热情和浓厚的兴趣,态度太过平淡会让面试官觉得你对这个职位不太在意。另外,在证明自己拥有某项能力的时候,最佳的方式就是用实例来佐证,而不是空泛地强调自己多么优秀。为了表现你的专业素养,还可以在交流的过程中适当地使用一些本领域的专业术语。

面试结束时,面试官往往会问"你有没有什么想问的问题?"这个时候千万不要放松,如果你提不出一些有实质意义的问题,面试官会觉得你对这份工作不够重视或思考得不多。因此可以在面试前就准备三四个问题,主题围绕工作性质、工作内容或者面试官之前提及的内容都比较合适。一定要记住,你提问不是为了难倒面试官,也不是告诉他你有多聪明,而是告诉他你对这份工作很渴望,已经思考了不少,同时希望了解更多。这个时候,你的目标是"双赢":一个既能让面试官对你有好感,也很愿意回答的问题,是最合适的提问。

(2) 情境模拟 情境模拟是通过一系列问题如"这件事情发生在什么时候"、"你当时是怎样想的"、"为此你采取了什么措施来应对"等,来收集大学生在代表性事件中的具体行为和心理活动的详细信息。

情境模拟的实质是考察大学生的性格倾向和价值观是否与本企业的文化一致。面试官基于你对以往事件的描述及回答,来评价你的基本素质和推测你在今后工作中的表现。情境模拟主要有以下形式。

① 工作活动模拟。一是上下级对话形式。由面试官为上级,应聘者为下级,模拟接待基层工作人员的情境,或向上级领导汇报或请示工作。这种面试一般采用主考官与应聘者对话,其余以面试官观察打分的方式进行。二是布置工作的面试。要求应聘者在看完一份文件或会议纪要后,以特定的身份结合部门实际,对工作进行分工安排。

② 角色扮演法。事先向应聘者提供一定的背景情况和角色说明,面试时要求应聘

者以角色身份完成一定的活动或任务，如接待来访、主持会议、汇报工作等。

③ 现场作业法。提供给应聘者一定的数据和资料，在规定的时间内，要求应聘者编制计划、设计图表、起草公文和计算结果等。

为了能够从众多的应聘者中脱颖而出，大学生需要注意以下几点。

① 沉着应对。情境模拟面试的内容一般都能在现实生活中找到原型或样板，两者之间存在高度的相似性。不同的是情境模拟面试有明确的时间限制及面试官的参与，气氛比平时更为紧张。在情境模拟面试中，应聘者心理与情绪的调节与控制是非常重要的。为了准确地感知模拟情境中的事物及其本质，提出切实可行的解决办法，应聘者一定要使自己的心绪保持稳定，沉着地去应对挑战。

② 大胆创新。情境模拟法以考查应聘者的全面素质为目的，它所考查的内容不仅包括简单的能力资格与素质条件，而且还包括创新等复杂的能力与素质。大学生在情境模拟面试中，不能仅限于简单地演示平日工作中的方法手段，而应对事物进行灵活处理，以平时的经验为基础，根据模拟情境中的条件和线索进行大胆创新，探索新的解决问题的思路与方法。这种突破常规的做法和勇气，往往会给面试官留下深刻的印象。

③ 循规操作。情境模拟面试中，有一些内容的应答是不允许应聘者创新的，如公文处理及机关事务处理，其处理原则及程序都有明确规定，应聘者只能循规操作，而不可自作聪明地擅自更改某些规则。

（3）小组讨论　小组讨论是指让应聘者共同完成面试的过程。面试的流程大致分为介绍、陈述和讨论、辩论。与"一对一""多对一"的传统面试形式相比，小组面试更能全方位地考查应聘者的领导能力、团队协作能力、语言逻辑能力、个性品质等，从中评估出应聘者的综合素质及技能。

小组面试的类型有自由讨论式和团队协作式两种。自由讨论式往往是五六个人参加，分为自由发言和讨论两部分，自由发言中各求职者在规定时间内对考官所给定的题目发表自己的见解，考官则在一旁观察每个人的仪表、举止和见解。在讨论中，发言人要和其他人进行交流，很像自由辩论。团队协作式是几位应聘者就考官给出的特定的角色和背景资料，协作去完成某项任务，这个任务可能跟竞聘的职位有关，也可能跟近期发生的某件事有关。

小组讨论中，主考官的评价标准一般包括：发言次数多少；发言的主动性如何；是否提出新的见解和方案；是否敢于发表不同的意见，支持或肯定别人的意见，坚持自己正确的意见；是否善于消除紧张气氛，调动发言的积极性，说服别人，调解争议，把众人意见引向一致；能否倾听和尊重别人的意见；语言表达、分析、概括和归纳能力如何；反应、应变能力怎么样等。

（4）其他面试形式

① 案例分析。案例分析是指让应聘者在有限的时间内模拟分析出真实的商业问题。这种形式很少用于应届毕业生。

② 电话面试。招聘方出于效率、成本等因素的考虑，采用电话对求职者进行面试的方式。在求职材料递出后，就要随时准备着目标公司的电话面试。

③ 游戏面试。在面试过程中，为了达到考察应聘者某方面能力或素质的目的，招聘主管设计了某种游戏让应聘者参与。游戏面试和其他类型的面试一样，面试官最看重的不是游戏的结果，而是这个过程中应聘者所表现出来的综合素质和能力。

3. 面试礼仪

求职礼仪是大学生在求职应聘过程中所要遵守的行为准则和礼仪规范。心理学家奥里·欧文斯说："大多数人录用的是他们喜欢的人，而不是能干的人。"这种说法虽然有些片面，但却道出了求职应聘礼仪的重要性。求职应聘几乎是每个大学生走向社会的第一步，每个人都希望把自己最好的一面展示给主考官，知识和专业水平固然重要，但如果在这个良好的基础上恰如其分地表现自己的礼仪，就会给主考官留下更好的印象，给自己更多的机会，以帮助大学生找到适合自己的工作，发挥自己的才能，实现自我价值和社会价值。参加面试的服饰要求是为了配合求职者的身份。面试时合乎自身形象的着装会给人以干净利落、有专业精神的印象，男生应显得干练大方，女生应显得庄重典雅。不宜在面试时穿 T 恤、牛仔裤、运动鞋，一副随随便便的样子，这样的形象多半是不受招聘主管欢迎的。

（1）面试前的礼仪

① 男生着装礼仪

a. 西装。男生应该选择裁剪良好、款式经典的西服套装，切忌太过前卫的设计。颜色以黑色、灰色或深蓝色为宜，最好是纯色的，不要有大格子、大条纹、花纹，面料最好是比较容易打理又不易变形的。

b. 衬衫。要选用面料挺、好一点的衬衫。白色的长袖衬衫是上上之选，永远都不会错。别的颜色的衬衫当然也可以，但不如白色那么正式，并且要注意和西装的颜色搭配是否合适。

c. 领带。男生参加面试一定要在衬衣外打领带。领带宜选用保守一些的，如传统的条纹、几何图案等，上面不能有油污，不能皱巴巴，平时应准备好与西服颜色相衬的领带。

d. 皮鞋。不要以为越贵越好，而要以舒适大方为度。皮鞋以黑色为宜，且面试前一天要擦亮，光亮的鞋子能够表现出专业的做事风格和良好的职业素养。

e. 袜子。袜子是很容易被忽视的一个环节。袜子的颜色也有讲究，西装革履时的袜子必须是深灰色、蓝色、黑色等深色，这样在任何场合都不失礼。此外，袜子也不宜过短，以免坐下时露出小腿。

f. 头发。保持头发合适的长度，尽量避免在面试前一两天理发，以免看上去不够自然。面试前一天洗干净头发，避免头屑留在头发或衣服上。保持仪容整洁是取得用人单位良好第一印象的前提。

g. 饰品。男生最好少戴饰品，越简单越好，不要佩戴项链、手链等，可以戴手表，但应以端庄为主，不要戴休闲型的手表。

h. 其他。要将胡须剃干净，并且在刮的时候不要刮伤皮肤，指甲应在面试前一天修剪整齐。

② 女生着装礼仪

a. 职业装。选择职业装的时候要注意颜色，黑色、深蓝、灰色等稳重的颜色是比较理想的选择。款式不要太过前卫新颖，宜简洁端庄。如果是裙装，一定要注意裙子的长度，以盖住膝盖为准，不要在膝盖以上，也不要太长，否则会给招聘主管不专业的印象；如果上衣是V领的，要注意开口不能太低，如果太低的话，可以通过丝巾或内衬上衣来弥补。

b. 衬衣。在挑选衬衣的时候，无论是颜色还是款式都以庄重为宜。不要穿透明材质的上衣，也不要穿蕾丝花边或雪纺薄纱的，在衬衣外面可以再穿一件小背心以防走光。

c. 鞋子和丝袜。鞋子的款式要端庄不花哨，颜色与套装相配，鞋跟不宜过高；丝袜的颜色最好是黑色、肉色、深灰，这需注意和套装及鞋子搭配；夏日不要穿露出脚趾的凉鞋，更不宜给脚趾甲涂带颜色的指甲油。

d. 包。选用的包应与整个穿着相配，不要太大，中等或小型尺寸即可，如果可能的话，最好是皮制的。

e. 发型。头发在整个仪容中是十分重要的组成部分。保证头发干净清洁，仔细梳理。如果是长发就把它盘起来或梳理成其他看起来专业舒服的发型，不要披头散发，看起来像刚刚起床一样。

f. 化妆。参加面试的女生可以适当地化点淡妆，这样看起来更精神，但不能浓妆艳抹，这不符合大学生的形象与身份。保持妆容清新自然，不要掉妆。

g. 配饰。选择尽可能简单的饰品。面试属正式交往的场合，可以戴手表，但不要带手链、手镯；一手最多只能戴一只戒指，且不要戴奇形怪状的戒指，不然不方便握手，留下不好的印象；不要戴很大很长的耳环，也不要戴多个耳环，如果要戴的话，一对耳钉就可以了。

h. 其他。女生如果穿了长筒丝袜，面试出发前可以在包里多备一双，以防丝袜钩破。面试前洗个澡，保持头发和身体干净清洁；修剪一下指甲，不要太长，不要用颜色鲜亮的指甲油，无色透明的即可。

（2）面试过程中的礼仪　细节决定成败。在求职面试中，对一些细节的处理是否得当，直接关系到应聘者的印象分。如何处理好细节，通过细节来体现自己的素质，不光在面试时注意，平常就应该培养。以下是面试时对礼仪的一些要求。

① 敲门。在进入面试房间之前，无论面试房间的门关或开，都应轻轻敲门，得到许可后再进门。进门之后，把门轻轻关好，整个过程要保持微笑。

② 握手。如果你是女生，而面试官是位男士，请先伸出你的手；如果面试官也是女士，则等她主动握手。如果你是男生，而面试官也是位男士，你们谁采取主动都无所谓；如果面试官是女士，则一定要等她主动伸手。握手是合作和友好的表示，所以握手时一定要有力，但不要因为紧张而使劲挤压对方的手。成功的握手可以传递出自信和尊重的信息。握手之后，面试官会请你坐下，如果你的简历有修改，可以借这个机会递上更新的版本。

③ 入座。在握手之后面试官发出请你入座的邀请之前，不要自己先坐下。入座时

不要紧张，自然地把椅子拉出来一些，坐好，再挪回去，这个过程中不要发出响声。坐下后，不要把包抱在怀里或放在桌上，应该把它放在椅子的右边或右边的地上。

④ 坐姿。坐时身体要略向前倾，面试时不要紧靠椅子背，不要坐满，一般以坐满椅子 2/3 为宜。女士不管是穿裙子还是裤子都要始终并拢双腿，这样会显得优雅一些。

⑤ 表情。就座后，面试官就开始和你谈话了，而你可能会因为直面对方而感到紧张，因此必须要注意自己传达出的非语言信息。如果一个求职者在面试中目光流离、眉头紧蹙，或漫不经心，都会给面试官留下关于求职者胜任力和素质的不良印象。要注意保持面部表情自然、自信和微笑。

⑥ 语气、语速、音量与措辞。在面试过程中，要注意自己的语气、语速、音量和措辞，不要求模仿面试官，但至少应该与面试官是和谐的。如果面试官以一种非常友好振奋的语气，你就不要表现得太平淡单调，而应该也是愉悦、热情的；如果面试官说话很严肃，你就应该表现得稳重一些；如果面试官说话很平稳、缓慢、柔和，你说话就不要声音过大或过快。

⑦ 眼神交流。眼神交流表明了对谈话对象的尊重和他所说内容的兴趣。面试中，3/4 的时间要以平稳自然的眼光注视面试官的面部，特别是眼神，但不要直勾勾地盯着。而其他时间也不要东张西望、无所事事，应该转移到他的手或是你的笔记，这样会给面试官留下你自信、专注和诚恳的印象。

⑧ 手势。交谈中可以有适当的手势配合表达，但不宜过多，太多了会分散别人的注意力。注意手的细节，手上不要摆弄东西，如玩纸、玩笔、挠头等。

⑨ 其他。面试时不要吃东西、嚼口香糖、抽烟，喝水不要出声。

（3）面试后的礼仪　许多求职者只留意应聘面试时的礼仪，而忽略了应聘后的善后工作，而这些步骤亦能加深别人对你的印象。

① 表示感谢。为了加深招聘人员对你的印象，增加求职成功的可能性，面试后两天内，最好给招聘人员打个电话或写封信表示谢意。感谢电话要简短，感谢信要简洁。感谢信的开头应提及本人姓名及简单情况，然后提及面试时间，并对招聘人员表示感谢。感谢信的中间部分要重申你对该公司、该职位的兴趣，增加一些对求职成功有用的事实内容，尽量修正可能留给招聘人员的不良印象。感谢信的结尾可以表示你对自己的素质能符合公司要求的信心，主动提供更多的材料，或表示能有机会为公司的发展壮大做出贡献。

② 不要过早打听面试结果。在一般情况下。同一职位的面试会持续一段时间，最后确定录用人选，求职者在这段时间内一定要耐心等候消息，不要过早打听面试结果。

③ 调整心情。一次面试完成后，要调整好心情，全身心投入第二家的面试准备，因为没有录用之前仍不算成功，不要放弃其他机会。

（二）笔试

笔试适用于一些对专业技术或录用人员素质要求很高的企事业单位，如公务员考试等。笔试通常与面试是结合进行的，笔试的目的不仅是考查文化、专业知识，也包括考核心理素质、办事效率、工作态度、修养等。所以求职者在笔试时要认真对待，将自己的认识水平、知识水平、能力水平较好地显示出来。

参加笔试前，应了解笔试的范围，以便做好准备，充分发挥自己的水平，争取好的成绩，取得应聘成功。

1. 笔试的分类

（1）**专业考试** 这种考试主要是检验应聘者担任某一职务，是否能达到所要求的专业知识水平和相关的实际能力，如外资企业对应聘者要求考外语，司法部门录用干部要求考法律知识等。

（2）**综合测试** 主要是测试应聘者的观察问题能力、综合归纳能力、思维反应能力、文字表达能力、智力水平、情商、心理能力等。

（3）**技术测试** 技术测试主要测试应聘者处理问题的速度和效果，检验对知识的运用程度和能力，如阅读一篇文章，写读后感等。

2. 笔试的准备方法

要在笔试中取得好成绩，关键是平时多学习，多练习。然而，相对于学校的专业考试，招聘单位的笔试都有自己的特点，因此准备方式也要有差异。

（1）**重在基础** 笔试重点是常用的基础知识，不要把复习重点放在难点、怪题上，要把基础知识掌握好。

（2）**重在运用** 笔试测试重点是知识的实际运用，要在实际运用上下功夫。

（3）**把面放宽** 不要只钻研专业知识和技术，招聘单位的需求形形色色，在准备专业知识的同时，应该把面放宽，同时要准备能力测试、智商测试、情商测试方面的内容。

（4）**提高修养** 情商测试的考察内容概括起来就是"你是怎么样一个人"，而不是考察你的情商知识。因此，平时就应该多提高自身修养，多参加团体活动。

（5）**多实践，多总结** 能力测试考查的是你的实际工作能力和知识运用能力。这不是只靠多做题就能解决的，平时应该多参加各种社会实践，多总结经验。

（6）**笔试前进行简单的复习** 复习已学过的知识是笔试准备的重要方式。一般来说，笔试都有大体的范围，可围绕这个范围翻阅一些有关的图书资料，有些课程内容因学过时间已久，可能淡忘，经过简单的复习，有助于恢复记忆。

（7）**保持良好的身心状态** 临考前，一要适当减轻思想负担，二要保证充足的睡眠，三要适当参加一些文体活动，从而使高度紧张的大脑得到放松休息，以充沛的精力和良好的竞技状态去参加考试。

3. 笔试应对技巧

在参加笔试时主要应注意以下几点。

（1）**无须紧张** 应聘笔试同高考不同，高考是"一锤定音"，而求职应聘考试则有多次机会，应抱着重在参与、全力以赴的态度应考，所谓"东方不亮西方亮"，最重要的是多参与、多总结。

（2）有备无患　提前熟悉考场环境，有利于消除应试的紧张心理。还应看看考场注意事项，尽量按要求做好。除携带必备的证件外，一些考试必备的文具（钢笔、橡皮等）也要准备齐全。考试前要有良好的睡眠，以保证考试时有充沛的精力和良好的竞技状态。

（3）科学答题　拿到试卷后，首先应通览一遍，了解题目的多少和难易程度，以便安排答题顺序。先攻相对简单的题，后攻难题。这样就不会因为攻难题而浪费太多时间，导致没有时间做会答的题。遇到较大的综合题或论述题，则应先列出提纲，再逐条撰写。最后，要尽量挤出时间对容易出错的地方进行复查，特别注意不要漏题，更不能跑题或出现错别字、语法不通、词不达意等错误。

（4）卷面整洁　应当注意卷面字迹要清晰。书写过于潦草，字迹难于辨认也会影响考试成绩，因为求职笔试不同于其他专业考试，有时招聘单位并不特别在意应试者考分的稍许高低，认真的态度、细致的作风，会大大增强被录用的可能性。

（5）恰当分配时间　不要死抠几道题，有时笔试出题量较大，其用意是一方面考查知识掌握程度，一方面考查应试能力，所以考生在浏览卷面后，要迅速答较容易的题目，余下的时间再认真推敲其他题目。对于多模块测试，要注意时间分配，保证各个模块都有相当的时间作答，招聘笔试不是按总分计算成绩，而是按模块分别打分，综合评价。

【实践训练 6-1】

模拟面试

为增强求职意识，提高求职技能，提升就业竞争力，大学生可以以班级为单位自发组织模拟面试，邀请师兄师姐或者校友、老师当面试官，体验一下面试的氛围。通过模拟面试，掌握简历制作技巧、面试流程、面试礼仪等，以最佳的状态面对今后的面试。

1. 组织形式

可以在教室里模拟企业、医院等用人单位招聘的全过程。

2. 准备事项

桌椅、简历、着装、面试提问及其他道具。

3. 活动内容

邀请师兄师姐或校友、老师担任面试官。小组同学事先准备好自己的简历，依次应聘。面试过程中回答面试官提出的各种问题，结束后由面试官点评，其他同学也可以参与评议。

4. 面试问题（仅供参考）

（1）谈谈你自己（请介绍一下你自己）。

（2）对我们单位了解吗？为什么愿意应聘这个工作？

（3）请你用两分钟描述自己的优势和不足。

（4）说说你曾做过的最满意的一件事。

(5) 谈谈你对加班的看法。

(6) 如果通过这次面试我们单位录用了你，但工作一段时间却发现你根本不适合这个职位，你怎么办？

(7) 你希望得到的薪酬是多少？

(8) 为什么选择我们这家单位？

(9) 三年内你给自己制订的目标是什么？

(10) 你能为我们单位带来什么？

(11) 你来我们单位应聘前还去了哪些单位？情况如何？

(12) 如果我们单位不录用你，你会怎么办？

(13) 你遇到过挫折吗？请谈一谈！

【实践训练 6-2】

求职信分析

尊敬的领导：

您好！

感谢您在百忙之中阅读我的求职信！以下是我的自我介绍。

我叫××，是××职业技术学院护理专业2012届专科毕业生。

我是个平凡的女孩，但不甘于平庸。我乐观、自信，上进心强，爱好广泛，能够很好地处理人际关系，有协调沟通方面的特长，并且有很强的责任心与使命感。现在，我即将毕业，面对新的人生选择和挑战，我信心十足。

在竞争日益激烈的今天，我坚信只有多层次、全方位的发展，才能符合社会发展的需要和用人单位的需求，才能立于不败之地。在老师们的严格要求及个人的努力下，经过两年专业课程的学习和一年的临床实践，我已具备了较为扎实的专业基础知识和临床经验。另外，从大一开始，我就特别注重在认真学好专业课的同时，充分利用课余时间，博学广览，拓宽知识视野，完善知识结构，使自身整体素质有了较大的提高。牢固树立了严谨、踏实、认真的工作观念，具备了敏锐的观察力、正确的判断力和较强的独立工作能力，并以细心、爱心、耐心、责任心对待患者，适应了整体护理的发展需要，因此我对自己的未来充满信心。

在三年的学习生活中，我锐意进取、乐于助人的作风和表现赢得了领导、老师和同学们的信任和赞誉。在校期间，我获得过"国家励志"奖学金，获得了全院"爱心天使"技能大赛一等奖，"天使梦·圣地情"全院演讲比赛二等奖。在实习期间通过考试获得了护士执业资格证书。在××三级乙等医院临床实习期间不仅获得了患者及家属的好评，还被医院评为年度"优秀实习护士"，看到自己所付出的辛苦与汗水换来患者的康复与微笑，我内心感到非常振奋，这也是对我人生最好的奖励。

尽管在众多的应聘者中，我不一定是最优秀的，但我坚信："怀赤诚以待明主，持经论以待明君"。我相信机会永远青睐有准备的人，我愿意以我的真诚和实力来谋求信任。我热爱护理事业，殷切期盼能够成为贵院的一员从而为这一光荣事业添砖加瓦，并在工作中不断学习和进步。我会尽心尽责，让贵医院满意，让患者满意。恳请接纳，回函是盼。

此致

敬礼！

祝：贵医院事业蒸蒸日上！祝您生活幸福！

××
201×年×月××日

附：联系电话138×××××××××及电子邮箱（略）

分析上述求职信并在老师的指导下试写一份个人求职信。

（袁金勇）

第七章 大学生就业权益

【学习目标】
- ◆ 掌握：就业权益保护的方法与途径。
- ◆ 熟悉：就业过程的基本权益和义务。
- ◆ 了解：就业过程中的侵权行为。

> **情境导入 7-1**
>
> **情境回放：**
> 　　上海《青年报》上曾刊登过一篇文章叫《近半求职者遭"陷阱"》，文中提到：根据上海人才服务行业协会进行的调查显示，近五成的求职者在上海求职的过程中曾遭遇过求职陷阱。在遭遇求职陷阱之后，只有30%的求职者曾拿起法律武器，维护自己的正当权益，其余的求职者则选择了多一事不如少一事，放弃了维权。
>
> **思考与交流：**
> 　　这一组数据反映了什么问题？

　　本章的内容主要是帮助大学生理清就业中的权益与法律问题，增强依法就业的能力和意识。

第一节　就业权益与义务

一、就业权益

　　就业权益是根据国家法律或法规的规定，在求职或者就业过程中应该享受的不容侵犯的权利。高校毕业生作为新增劳动力的重要主体，在就业过程中享有多方面的权利，主要包括两大方面，一是在择业过程中的权利；二是到用人单位报到后应当享有的待遇和权利。

（一）择业过程中的权利

1. 获取信息权

就业信息是毕业生择业成功的前提和关键，只有在充分获取就业信息的基础上，才能顺利就业。第一，信息公开，即所有就业信息向全体毕业生公开，学校和个人不得隐瞒、截留需求信息；第二，信息及时，也就是毕业生获取的信息必须是及时、有效的信息，而不能将过时无用的信息传递给毕业生；第三，信息全面，毕业生有权获得准确、全面的就业信息，对用人单位有全面的了解，从而做出合理的选择。

2. 接受就业指导权

学校应成立专门的就业指导机构，安排专门人员对毕业生进行就业指导，包括向毕业生宣传国家和地方政府的就业政策，进行求职择业技术指导和咨询服务，引导毕业生根据国家、社会需要和个人实际情况进行择业。

3. 被推荐权

学校在就业工作中的一个重要职责就是向用人单位推荐毕业生。毕业生享有的被推荐权包含三方面内容：第一，如实推荐。高校应实事求是地根据毕业生的实际情况向用人单位进行介绍、推荐，不能故意贬低或随意拔高毕业生在校的表现；第二，公正推荐。学校对毕业生进行推荐时应做到公平、公正，给每一位毕业生以就业推荐的机会；第三，优生优荐。学校根据毕业生的在校表现，应择优推荐，用人单位在录用毕业生时也应坚持择优标准，这样才能调动广大毕业生和在校学生学习的积极性。

4. 自主选择权

根据国家有关规定，高校毕业生在国家就业方针、政策指导下有自主择业的权利。只要符合国家的就业方针、政策，毕业生可以自主地选择用人单位，学校、其他单位和个人均不得干涉。任何组织和个人强令毕业生到某单位就业的行为都是侵犯毕业生自主选择权的行为。

5. 公平录用权

用人单位在录用毕业生的过程中，也应公平、公正，一视同仁。但由于目前各项配套措施滞后，开放、公平的就业市场尚未真正形成，用人单位录用毕业生时还不同程度地存在着不公平、不公正的现象。

6. 违约求偿权

毕业生、用人单位、学校三方签订协议后，任何一方不得擅自毁约。如用人单位无故要求解约，毕业生有权要求对方严格履行就业协议，或要求用人单位进行补偿。

7. 在就业过程中依据国家法律和法规应享有的其他权利

（二）到用人单位报到后应当享有的待遇和权利

1. 要求用人单位履行协议接收毕业生的权利

就业协议书是国家专门用于毕业生就业的正式文本，具有法律效力。双方一旦签约,就有义务严格履行协议,不得无故进行更改。用人单位必须依照协议接收毕业生,并妥善安排毕业生的工作岗位,保证毕业生的正常工作。

2. 享有劳动保障的权利

毕业生到用人单位报到后,用人单位应按照《中华人民共和国劳动合同法》(以下简称《劳动合同法》)签订劳动合同,给予其相应待遇。

3. 追究用人单位违约责任的权利

如果用人单位一方不能按照协议的内容履行,毕业生有追究用人单位违约责任的权利。

二、就业义务

权利与义务是对立统一、不可分割的关系。毕业生在享有国家规定权利的同时,还必须履行一定的义务。

1. 执行国家就业方针、政策和规定的义务

按照国家任务招收的各类毕业生,应服从国家需要,在国家宏观政策指导下自主择业,为国家社会主义事业和现代化建设服务。

2. 履行特定的义务

对于从国家、社会或培养单位获得特殊权利的毕业生,依照权利和义务相一致的原则,必须履行超过一般大学生的特殊义务。如享受专项奖学金(助学金)或政府奖学金(助学金)的毕业生,应当履行相应的义务,毕业后为合同规定的有关单位服务一定期限,如因特殊原因不能履行此项义务的,则应退还其获得的专项或政府奖学金(助学金)。家庭经济困难而又没有申请专项奖学金的学生,可以申请助学贷款,领取助学贷款的学生毕业后有按期归还贷款的义务。

3. 如实推荐自己的义务

毕业生在求职择业过程中,如实向用人单位介绍自己的情况,是基本的择业道德要求。毕业生在填写推荐表、自荐信,向用人单位介绍自己时,必须实事求是,不得弄虚作假,既不夸大优点,也不回避缺点。只有如实介绍自己的情况,才会使人感觉真实可信,赢得用人单位的尊重和欢迎。

4. 履行就业协议的义务

遵守协议是就业工作顺利进行的保证,任何一方不得无故毁约,应该严格按照协议商定的有关程序操作,并履行相应的义务。毕业生一经签订就业协议,便不能随便违约。如果毕业生不能严格遵守协议随便违约,不仅影响学校正常的就业秩序,也会损害用人单位、学校和其他学生的利益。只有当约定的解除协议条件成立或由于不可抗拒的外力作用出现时,毕业生才可以单方解除协议。

5. 按时到工作单位报到的义务

毕业生在郑重签署就业协议后,要有法律观念,不能率性而为,积极维护就业秩序,认真履行就业协议。毕业生办理完派遣手续后,应持《报到证》按时到工作单位报到。如果自派遣之日起,无正当理由超过3个月不去就业单位报到的,由学校报毕业生就业主管部门批准,不再负责其就业。由学校将其户口和档案转至家庭所在地,按社会待业人员处理。

6. 遵守学校有关规定的义务

文明离校,办理相关离校手续。如归还公物、清偿债务等。

第二节 就业权益保护

情境导入 7-2

情境回放:

大学生就业过程中的法律问题一直为人们所关注。在求职择业过程中大学生权益受到侵犯的事件也屡见报道。

调查显示,大学生在就业中被侵权时,在投诉渠道的选择上,被侵权大学生有将近50%的自认倒霉,仅有5%的向媒体或维权组织求助,而到法院进行诉讼的仅有1%。

可以看出,多数大学生在自己的就业权益受到侵害时,不是积极地运用法律的武器来保护自己,而是常常表现出无奈、气愤、自认倒霉;只有极少数同学通过向媒体、维权组织求助以及到法院起诉等途径维护自己的权益,这似乎与受过高等教育的大学生身份不符。究其原因,主要有两点:一方面是维权成本高昂,需要付出时间、精力、心理承受能力和金钱,维权行动不合算;另一方面还在于大学生的就业法律知识缺乏,不能识别求职就业中的种种"陷阱",不知道通过何种途径维护自己的合法权益,导致就业维权意识不强,依法就业的能力不高。大学生作为新一代知识分子,应当加强法律、法规知识的学习,增强法律意识,规避求职陷阱,积极主动地维护自己的合法权益。

思考与交流:

谈谈你准备如何提高自己的依法就业意识和能力?

一、常见的求职侵权行为

(一) 名目繁多的收费项目

收取费用陷阱是指在求职过程中收取求职者的各种费用,如风险押金、培训费、服装费、建档费等。一些公司在招聘时常常不查看任何学历证明,甚至不安排任何面试,而只是要求求职者支付诸如信息费、报名费、登记费、资料费、推荐费、注册费等名目繁多的费用,而当用人单位或中介公司填满了自己的"钱袋"之后,就会找出各种理由将应聘者"辞掉"。

> **案例1**
>
> 　　我是一医学美容技术专业的毕业生，毕业后在一家整形医院上班。刚来的时候人事负责人说要扣风险抵押金每人500元，等不想在这上班的时候再还给我们。后来又说了，要是我们被医院辞退了，抵押金还给我们；要是我们自己辞职不干，抵押金就不还给我们了。我想问一下，这样扣钱有道理吗？我们怎样才能维护我们的利益呢？
>
> **点评：**
>
> 　　其实国家人力资源和社会保障部门早就明文规定，用人单位不得以任何名义向应聘者收取报名费、抵押金、保证金等费用。有些用人单位置国家规定于不顾，巧立名目，向应聘者收取费用，就是因为许多毕业生不了解国家这些规定。
>
> 　　《劳动合同法》第九条　用人单位招用劳动者，不得扣押劳动者的居民身份证和其他证件，不得要求劳动者提供担保或者以其他名义向劳动者收取财物。
>
> 　　《劳动合同法》第八十四条　用人单位违反本法规定，以担保或者其他名义向劳动者收取财物的，由劳动行政部门责令限期退还劳动者本人，并以每人五百元以上两千元以下的标准处以罚款；给劳动者造成损害的，应当承担赔偿责任。

（二）利用试用期骗取廉价劳动力

　　试用期是用人单位对新录用的劳动者是否能够胜任工作岗位进行的考核阶段，也是劳动者对用人单位是否适合自己进行详细了解的期限。试用期作为劳动合同中的一个特殊阶段，对于帮助用人单位以最低的成本风险考查、选拔优秀人才，促进劳动者的竞争意识、守法意识和风险意识，具有重要意义。然而，由于高校毕业生在就业中处于弱势地位，加上缺乏工作经验和社会阅历，试用期被用人单位滥用的现象大量存在。一方面，试用期的长短及试用期内的报酬由用人单位单方决定；另一方面，用人单位以实习期、见习期为由规避试用期规定，拒签劳动合同，或者利用试用期随意解除劳动合同。

> **案例2**
>
> 　　小周被一家民营医院录用，劳动合同是三年。在两个月的试用期里，整体情况还可以。但是在转正之前医院还有一个考核，结果他的成绩没有达到医院的要求。他感觉这个医院还可以，待遇也还满意，不希望就这样放弃这家医院。经过他向医院的争取，但是还要试用三个月。小周感觉不太高兴，但又不知该医院这样的做法是否合理？
>
> **点评：**
>
> 　　小周的困惑是，用人单位约定两次试用期是否合法？关于这个问题，《劳动合同法》规定得明明白白。

《劳动合同法》第十九条　劳动合同期限三个月以上不满一年的，试用期不得超过一个月；劳动合同期限一年以上不满三年的，试用期不得超过三个月；三年以上固定期限和无固定期限的劳动合同，试用期不得超过六个月。

同一用人单位与同一劳动者只能约定一次试用期。

以完成一定工作任务为期限的劳动合同或者劳动合同期限不满三个月的，不得约定试用期。

试用期包含在劳动合同期限内。劳动合同仅约定试用期的，试用期不成立，该期限为劳动合同期限。

关于试用期的工资，《劳动合同法》第二十条规定：劳动者在试用期的工资不得低于本单位相同岗位最低档工资或者劳动合同约定工资的80%，并不得低于用人单位所在地的最低工资标准。

关于违反试用期的法律责任，《劳动合同法》第八十三条规定：用人单位违反本法规定与劳动者约定试用期的，由劳动行政部门责令改正；违法约定的试用期已经履行的，由用人单位以劳动者试用期满月工资为标准，按已经履行的超过法定试用期的期间向劳动者支付赔偿金。

案例3

小张毕业后到某家新成立的广告策划公司应聘。经理进行了面试，并表示试用三个月，试用期工资每月800元。与她一起被录用的还有另外5人。新员工们工作非常努力，但过了两个月，等发工资时却只有300元。待找到经理理论，经理说她们都是以实习名义来的，也没签协议，实习生本来是没有工资的，考虑到她们那么辛苦才发给300元。这时她们才明白公司根本没有聘用她们的诚意，只是由于公司刚建立，要找几个廉价劳动力罢了。

点评：

实习期与试用期是不同的。试用期内你是劳动者，签订的是劳动合同，受《劳动合同法》的保护；而实习期间却只是民事合同。对于实习期的工资，有约定的按约定给，没有约定的视为无工资。但试用期内，却应按劳动合同约定的工资执行，如果没有约定，不得低于相同岗位的最低档工资。在求职过程中，识别和规避用人单位以实习为由回避试用期的陷阱，需要注意以下三点。

① 要对自己所应聘的企业有所了解，例如了解企业成立的时间、大致规模以及用人制度上是否规范。

② 对企业所提供的"试用"或者"实习"机会，一定要区分清楚自己获得的究竟是实习机会还是试用机会。

③ 对于某些企业的"口头协议"，要求其形成文字内容写进就业协议，这样在合法权益受到损害时，才有依据维护自己的合法权益。

（三）智力陷阱

所谓智力陷阱是指以考试为名无偿占有他人的程序设计、广告设计、策划方案、文章翻译等劳动成果。由于聘请专家或者专业人才的费用较高，有些设计公司或者营销公司为了节约成本，通过大规模招聘来要求应聘者做程序设计、广告设计、策划方案、文章翻译等，以此获得求职者的"智力服务"。这些公司招聘是假，骗取创意才是他们的真正目的。尽管他们总是对求职者宣称，将对所有上交作品进行比较，最终确定人选，实质上是以招聘为由窃取求职者的劳动成果。

案例4

江苏某职业学院广告专业毕业生阿城，在招聘会上看中一家广告公司。这家公司要求应聘者每人写一份不同产品的广告策划文案，包括服装、饮料、小家电等。招聘负责人表示，公司将对所有上交的作品进行比较，最终择优录取。阿城领到的是一种功能饮料在市场推广的策划案，内容包括广告语、户外宣传画、电视广告创意及市场推广活动的详细计划。

他用了一周时间完成了一份自己很满意的策划方案。但提交方案之后，公司那边就音讯全无。打电话过去，只收获对方的冷淡语气："有消息自然会通知你。"阿城一度认为是自己的策划方案做得不好，自信心受到了很大打击。

3个月过后，阿城在地方电视台的广告中发现，有种饮料的广告宣传与自己的策划方案如出一辙。阿城恍然大悟，但又无可奈何。

点评：

用人单位的这种做法是一种对知识产权的侵权行为。许多实力不足的小广告公司惯用这种手法，分文不花骗来绝妙的创意，然后倒手高价卖给广告主。这种公司可恶的地方在于：一方面骗取了大学生的劳动成果，另一方面还险些毁掉了大学生的自信心。

那么，该如何应对呢？在不能判断招聘单位真实意图又想获得工作的情况下，需要对自己的劳动成果进行保护。提交策划案等劳动成果时要准备两份，一份提交，一份自己留存。在留存份上要求招聘单位签字确认，以便将来能够证明劳动成果内容。提交设计方案的同时交上一份声明，要求用人单位对自己的劳动成果给予保护。声明可以这样表述："任何收存和保管本策划案的单位和个人，未经作者同意不得用于商业目的，不得擅自使用，亦不得随意复制、抄录、拍照或以任何方式传播，违反本约定应承担损害赔偿责任。"写完声明后可以要求招聘单位签收。

（四）高薪诈骗

诈骗者通过张贴招聘小广告或发送类似于"某单位因业务发展诚聘业务员，月薪1

万元以上，可兼职"之类的手机短信，找到可能上钩的求职者，要求求职者在上岗前将一定数额的"押金"或者"培训费"存到某账户。这样的招聘广告多是骗人的，请一定识别清楚。

案例5

据小朱称，他在公交车站牌上看到一则广告："某高级宾馆招聘男女公关，要求形象好、气质佳，月薪2万元以上。"并留下了联系电话。小朱根据广告上的电话拨打过去，一位自称是某高档酒店公关部的许经理接了电话，经过一番盘问后，同意招聘小朱，但要求他先将1000元服装费按指定账户汇到银行卡上。汇款后，小朱给许经理打电话，但许经理要他再交360元的体检费。

小朱说，那时候他已经猜到自己可能上当了，但由于对高薪抱着幻想，又汇了360元钱。之后，许经理的手机一直处于关机，不再理小朱。心急如焚的小朱赶紧到派出所报警，警察告诉他，他是第六个报案的了。

案例6

小孙是某所省属大学毕业班的学生，家境贫寒，学习一般，不善言谈。临近毕业，工作还没有着落，心里很着急。在五一节放假回家的火车上，遇到一名自称是东北某所职业学院副院长的人，说他们学校因为扩大招生规模急需大量讲师，看她条件还不错，动员她去试试，并且承诺一旦聘用，待遇丰厚，底薪4500元，加上绩效工资，月工资能达到8000多元。小孙被他的花言巧语所触动，当即决定先不回家，跟他到学校去应聘。谁知一到目的地，小孙就傻眼了，她被带到了一所大屋子，里面挤满了人，有几个人正用极具煽动性的语言大讲致富之道，并且要求新来的人员先交3900元买产品作为入会的条件。小孙根据学校老师平时所讲的知识，知道自己是被骗入传销组织了。小孙想法联系上了自己的同学，经过学校、家人和警方的多方努力，才被解救出来。

点评：

求职路上遇高薪承诺一定要提高警惕，具体把握以下五点。

① 进行面对面的沟通。警惕虚假的招聘信息，求职时应与招聘人员进行面对面的沟通。

② 慎汇款。如果被要求交纳费用，应谨慎判断该项费用是否合理，确需交纳的应直接到用人单位办理并索要收款凭证，不要通过银行汇款。

③ 看自己的能力。要仔细审视自己，对自己有一个合理的定位，看一看自己是否真的能够胜任招聘者所说的工作，能否应对各种难题和挑战。也就是说，要看自己是否真的"值"这个钱。

④ 看行业特点。高薪并不是每个行业的从业人员都能得到的，行业特点是影响薪资水平的重要因素。如果以每月8000元的工资招聘一名高级程序员，那不

足为奇，而要以这个数目招聘一名文员，那就会让人生疑了。

⑤ 了解一些岗位知识。

以案例 6 为例，一般正规学校在招聘人员时，招聘岗位一般表述为教学人员、管理人员、教辅人员等，不会说招聘讲师。因为对于高等学校来讲，讲师是职称的名字，在理论上职称是指专业技术人员的专业技术水平、能力以及成就的等级称号，反映专业技术人员的学术和技术水平、工作能力和工作成就，是需要一定时间和学术、技术的积累才能获得的，并不是一毕业就可以应聘的。大学生多了解一些这方面的知识，就可以避免或降低上当受骗的可能。

（五）粉饰招聘岗位

一些公司为了吸引求职者，常常在介绍招聘岗位信息时进行歪曲、编造和美化。招聘单位在招聘广告上把职位写成是"市场总监"、"保险事业部经理"，结果到了岗位，应聘者却发现其实是去做"业务员"、"保险代理员"等。有的单位也会以"到基层先锻炼锻炼"为幌子，欺骗求职者，使他们继续工作下去。

案例7

小兰是商学院的毕业生，她在报纸上看到一家公司招聘市场总监后投递了简历，并顺利通过面试，签订了就业协议。等到公司后才发现"市场总监"原来是业务员岗位，小兰非常失望，但一时又找不到合适单位，只好暂时委屈自己了。

点评：

粉饰招聘岗位使得求职者就职后往往大失所望，心理落差很大。但是有些求职者由于种种原因，可能选择了安于现状，继续这份工作，从而对自己的职业生涯产生很大负面影响。

毕业生在求职的时候要搞清楚职位的具体内容，仔细分析，询问工作细节。某些用人单位提供的虚而不实的职位，常常冠以好听的头衔，但是却强调无需经验，这里面肯定大有文章。有一些招聘单位虽在招聘广告中列出要招的多种职位，其实这些职位都是做业务的，甚至是没有底薪的业务。

（六）零工资就业

所谓零工资就业通常是指用人单位与毕业生达成口头协议，约定在一定时间内（可能采取实习期或见习期的说法），企业不支付报酬或可能支付非常低的报酬（达不到最低工资水平），或者根据业绩进行提成，企业会承诺学生工作表现良好，等期满（实习期或见习期结束）后再签订正式劳动合同。

案例8

小茹是卫生类大专毕业生，专业是口腔医学技术。毕业前她参加了多场招聘会，用人单位的筛选条件大多为"本科以上学历"，看着手中一份都无法递出的简历，小茹心急如焚。好不容易有一家不大的公司答应要她，但只能以实习的名义，通过一段时间考核合格以后再签订协议。小茹答应了，决心通过能力展示，赢得就业机会。然而，实习的时间却非常漫长，1个月、2个月，小茹毕业了还是"实习生"；3个月、5个月，直到现在一年快到了，小茹依然实习着。正式的职位，仍然遥不可及。

点评：

严格来说不要报酬的工作，不属于《劳动合同法》的调整范围，无法得到法律的保护。面临巨大就业压力的大学生群体，尽量不要作出零工资就业的选择。

二、就业权益保护概述

大学生就业权益保护是指当用人单位违反法律规定，侵犯大学生各项合法的就业权利、权益时，大学生通过法律渠道，依法与侵权行为做斗争，积极保护自己的各项合法权利。

（一）就业协议争议的解决

1. 就业协议的概念

就业协议，是指毕业生、用人单位、学校三者之间权利和义务的书面表现形式。协议条款是协议主体之间权利与义务的明确无误的表示，对双方当事人来说皆具有约束力。就业协议书是毕业生与用人单位在协商一致的前提下，确定毕业生（甲方）与用人单位（乙方）的录用或聘用关系，以及彼此之间的权利和义务的具有法律效用的文书。

2. 就业协议违约

毕业生、用人单位、学校在协议书上签字、盖章后，协议书便生效，对三方面都具有约束力，各方面都应该遵守协议，履行各自的权利和义务。如果有一方不履行协议，即视为"违约"。学校作为毕业生和用人单位的鉴证方，一般不会涉及违约，会出现违约问题的多是毕业生或用人单位。

（1）毕业生的违约表现　先确定一个用人单位签约，待找到更理想的用人单位时，便与前者毁约，选择后者；已被免试推荐攻读硕士研究生或报考硕士研究生等待录取的毕业生，仍与用人单位签订协议书，事先并不向用人单位说明，导致最终不能履行就业协议；毕业生、用人单位、学校签署就业协议书以后，毕业生提出无理要求或提出用人单位不愿接受的附加条件；大学生私下转让就业协议书，导致与几家用人单位重复签约；毕业生领取《就业报到证》后，不按时到就业单位报到；向用人单位提供不真实情况，不符合用人单位的选用条件。

（2）用人单位的违约表现　毕业生报到时，用人单位在没有任何事实根据和法律依据的情况下，拒收毕业生，使之无法按时就业；提供不真实的情况和虚假材料误导毕业生与之签约；为约束毕业生而收取各种不合理费用；违反行政法规、规章，不执行有关规定，侵害毕业生的合法权益。

3. 违约责任

就业协议书一经毕业生、用人单位、学校签署即具有法律效力，任何一方不得擅自解除，否则违约方应向权利受损方支付协议条款所规定的违约金。从实际情况来看，就业违约多为毕业生违约。如果毕业生违约，除本人应当按协议规定承担违约责任外，往往还会给用人单位、学校甚至其他毕业生带来一定的不良影响。因此，大学生在签署就业协议之前要经过慎重的思考，明确认识到自己签署协议后应负有的责任。

案例9

毕业生小磊与一所高校签订了就业协议，毕业后到该校担任政治辅导员。该校为了能选拔到适合做辅导员工作的优秀人才，投入了很多精力，认真设计了选拔招聘方案，经过学院初试、学校复试（笔试、面试）、职业素质测评、政审等环节，确定了拟签约的人员名单。在签约之前又向其说明了工作岗位、待遇及要求，拟签约的毕业生明确无误地表达了自己的就业意愿之后，学校才与之签订就业协议。小磊却在与高校签约之后，又去参加公务员考试，结果考取了一家司法单位的公务员，于是他决定与签约学校撕毁协议。

点评：

小磊以自己的诚信为赌注，撕毁协议，侵犯了用人单位的利益，对自己学校的声誉造成了伤害，而且也给学生群体的信誉造成了一定影响。按照协议规定需向用人单位做出经济赔偿。

此案例也告诉我们，在求职就业过程中，不是只有用人单位存在违法侵权行为，大学生以一些不正当的手段欺骗用人单位、不讲诚信的行为也是一种违法侵权行为，应当受到处罚。

案例还告诉我们，社会的良性发展不只是依靠经济的繁荣，知识的丰富，还要依赖于法制的健全与完善。人们只有习惯于尊重法律，习惯于用法律去维护自己的权利，这个社会才是和谐的、良性的，才会得到持久的发展。

4. 就业协议争议的解决途径

毕业生和用人单位如果因就业协议书的订立、效力、履行和解除等发生争议，可先后通过以下途径解决。

① 毕业生和用人单位通过学校进行协商。

② 由省一级毕业生就业主管部门进行调解。

③ 向人民法院提起诉讼。

在实际运用过程中，前两种方法效率高，易于操作，后一种程序复杂，但更具权威性。毕业生在签订就业协议书之前一定要考虑周详，尽量避免日后产生纠纷，而一旦发生纠纷，导致自己的权益受损，要学会运用法律武器，通过合法的途径和正常的程序，维护自己的正当权益。

(二) 劳动争议的解决

1. 劳动争议的概念

劳动争议是指劳动关系当事人之间因劳动的权利与义务发生分歧而引起的争议，又称劳动纠纷。劳动争议的当事人，即劳动法律关系中权利的享有者和义务的承担者，是指劳动关系当事人双方——职工和用人单位（包括自然人、法人和具有经营权的用人单位）。劳动纠纷的发生，不仅使正常的劳动关系得不到维护，还会使劳动者的合法利益受到损害，不利于社会的稳定。

2. 劳动争议的范围

根据我国2008年5月1日起实施的《中华人民共和国劳动争议调解仲裁法》（以下简称《劳动争议调解仲裁法》）第二条规定，劳动争议的范围包括以下六个方面。

① 因确认劳动关系发生的争议。
② 因订立、履行、变更、解除和终止劳动合同发生的争议。
③ 因除名、辞退和辞职、离职发生的争议。
④ 因工作时间、休息休假、社会保险、福利、培训以及劳动保护发生的争议。
⑤ 因劳动报酬、工伤医疗费、经济补偿或者赔偿金等发生的争议。
⑥ 法律、法规规定的其他劳动争议。

3. 劳动争议的解决

关于劳动争议的解决，《劳动争议调解仲裁法》有以下规定。

第三条　解决劳动争议，应当根据事实遵循合法、公正、及时、着重调解的原则，依法保护当事人的合法权益。

第四条　发生劳动争议，劳动者可以与用人单位协商，也可改请工会或者第三方共同与用人单位协商，达成和解协议。

第五条　发生劳动争议，当事人不愿协商、协商不成或者达成和解协议后不履行的，可以向调解组织申请和解；不愿调解、调解不成或者达成调解协议后不履行的，可以向劳动争议仲裁委员会申请仲裁；对仲裁裁决不服的，除本法另有规定的外，可以向人民法院提起诉讼。

根据《劳动争议调解仲裁法》，劳动争议解决可以通过协商、调解、仲裁、诉讼四种途径解决。

（1）劳动争议协商　劳动争议协商是指劳动争议双方当事人就劳动关系、解决劳动争议在自愿基础上进行协商，达成协议的行为。

（2）劳动争议调解　劳动争议调解是指劳动争议双方当事人不愿协商、协商不成或者达成和解协议后不履行的，向劳动争议调解委员会申请调解，由劳动争议调解委员会进行的和解性咨询。劳动争议调解委员会调解劳动争议包括以下五个程序。

① 申请。劳动争议发生后，当事人不愿协商或者协商不成并自愿选择调解的，应及时申请。

② 受理。调解委员会接到调解申请后，应对调解申请书进行审查，看其是否符合受理条件和范围。经审查决定受理的，应征询对方当事人的意见，对方当事人愿意调解的，应将调解的地点、要求等以口头或书面形式通知双方当事人，对不予受理的，应向申请人说明理由。

③ 调查。调解委员会及时指派调解委员对争议事项进行全面调查核实，调查应作笔录，并由调查人签名或盖章。

④ 调解。调解委员会主持召开有争议双方当事人参加的调解会议，有关单位和个人可以参加调解会议协助调解，简单的争议可由调解委员会指定1～2名调解委员进行调解。调解委员会应听取双方当事人对争议事实和理由的陈述，在查明事实、分清是非的基础上，依照有关劳动法律、法规，以及依照法律、法规规定的企业规章和劳动合同，公正调解。

⑤ 制作调解协议书。经调解达成协议的，制作调解协议书，双方当事人应自觉履行，协议书应写明争议双方当事人的姓名（单位、法定代表人）、职务、争议事项、调解结果及其他应说明的事项，由调解委员会调解人员以及双方当事人签名或盖章，并加盖调解委员会印章，调解协议书一式三份（争议双方当事人、调解委员会各一份）。调解不成的，应做记录，并在调解意见书上说明情况，由调解委员会主任签名、盖章，并加盖调解委员会印章，调解意见书一式三份（争议双方当事人、调解委员会各一份）。

(3) **劳动争议仲裁** 劳动争议仲裁是指劳动争议仲裁委员会根据当事人的申请，依法对劳动争议在事实上做出判断、在权利义务上做出裁决的一种法律制度，是劳动争议解决的必经程序。不服劳动争议仲裁，才可以向人民法院提起劳动争议诉讼。

劳动争议当事人不愿调解、调解不成或者达成调解协议后不履行的，可以向劳动争议仲裁委员会申请仲裁。劳动争议仲裁一般分五个步骤。

① 受理案件阶段。即当事人申请和委员会受理阶段。当事人应在争议发生之日起60日内向仲裁委员会递交书面申请，委员会应当自收到申请书之日起7日内作出受理或不予受理的决定。

② 调查取证阶段。此阶段工作分为三个步骤：拟订调查提纲；有针对性地进行调查取证工作；审查证据，去伪求真。

③ 调解阶段。调解必须遵循自愿、合法的原则。调解书具有法律效力。

④ 裁决阶段。调解无效即行裁决。

⑤ 执行阶段。

(4) **劳动争议诉讼** 劳动争议诉讼是人民法院按照民事诉讼法规的程序，以劳动法规为依据，按照劳动争议案件进行审理的活动。人民法院受理劳动争议案件的条件：劳动关系当事人间的劳动争议，必须先经过劳动争议仲裁委员会仲裁，否则人民法院不予受理；必须是在接到仲裁决定书之日起15日内向人民法院起诉的，超过15日，人民法院不予受理。

特别提示：发生劳动争议时要注意保存主要证据。首先是争议双方签订的劳动合同；其次是单位的员工手册；最后是其他证据，如解聘函、工资签收单、病假证明材料、医生处方等，这些材料都需要妥善保管。

第三节　就业协议与劳动合同

案例1

　　康复治疗技术专业的小江在毕业前与一家民营养老机构签订了就业协议，并缴纳5000元的保证金。小江在7月份毕业后来到这家单位上班。但是工作不久他就感觉，自己的身体状况很难适合单位高强度的工作方式，而且现有工作也不适合今后的发展定位，于是在8月底向单位提交了解除协议申请。虽然单位答应了他的离职要求，却以违约为由，扣下了5000元保证金，小江觉得不对，不知道用人单位这样做是否合法？

案例2

　　小张是外地在沪就读的大学生，成绩优异，被上海一家房产公司相中并签订了就业协议，约定企业为其办理大学生毕业入沪手续，小张必须在该企业工作两年，并约定了违约金5000元。报到后，小张很快在公司的帮助下办妥了户籍手续；待到公司要求签订劳动合同时，小张却不愿意签订为期两年的劳动合同，而只愿意签订一年，以至于协商不成，小张一怒之下辞职离开了公司。公司随即将小张诉至法院，法院在审理后认为小张不遵守就业协议的约定，无理拒绝签订劳动合同，构成违约行为，应当承担违约责任。

　　以上两个案例是大学生在签订和履行就业协议、劳动合同中常见的问题。那么大学生如何签订就业协议、劳动合同？在签订和履行合同中应注意什么问题？就业协议与劳动合同有什么异同？这些都是我们需要探讨的问题。

一、就业协议的签订

（一）就业协议书的内容

1. 毕业生基本情况及意见

　　主要内容包括姓名、性别、年龄、民族、政治面貌、培养方式、健康状况、专业、学制、学历、家庭住址、应聘意见等。

2. 用人单位基本情况及意见

主要内容包括单位名称、单位隶属、联系人、联系电话、邮政编码、通信地址、所有制性质、单位性质、档案转寄地址、用人单位意见、用人单位上级主管部门意见等。

3. 学校意见

主要包括学校联系人、联系电话、邮政编码、学校通信地址、院系意见、学校毕业生就业部门意见等。

（二）就业协议的签订

就业协议的签订是在毕业生与用人单位供需见面、双向选择之后达成一致意见的结果。签订就业协议的程序一般如下。

① 毕业生本人在协议书上以文字形式明确表达自己同意到选定单位应聘工作的意愿，同时签署本人姓名。

② 用人单位人事部门负责人代表单位签署同意接受该毕业生的文字意见，并签字盖章。该单位没有人事决定权的，还需要报送其上级主管部门签字盖章，予以批准认可。

③ 毕业生所在院系和学校主管部门签署意见并签字盖章。现行的就业协议书一式三份。协议签订后，一份由毕业生本人保存，一份交学校主管部门，作为就业派遣的依据，一份交用人单位，作为接受毕业生就业的凭证，并以此做好相应的人事及其他安排。

（三）签订就业协议需要注意的问题

1. 学习相关的法律、法规和政策知识

大学生在求职、择业、签约之前，一定要全面了解和掌握国家和地方政府关于促进大学生就业的相关政策，了解规范就业市场秩序的法律、法规和有关规定，还应对不同地方人事主管部门的特殊规定有所了解，比如是否可以迁户口等，做好知识储备。

2. 全面、真实地了解用人单位

毕业生应详细了解用人单位的规模、效益、管理制度、招聘信誉、岗位职责以及企业文化等情况。如果有可能，最好去实地考察工作环境，尤其是对陌生的单位，要做到未雨绸缪，将未来实际就业中自己权益受侵害的可能性降至最低。

3. 慎重签订就业协议

在与用人单位签约时，落笔要慎重，仔细研究就业协议书及其补充协议中的条款，确认合理合法后再签字；重点注意试用期及违约条款的约定；尽量不要在协议书中留下空白条款；对用人单位的口头承诺要尽可能在补充协议中予以书面注明，并明确将来签订劳动合同时对此予以确认。

4. 善用就业协议备注栏

就业协议书都有备注栏，毕业生、用人单位、学校三方如有其他约定，可在该栏中注明，这些备注内容视为协议书的一部分。因此，毕业生与用人单位可以将如违约责任或违约金等事宜补充在备注栏内，以便日后双方明确责任，减少纠纷，当双方解除关系时，也可以将解除协议意见出具在备注栏。

5. 及时咨询专家、老师和家长意见

如果在就业的过程中遇到疑惑和困难，要及时咨询有关专家、老师和家长。大学生社会阅历不深，往往对一些问题的认识和把握不够准确。而法律专家的专业视角、学校老师的指导经验、家长的社会阅历，对于毕业生来讲是很好的指导资源。此外，往届校友在就业中的经验和教训，也是可供应届毕业生参考的一笔宝贵财富。

6. 敢于据"法"力争

大学生在求职应聘和签订协议的过程中，如果自身合法权益受到侵害，不要因害怕失去就业机会而忍气吞声，要学会积极运用法律的武器，维护自己的合法权益。加强自身的维权意识，是阻止侵犯毕业生就业权益现象的根本途径。

二、劳动合同的签订

（一）劳动合同的相关概念

劳动合同，也称劳动契约、劳动协议，它是指劳动者同企业个体经济组织、民办非企业单位等用人单位为确立劳动关系，明确双方责任、权利和义务而签订的协议。

《劳动合同法》第三条　订立劳动合同，应当遵循合法、公平、平等自愿、协商一致、诚实信用的原则。

《劳动合同法》第八条　用人单位招用劳动者时，应当如实告知劳动者工作内容、工作条件、工作地点、职业危害、安全生产状况、劳动报酬，以及劳动者要求了解的其他情况。用人单位有权了解劳动者与劳动合同直接相关的基本情况，劳动者应当如实说明。

（二）劳动合同的条款

《劳动合同法》第十七条　劳动合同应当具备以下条款：
① 用人单位的名称、住所和法定代表人或者主要负责人；
② 劳动者的姓名、住址和居民身份证或者其他有效身份证件号码；
③ 劳动合同期限；
④ 工作内容和工作地点；
⑤ 工作时间和休息休假；
⑥ 劳动报酬；
⑦ 社会保险；
⑧ 劳动保护、劳动条件和职业危害防护；
⑨ 法律、法规规定应当纳入劳动合同的其他事项。

劳动合同除前款规定的必备条款外，用人单位与劳动者可以约定试用期、培训、保守秘密、补充保险和福利待遇等其他事项。

（三）书面劳动合同的订立

《劳动合同法》第十条　建立劳动关系，应当订立书面劳动合同。

第十四条　用人单位自用工之日起满一年不与劳动者订立书面劳动合同的，视为用人单位与劳动者已订立无固定期限劳动合同。

第八十二条　用人单位自用工之日起超过一个月不满一年未与劳动者订立书面劳动合同的，应当向劳动者每月支付两倍的工资。

举例来说，如果你2016年7月20日到单位上班，到2016年8月20日公司还没有与你签订书面劳动合同，公司应该开始支付你两倍工资。如果到2017年7月20日公司还没有与你签订书面劳动合同，就视为与你签订了无固定期限劳动合同，还可以要求补11个月的工资。

（四）劳动关系的建立

《劳动合同法》第七条　用人单位自用工之日起即与劳动者建立劳动关系。用人单位应当建立职工名册备查。

要求用人单位建立职工名册备查，目的是为了解决双方在发生劳动纠纷时举证困难，难以证明双方劳动关系的存续情况。有这个规定，发生纠纷时用人单位就负有举证义务了。

（五）劳动合同的解除

《劳动合同法》第三十六条　用人单位与劳动者协商一致，可以解除劳动合同。

1. 劳动者解除劳动合同的条件

《劳动合同法》第三十八条　用人单位有下列情形之一的，劳动者可以解除劳动合同：

① 未按照劳动合同约定提供劳动保护或者劳动条件的；
② 未及时足额支付劳动报酬的；
③ 未依法为劳动者缴纳社会保险费的；
④ 用人单位的规章制度违反法律、法规的规定，损害劳动者权益的；
⑤ 因本法第二十六条第一款规定的情形致使劳动合同无效的；
⑥ 法律、行政法规规定劳动者可以解除劳动合同的其他情形。

用人单位以暴力、威胁或者非法限制人身自由的手段强迫劳动者劳动的，或者用人单位违章指挥、强令冒险作业危及劳动者人身安全的，劳动者可以立即解除劳动合同，不需事先告知用人单位。

2. 劳动者解除劳动合同需履行提前通知义务

《劳动合同法》第三十七条　劳动者提前三十日以书面形式通知用人单位，可以解除劳动合同。劳动者在试用期内提前三日通知用人单位，可以解除劳动合同。

劳动者履行提前通知义务（书面形式），一定要保留用人单位签收的证据，用人单位拒绝签收的，最好可以提供其他证据证明已经书面通知了用人单位（如中国邮政快递详情单），否则，发生纠纷时，用人单位反过来说你未履行提前通知义务擅自离职，那就被动了。另外，注意试用期内劳动者不再可以随时通知解除劳动合同。

> **案例3**
>
> 我和公司签了3年的劳动合同，可是试用期尚未结束，公司以我不符合录用条件为由辞退我。可是在离职的时候，要我填一个因为个人原因辞职的辞职书，说比较方便办理，而且这样公司辞退不记入档案。可是在离职审核表中却写公司原因辞退，总感觉不怎么对劲。如果我签这封辞职书的话有什么后果？不签辞职书的话又会有什么后果？
>
> **点评：**
>
> 按照《劳动合同法》第四十六条规定，关于协商解除，用人单位提出的，需支付经济补偿；劳动者提出的，用人单位可不支付经济补偿。
>
> 如果你签了个人辞职书，那就是你在试用期内主动解除合同了。这样的情况，公司只需给你实际工作时间的工资，而不必给你经济补偿。
>
> 如果你不签个人辞职书，公司在试用期内解除合同，就必须拿出证据证明你"不符合录用条件"。如果公司有证据证明你"不符合录用"条件，公司是依法解除与你的劳动合同，要给你实际工作时间的工资而不必给你经济补偿；如果公司拿不出证据证明你"不符合录用条件"，就是公司违法解除合同。此时，如果你要求继续履行合同，公司应当履行；如果你不要求继续履行合同，公司应当给你经济补偿金。

（六）签订劳动合同需要注意的问题

大学生在签订劳动合同时，需要注意以下五个方面。

1. 学习劳动法规

因为缺乏法律知识和经验，很多毕业生不知道自己即将签订的劳动合同是否符合规范，是否能保护自己的利益。因此，毕业生应加强劳动法规的学习。我国的《中华人民共和国劳动合同法》（中华人民共和国主席令第六十五号）、《中华人民共和国劳动合同法实施条例》（中华人民共和国国务院令第535号）、《中华人民共和国劳动争议调解仲裁法》（中华人民共和国主席令第八十号）以及各地方性的劳动合同管理规定，是调整劳动关系、签订劳动合同、解决劳动争议的最基本也是最常用的法律法规，毕业生在实际就业之前应对这些法律常识有所了解。

2. 全面了解用人单位情况

在签订劳动合同前，毕业生应尽量全面地了解用人单位的相关情况，包括企业文化、发展趋势、福利待遇、员工管理等。一般来讲，资质和声誉比较好的企业，用工比较规范，注重企业形象和人性化管理，非法用工和侵害劳动者合法权益的情形比较少见。

3. 仔细阅读合同条款

毕业生签订劳动合同时应仔细阅读合同条款，明确双方的权利义务，对于劳动报酬、工作岗位、试用期约定、合同的终止与解除等劳动合同中比较重要的条款应特别注意。毕业生在阅读合同条款时主要从以下八个方面仔细阅读、审核。

① 是否明确约定具体工资数额。不应出现不约定或约定"工资不低于当地最低工资标准"的条款，以避免实践中有些企业在面试时口头承诺给予劳动者高额工资但却并不实际履行的情况。

② 工作岗位约定是否明确具体。不应出现不约定或约定类似于"管理岗位"等抽象约定条款，以避免出现入职前的口头承诺与入职后实际岗位不符的情况。

③ 工作时间、工作地点是否清楚。如出现"可以长期在外地出差"等字眼时需加倍小心。

④ 试用期是否符合规定。试用期内是否签订劳动合同？试用期是否超过规定期限？试用期内工资是否低于"最低工资标准"？

⑤ 社会保险是否按规定足额缴纳"五险一金"。

⑥ 签订劳动合同的"单位名称"与实际工作的"单位名称"是否一致。

⑦ "竞业禁止"是否有补偿。在一些高科技企业或者是涉及商业秘密的单位，在劳资双方签订劳动合同时，用人单位为了保护自己的商业秘密，往往会事先拟定一个保密条款约定劳动者在离开该单位后，不得使用单位的商业秘密。《劳动合同法》第二十三条规定：用人单位与劳动者可以在劳动合同中约定保守用人单位的商业秘密和与知识产权相关的保密事项。对负有保密义务的劳动者，用人单位可以在劳动合同或者保密协议中与劳动者约定竞业限制条款，并约定在解除或者终止劳动合同后，在竞业限制期限内按月给予劳动者经济补偿。劳动者违反竞业限制约定的，应当按照约定向用人单位支付违约金。

⑧ 此外，劳动者还应详细了解用人单位的录用条件。用人单位一般会在试用期对劳动者进行考核，若劳动者经考核被证明不符合录用条件的，用人单位可以解除劳动合同。故劳动者最好与用人单位书面确认录用条件，避免用人单位随意设定"录用标准"，并以劳动者试用期"不符合录用条件"为由随意解除劳动合同，损害劳动者权益。

4. 及时签订劳动合同

毕业生到单位报到后，应尽快与用人单位签订劳动合同，使双方的劳动关系能以法律的形式确认，使劳动者的合法权益能得到及时的保护。签订劳动合同后，毕业生也要持有一份合同，作为享受权利、履行义务以及处理劳动争议的依据。

5. 善用法律救济方式

掌握合法的维权手段是解决合法权益受损最有效的途径。毕业生在实际就业中合法权益受到侵犯时，应该积极运用法律武器，通过协商、调解、仲裁、诉讼等合法途径，维护自己的正当权益。如果毕业生在实际就业中遇到劳动保障方面的问题，还可以及时拨打全国统一的劳动保障公益服务专用电话"12333",咨询劳动保障的政策,获取有关的信息,更好地维护自己的合法权益。

三、就业协议与劳动合同的异同

高校毕业生在正式工作之前,都会与用人单位签订就业协议和劳动合同。但是,毕业生就业协议和劳动合同并不是完全相同的。

(一)相同之处

就确立劳动关系来说两者是一致的。就业协议是高校毕业生与用人单位确立劳动关系,明确双方在毕业生就业工作中权利和义务的协议。劳动合同是劳动者与用人单位确立劳动关系,明确双方权利和义务关系的协议。用人单位对毕业生,与面向社会公开招聘的劳动者,在培养、使用、待遇等方面可能有所不同,但从确立劳动关系这一点来说,就业协议与劳动合同是一致的。可以这样认为,就业协议的实质就是准劳动合同,是劳动合同的一种特殊表现形式。

主体的意思表达一致。签订就业协议的双方在表达主观愿望,意思表达真实、无强制胁迫方面,与劳动者和用人单位之间签订劳动合同而双方的主观意思表达所处的状态完全一致。

(二)不同之处

就业协议和劳动合同也有本质上的区别。就业协议是教育部统一制式的,由毕业生、用人单位和毕业生所在院校三方签订的协议书;劳动合同则是规定用工单位和劳动者之间权利义务的法律文书,受劳动合同法的约束和调整,并且是在毕业生到用人单位报到以后才签订的。两者在主体、适用范围、性质、内容、签订的时间、适用的法律、发生问题后处理的部门等方面均存在很大的不同。

(三)就业协议与劳动合同的效力衔接

大学生在毕业之前不具有签订劳动合同的主体资格,但是可以一个普通的民事主体的身份签订就业协议。大学生毕业后,就可以取得签订劳动合同的主体资格。因此,在大学生报到入职、用人单位接收后,就业协议实际上便已失效,双方应当签订劳动合同,并依照劳动合同的约定履行。

> **案例4**
>
> 小刘是河北某大学2015年应届毕业生。2015年1月,小刘与某企业签订了《高校毕业生就业协议书》。双方约定聘用合同期为5年,试用期3个月。小刘按照约定于2015年2月1日到该企业报到,而其获得大学颁发的毕业证书是7月1日。自2015年2月上班起,小刘经常为企业加班加点,后因双方对签订劳动合同未达成一致,小刘于2015年7月向劳动仲裁委员会提出申诉,要求与该企业解除劳动关系并要求企业支付其工作期间的加班工资。劳动仲裁部门是否可以受理小刘的请求?

> **点评：**
>
> ① 在校大学生不符合签订劳动合同的主体资格，只有获得毕业证书后才满足签订劳动合同的主体要求。小刘在与企业签订《高校毕业生就业协议书》时，其身份仍然是在校学生，尚不具备与单位建立劳动关系的资格，就业协议不属于劳动合同，只是一份意向书，不属于劳动维权范畴，因此劳动仲裁部门无法受理。
>
> ② 这段时间的关系应由民法调整，小刘若对这段时间的工作关系有异议，可以向法院提起民事诉讼，以维护自己的合法权利。
>
> 就业协议和劳动合同，就是为违约责任与劳动争议问题准备的，尽管你不愿意在职场上走到这一步，但它确有可能发生。因此，我们应该对合同中规定的责任和义务有一个清晰的认识，了解法律法规的规定，才能防患于未然。

【实践训练7-1】

如果你在就业过程遇到侵犯就业权益的行为，你会怎么做？

（王玮）

第八章 大学生职场适应与职业发展

【学习目标】
- ◆ **掌握**：毕业生职场的困惑，学会职业适应的方法。
- ◆ **熟悉**：学生角色与职业角色的区别、角色职业化的内涵。
- ◆ **了解**：职业发展的阶段和成功的标准，学会设计个人职场增值方案，走向职业成功。

情境导入 8-1

情境回放：
　　从目前到 2020 年期间，大学生就业仍面临严峻的考验，就业市场寒流暗涌，就业形势不容乐观。而近年来，在各类人才招聘会上以及各网站上挂着的招聘信息里，近 80% 的职位要求有经验者，求职者中却有 60% 是应届大学毕业生，有的用人单位旗帜鲜明地打出"应届毕业生免谈"的规定。这是为什么？应届大学毕业生多数不理解。

思考与交流：
　　大学生应如何尽快完成从大学生到职业人的转换？

第一节　角色转换

　　大学生完成学业之后，开始步入社会，选择适合自己的职业，这无疑标志着一个新的人生阶段的开始，是人生过程中最重要的转折，必然要经历一个角色转变的过程。毕业生如何顺利完成从学生角色到职业角色的转换，并尽可能地缩短这个转变的过程，是适应职业环境的一个关键环节。每一个即将毕业的大学生，都应该对角色和环境的转变有一个清楚的认识，以便更好地适应职业角色和社会环境。

一、大学生角色与职业角色的区别

（一）社会角色

所谓社会角色，简单地说是一个人的身份，是指由人们所处的特定社会地位和身份所决定的一整套权利、义务的规范和行为模式，是人们对具有特定身份的人的行为期望。角色权利、角色义务和角色规范，构成了社会角色的系统结构中的基本因素，即社会角色要素。

在社会中，每个人扮演的角色是多种多样的，这些角色是由个体的人在不同时间、不同场合、不同环境占据着不同的社会位置，履行着不同的社会义务，遵循着不同的社会规范而确定的。在集于一身的多种角色中，有一个角色最能反映一个人的社会特性，在社会活动中主要以此角色与他人产生交往与互助，并由此参与社会生活。

社会角色随着社会实践的发展而不断更新。在不同的阶段，每个人承担的社会角色不同，社会对其的角色要求也不同。例如，在就业前，青年人的主要社会角色常常是学生，因此社会常以对学生的要求来衡量和评价其行为，十几年的学生生涯也使得大学生对其承担的这一角色十分熟悉；就业以后，青年学生的社会角色就相应地转变成了社会职业人员角色，社会也将以职业人员的行为规范和要求去衡量和评价他们。所以，大学生应该在认清学生角色和社会角色区别的基础上，主动强化角色转换的意识，以积极、理智的态度顺利实现角色的转换。

对于走出校门，刚刚走上工作岗位的高校毕业生来说，要想尽快实现从学生到职业人的转变，必须首先了解学校与职场的不同、学生角色与职业角色的不同，明确自己的角色差距，制订自己的发展计划，努力提高自己的职业化素养。

（二）学校和职场环境的不同

1. 活动方式不同

在学校，作为受教育者，学生以学习书本知识为主要活动，其认识社会的途径主要是间接的，认识的内容主要是理论性的、理想主义的。同时，由于学生在上学期间多接受来自家庭和社会的供给和资助，其学习生活是一种集体生活，学校在学生生活的管理上对学生提出统一的行为规范，使得学生长期处于被动接受的角色。而在职场，社会职业角色则要求运用自己掌握的知识和能力，通过具体的工作岗位向社会提供自己的劳动。同时，在遵守法律法规、社会公德和单位规章制度的前提下，从业人员在生活上有较大的自由度。因此，从学生角色转换为社会职业角色，就是一个从接受到运用、从输入到输出的重大活动方式的改变。

2. 目标不同

学校的目标是培养人，学生在学校要学习文化知识，掌握社会生活技能。而用人单位的目标首先是生存，是赚钱，然后才是培养人。用人单位对从业人员的要求是运用知识和技能，并在运用过程中不断完善知识、强化、提高技能，其对从业人员的实践能力要求很高。

3. 完成任务的方式不同

学生在学校多强调的是"个性",学校也鼓励学生的个性发展。在学校里,学生完成学习任务基本上是"单兵作战",独自完成各类作业、试卷、设计,即使需要做一些团队作业,比较用功的学生也可以单独完成。但在职场上,几乎所有的任务都需要通过团队协作来完成。而且,每个人的任务完成情况会受到上一个环节的制约,也会影响下一个环节,甚至影响到整个公司。因此,企业强调的是团队精神和严谨的工作纪律,需要的是个人与团队默契的配合,用集体的智慧和力量完成工作,如果做不到这一点,是很难圆满完成任务的。

4. 评价成绩的角度不同

学校和职场都看重成绩,但一个看重的是学习成绩,一个看重的是工作成绩。由于考试是限时进行的,对人们短时间记忆、处理复杂信息的能力要求比较高,所以高智商的人在考试时相对占优势,很容易在学校里取得好成绩。但要想取得好的工作成绩,智商就远远没有情商重要了。大量研究显示,一个人在校成绩优异并不能保证他一生事业的成功,也不能保证他能攀升到企业领导地位或专业领域的巅峰。在国外流行这样一句话"智商(IQ)决定录用,情商(EQ)决定提升"。诸多证据显示,情商较高的人在人生各个领域具有较多优势,无论是谈恋爱、处理人际关系等,成功的机会都比较大。

5. 人际关系复杂程度不同

在学校,学生日常接触的大多是年龄相近、经历相仿的同学,彼此更容易理解和沟通,人际关系比较单纯。而职场中人际交往的对象涉及上司、同事、下属、客户、合作单位等方方面面,人际关系相对于学校中的同学关系要复杂得多,职场人际关系给上班族带来的心理压力绝不亚于工作本身。

(三)学生角色与职业角色的区别

学生角色与职业角色的根本不同在于社会义务不同、社会权利不同、社会规范不同。

1. 社会义务不同

社会角色的义务就是指角色的社会责任。学生角色的主要责任是学好科学文化知识,掌握社会生活的基本技能,逐步完善自己,以便将来为社会服务,实现自己的人生价值。整个角色过程是一个接受教育、储备知识、锻炼能力的过程。而职业角色的责任是以特定的身份去履行自己的职责,用自己所掌握的知识或技能为工作单位和社会做出贡献,以自己的行为来承担责任,创造社会效益和经济效益。学生角色责任的履行主要关系到学生本人掌握知识和培养能力的程度,在学校犯错,后果再怎么样也不会太严重,至少对学校不会造成太大的影响;而职业角色责任履行的影响则非常大,不仅影响个人价值的实现,还会影响到单位、行业的声誉。

2. 社会权利不同

学生角色的权利是依法接受教育,并取得家庭或社会的经济资助,在学分制条件下有选课和选择任课教师的权利。而职业角色的权利则是在开展工作的过程中依法行使职权，并在履行义务的同时取得报酬及其他相应的社会福利待遇。

3. 社会规范不同

角色规范，是对角色扮演者的行为规定。学生角色是从教育和培养的角度出发规范学生的行为，如通过制定学籍管理条例、学生行为规范等规章制度，对学生的学习和生活做出相应的要求，目的是为了引导学生健康成长。社会赋予职业角色的规范和提供的行为模式，因职业的不同而不同。这些模式既具体又严格，违背了就要承担一定的责任，甚至法律责任。

二、角色职业化的内涵

职业化是现代化过程中的必然产物，其主要作用是提高劳动生产率，保证岗位工作的品质达到一定的标准。可以说，职业化是用人单位发展的核心竞争力。

所谓角色职业化就是一种工作状态的标准化、规范化和制度化，即要求人们把社会或组织交代下来的岗位职责专业地完成到最佳，准确扮演好自己的工作角色。通俗地讲，就是在合适的时间、合适的地点，用合适的方式，说合适的话，做合适的事。具体来说，"职业化"包含职业化素养、职业化行为规范和职业化技能三部分内容。

1. 职业化素养

职业化素养包括职业道德、职业意识、职业心态三个重要内容。《哈佛商业评论》曾经总结出9条职业人应该具备的最基本的职业化素养：诚实、正直、守信、忠诚、公平、关心他人、尊重他人、追求卓越、承担责任。

2. 职业化行为规范

职业化行为规范包含职业思想、职业语言、职业动作三个方面，即严格按照行为规范来要求自己，使自己的思想、语言、动作符合自己的身份。通常，企业会通过监督、激励、培训、示范来形成统一的员工行为规范。

3. 职业化技能

职业化技能是员工对工作的一种胜任能力。职业化技能通常包括以下两个方面的内容。

第一，职业资质。学历认证是最基础的职业资质，专科、本科、硕士、博士等，通常就是进入某个行业、某个级别的通行证；其次是资格认证，资格认证是对某种专业化的东西的一种专业认证。比如会计，就必须拥有会计证、注册会计师证。还有一种认证我们把它称作头衔认证。这是一种没有证书的认证，也就是社会认证，它表明了个人在社会中的地位。比如你是某个行业著名的专家、学者，即便没有认证证书，但是社会承认你，这就代表着你在这个行业或这个领域的资质。

第二，职业通用管理能力。通用管理能力，是职业人在生活和工作中都必须具备的能力。它与职业资质互为补充，形成员工的实际工作能力。通用管理能力的高低，在某种程度上也决定着一个人的实际工作能力高低。

新入职场的毕业生要想成为一名优秀的员工，首先要了解角色职业化的内涵。毕业生从走上工作岗位的第一天起，就要模范遵守各项职业化行为规范，努力培养自己的职业化素养与职业化技能，提高自己的职业化程度，尽快实现角色转换。

三、角色转换的实现

从大学生到职业人是一种社会角色的重要转换，其中实习和见习是实现角色转换的两个重要过程。实习期可以称为毕业前夕的"半职业化"角色转换过程，见习期的角色转换则可称为职业化角色转换。大学生实现角色转换，需要做到以下五点。

第一，了解职场要求，明确自己的职业角色。从学生转变成职业人的第一步是明确自己的职业角色，即了解"我该做什么"，其实就是要了解岗位的具体工作内容。

第二，虚心学习，完善职业技能。一个人在学校学到的东西毕竟是有限的，大部分知识和能力仍需在工作实践中学习和锻炼。要向一切有经验的技术人员、领导、师傅、同事学习。他们在工作岗位上工作多年，具有丰富的专业知识和实践经验。因此，要从他们身上学习观察问题、分析问题和解决问题的方法和能力，逐渐完善自我。

第三，勤观察，善思考。毕业生要进入职业角色，还需要开动脑筋，勤观察，善思考。只有勤于观察，才能发现问题；只有善于思考，在工作中才会有自己的见解，并运用自己所学的知识解决问题，逐步具备独立开展工作的能力，更好地承担角色责任。

第四，勇挑重担，乐于奉献。这是完成角色转换的重要途径。从用人单位的角度来说，对人的判断有两个要求，一个叫作潜力，看你未来成长的空间；一个叫作贡献，看你的加入对这个团队能够产生什么样的价值。作为职业人，应考虑我能为单位带来什么，我能为企业创造什么。只有既能为团队带来实际的贡献，又有可持续发展潜力的员工才是最受欢迎的。

第五，学习礼仪规范，提升职业文明素养。与象牙塔里单纯的人际关系不同，进入了职场，人际关系也相应地复杂起来。刚走上工作岗位的毕业生应该把姿态放低一点，恰当的礼貌往往会赢得好感。无论对领导还是同事，无论喜欢还是讨厌，都要彬彬有礼。此外，还要注意学习基本的礼仪知识，身处职场仅有礼貌是不够的，还需要熟知礼仪知识，一言一行、一举一动都要符合职场礼仪规范。

第二节　职业适应

一、高校毕业生的职场困惑

（一）职业适应的含义

职业适应是指从业者进入职业角色、履行职业角色义务、享受职业角色权利、遵守职业角色规范的发展过程。具体地说，就是人在工作生活环境中根据职业工作的性质和外在要求，对自身的身心系统进行评价，对职业行为进行自我调适，是人与职业在经济和社会的活动过程中达到相互协调和有机统一的过程。它包括人对工作环境和职业行为规范的同化与顺应，对工作价值和职业生活意义的评价，以及对自身工作能力、工作状态和工作压力的体验与认知。有专家研究认为，毕业生的职业适应期一般为3年。

(二) 毕业生的职场困惑

刚刚踏上工作岗位的毕业生，面对新的工作环境表现出了诸多的不适应和困惑，主要表现为心理、管理、人际关系和工作技能的不适应。

1. 心理的不适应

毕业生由于受到自身因素和客观环境因素的双重影响，在职场适应的过程中会出现一些心理问题，主要表现在以下三个方面。

(1) 失落心理　初入职场的毕业生，每个人都有很高的理想抱负，一些毕业生特别是名牌大学的毕业生，自恃各方面条件都不错，对工作岗位的期望值过高。当他们按照这个过高的目标接触现实环境时，却发现自己所落实的工作岗位与原来设想中的岗位相差甚远，在心理上往往会产生一种失落感。

> **案例1**
>
> 小吴是某名牌医科大学的毕业生，他的梦想是进入国家三级甲等医院，但毕业后只进了一所县城的二级医院。他认为这与自己的目标相去太远，比较灰心，对医院安排的专业技术培训也没有兴趣参加。领导知道了小吴的想法后，认为他迟早要离开医院，而且不能专心工作，所以一些比较重要的工作也就不交给他了。
>
> **点评：**
>
> 失落心理会让人觉得处处不如意、不顺心，对事业、对生活失去兴趣与追求，产生焦虑、烦躁不安、难过等不良心理倾向。失落心理会涣散人的斗志，影响人的追求，进而影响职业适应。要消除这种失落的情绪，就要让自己接受现实，认清自己的职责，积极调整心态，主动地投入到工作中，达到心理上的平衡。

(2) 畏难心理　有的大学生在进入新的工作单位后，会缩手缩脚，不敢大胆开展工作。究其原因，很大程度上是因为面对新的环境，缺乏工作经验，不知道如何着手开展工作。另一方面是因为现在的大学生大多是独生子女，从小到大的人生轨迹均由父母设计，独立处理问题的经验较少，又担心自己做错了事会给人留下不好的印象，因而难以进入状态，往往产生畏难心理和不安全感。

> **案例2**
>
> 小芳是一名药学专业的大学生，毕业后进入一家制药企业的策划部工作。由于以前在学校没做过学生干部，也没有组织策划过任何活动，对于策划没有任何经验，因此她初到策划部时心里没底，工作起来战战兢兢、小心翼翼，在工作中不敢主动提出自己的建议，总怕说错话、办错事，遭人耻笑。一看见领导，她就莫名其

妙地心跳加速，舌头似乎出了毛病，说话结结巴巴。工作时，由于过度紧张，她常在关键时刻莫名其妙地出错。

点评：

紧张不安的情绪，每个职场新人都会有，只是程度轻重不同而已。原因在于对自身能力的不自信和对陌生人（环境）的恐惧感。要消除这种负面情绪，办法有两种：一是努力提升自我能力，以增强自信；二是多与人交流，试着将负面情绪转移，提高交际能力。如果以上办法都无效，就要去看看心理医生了，接受专业的治疗和帮助。

（3）自傲心理　有些大学生认为自己接受过高等教育，知识高深，在工作中不去认真地了解、熟悉工作单位的情况，却常常对一些管理方式随意发表评论；或者轻视实践，不愿意到基层去锻炼，认为自己从事基层工作是大材小用。

案例3

大军毕业于一所名牌大学，在一家机构做销售工作。3个月过去了，大军的业务成绩并不好，部门主任让只有高中学历但能力不错的老员工许姐带大军。而大军却有自己的想法：我一个本科生怎么能被学历比我低的"娘子军"领导呢？

点评：

自傲心理产生的后果就是眼高手低，在实际工作中表现为大事做不了，小事又不做，很难完成角色转换。

2. 管理的不适应

毕业生因为对所从事职业的意义、重要性认识不到位，对各种严格的职业要求不适应，从而产生种种困惑。

（1）自由散漫，责任心差

案例4

小雯毕业后进入一家专科医院。因为习惯了上学期间自由散漫、无拘无束的生活，初来单位，她对医院严格的规章制度很不适应，经常迟到早退，布置的任务能拖就拖，一到下班的钟点，她扔下手里没干完的活，走得比谁都快。因为边干活边戴着耳机听歌，科室主任提醒了她好几次，她却不以为然。结果不到半个月，医院就准备将她辞退了。

点评：

纪律性是用人单位维护正常生产秩序的基本保证，如果纪律问题不首先处理好，自由散漫，不注意融入团队，团队的集体力量就无法得以体现。

(2) 自以为是，擅作主张

案例5

小刘是学营养与食品卫生的大专毕业生，毕业后到某食品公司做营养师，刚开始公司要求他到车间向老师傅学习食品加工制作。但小刘认为自己的学历比老师傅高，所以对老师傅提出的一些加工建议总是不以为然，并且经常擅自做主改变工作流程。

点评：

进入企业后，应该尽快放弃"精英意识"，以平常心看待工作、看待同事。因为学历并不一定反映能力，高学历并不代表高水平。越是名牌院校毕业的学生，企业寄予的期望就越高，一旦达不到他们的预期，带给企业的失望就会越大。

(3) 缺乏执行力

案例6

小李毕业于一所本科大学。毕业后，在一家公司做办公室文员工作。星期五到了，老板到办公室发现不够整洁，特别叮嘱："今天周五了，大家把清洁做了再下班！"小李却和老板吵起来："我是来工作的，又不是来当清洁工的。"

点评：

有句古话叫"一屋不扫何以扫天下"。对于应届毕业生来说，最关键的是"赢在执行"，做好工作中的每一件事情都会带来进步。

(4) 自我管理技能差

案例7

小明是卫生信息管理专业的毕业生，多次找工作处处碰壁的他，经熟人推荐到一家医院的病案室工作。起初小明表态能吃苦，要为医院服务两年。但4个多月后，小明见工作起色不大，受到打击，就迟到、早退、旷工，甚至在任务很紧的时候向医院人事部门提出请假5天，原因是"同学在成都结婚，去了顺便玩一玩"，这让人事科长感到莫名其妙。还没等假期批下来，小明就远飞成都了。

点评：

请"霸王假"是典型的自我管理技能差的表现。有不少大学生走出学校搞不清楚自己是处于职场还是学校，这是导致很多用人单位不敢用应届毕业生的重要原因之一。

3. 人际关系的不适应

在学校环境中，学生作为接受教育的对象，往往得到教师格外的关照、爱护。教师出于职业道德，对学生从爱护的角度严格要求，精心培养，并且对学生由于不懂事而对自己的不尊重和不礼貌从不计较，总是以教育者的博大胸怀，对学生不懂事的行为加以容忍。但是进入工作岗位，环境就大不一样了。大学生从学校毕业以后初次进入工作岗位，来到社会错综复杂的大环境里，由于不懂得职场礼仪知识和规则，缺乏人际沟通的能力与技巧，常常被错综复杂的职场人际关系搞得晕头转向，出现了种种不适应问题。

（1）缺乏职业礼仪知识

案例8

小丽大学毕业后的第一份工作是人力资源部经理助理。刚上班，经理让她给副总裁打个电话，请副总裁处理一件工作。于是小丽就打了电话："是于副总吗？刘经理让我告诉你，你把某事情赶紧处理一下，刘经理很急的。"刘经理在那里摇了几下头，办公室里的人听完她说的话都笑了。

点评：

小丽在打电话时，语言里面就已经有了不礼貌的言辞，刘经理在职别方面并没有权力要求于副总去执行什么工作，这种命令式的语气虽然是转告，却显示出对副总严重的不礼貌。礼貌是多方面的，包括语言、行为、举止，甚至包括暗示性、职别性的礼貌。对于职场的礼仪规范知识，大学生们相当欠缺，然而这些却是职场里不可忽视的因素。

（2）不能正确领会领导、同事的意图

案例9

悠悠是一名师范大学的毕业生，毕业后被一所重点中学录用。由于是新来的老师，除了完成自己的教学任务外，教研室主任和其他老教师总是将一些诸如办公室清洁卫生、批改学生作业、打印教学计划、填写教学日志、巡视学生晚自习等事务性工作交给她做。刚开始，悠悠由于自己是新来的还忍着，两个星期后，就与教研室主任发生了强烈冲突，认为教研室主任和其他老师在欺负自己。但是，从此以后，教研室主任和其他老师再也不交给她任何任务了。

点评：

职场新人到工作岗位后，单位领导和同事一般都会多派一些工作给他们。但他们往往不能正确领会领导和同事的意图，认为自己整天都在打杂，碌碌无为，而且谁都可以支使他们，觉得在单位受到了不公平的待遇。其实，领导和同事真正的意图,一方面是为新人提供更多的学习和锻炼自己的机会,给新人充分表现自己才华和能力的机会,另一方面也是通过此途径对新人进行考核。职场新人谨记,当领导不再将很多工作派给你,你的担子越来越轻的时候,这是一个危险的信号,因为"忙"是好事情,当你不忙的时候,可能离辞退也就不远了。要注意"大处着眼、小处着手",一丝不苟地做好每一件"小事"。小事中见大精神,可为以后做"大事"积累资源。

(3) 随意评判他人工作

案例10

刚毕业的小黄分配到办公室工作,这天他没什么事可做,就溜达到设计室那边,与设计总监有如下对话:"哥,你收我当徒弟吧。""啊,你想干吗?""我想当设计。""呵呵,设计可不是那么好当的,很累""累啥啊,你天天就坐这里,没事干,就动动鼠标。"

总监沉默了一下,浑身不自在。

点评:

小黄首先表现了对本部门的不忠诚,其次对自己没有清晰的定位;而且随意评判他人工作,太过主观,也显得不尊重别人的劳动成果。

4. 工作技能的不适应

工作技能的不适应是指工作需要的知识、技能与自己原有的知识、技能不匹配而产生的不适应。有调查显示,应届毕业生到岗工作后,实际知识转化率不到40%。而且,多数学生不能把这些知识变成自己在岗的职业能力。

提起大学生的基本职业能力,常有这样一些情况:手握计算机三级证书,不能熟练使用基本的office办公系统;遇到写总结、方案等,不懂得基本的行文格式和要求。这些看似不是问题的问题却时常让大学生挫败,更影响了工作效率和效果。也难怪有些公司人力资源部负责人很无奈地说,如今大学生就业难的真实根源其实在于基本职业能力的欠缺。

案例11

医院来了一名护理专业应届毕业生,领导安排我来带她。第一天我带她到门诊病房,让她自己看看。回来问她,有什么想法没有?她说,没有,就是很无聊。下午我带她到各科室转了转,回来又问她有什么感想没有?她说,没什么好说的。

我说:你有没有注意护理人员是怎么进行工作的?知不知道她们哪些地方做得不太规范呢?她说:根本没注意看。

点评：

不少学生在学校与家庭中生活，已经习惯于依赖老师与父母，习惯于长辈对一切都做好事先安排，被动地听从支配，也不存在义务与责任的压力，因此造成了依赖他人的习惯，思维与行为都欠缺独立性和主动性。在工作岗位上，领导与老员工都喜欢主动发现问题、主动学习、主动思考的新同志，只是"支一支""动一动"的人是不受欢迎的。什么都"差不多""没什么好说的"，只能是一个"百无一用"的人。

二、职业适应的主要方法

大学生走上工作岗位后，要积极进行自我调整，尽快适应新的工作环境，在竞争中生存、发展，从而实现自己的人生价值。具体来说，应该从以下几个方面做起。

（一）遵守职业规范和标准，提高职业道德

任何一种职业都具有相应的职业规范和道德标准，人要"干一行、学一行、精一行"。每一个职业岗位都有相应的岗位规范与职责，对该岗位工作人员在职业道德、业务能力、操作要求、注意事项等方面都具有严格规定，认真完成这些职责，遵守这些规定，就是具备职业道德的表现；如果模范执行这些规定，则是职业道德高尚的表现。

（二）勇于面对困难，练就乐观的职业心态

毕业生进入一个新的职业岗位，融入新的人际环境，面对许许多多新的工作要求和新的面孔，会遇到这样或那样的困境和问题。这些问题有时是多种原因造成的，有自己方面的原因，也有客观方面的原因，对这些原因只有进行正确和全面的分析与认识，保持乐观的职业心态，以积极的态度正确对待，才能克服困难和摆脱困境。

案例12

小雪和小娟是人力资源管理专业的毕业生，经过面试和考核，两人一同被省会知名的某大酒店录用。上班的第一天，人事部通知她们去餐厅报到，从端盘子做起，以后还要做收银员、礼宾员等。两人一下子懵了，自己是学人力资源管理的本科毕业生，却要和高中毕业生一样端盘子，岂不是大材小用？因为是新来的，所以不好跟经理理论。一天下来，她们浑身酸痛。下班后，她们跟学校职业指导老师抱怨饭店欺负她们是新员工，让她们做这么低级的工作。职业指导老师给她们进行了如下分析和建议：表面上看起来，你们所做的工作跟你们的专业不搭界，其实这是以后从事人力资源管理的必经阶段。人力资源管理首先要了解每一个岗位的工作内容、技能要求、岗位职责，而后才能制订科学的员工培训方案、绩效考核办法和合理薪酬。虽然你们现在干的活跟高中毕业生一样是端盘子，但你们的目标是成为一

名优秀的人力资源管理专家，所以，你们就要带着目的去研究端盘子需要什么样的素质要求？如何才能把盘子端得与众不同？这个岗位需要制订什么样的培训方案和绩效考核办法才能提高员工的素质，激发员工的积极性？所以，酒店的做法没有什么不对。

点评：

作为职场新人的大学生，要接受一种特定的角色，可能你会被分配做一些最基本的技术含量低的活，或者做一些单调、乏味的工作，这是适应工作的基础阶段。不服气、不愿意、不认真的态度是比较幼稚、不值得提倡的。初来乍到，如果你愿意多干这些活，代表你对新岗位、新工作的诚意。你不会因此而失去什么，不是人人都能适应这个阶段的。你能让自己做好，你就出众了。

上述案例中的小雪听从了老师的建议，认真对待酒店交给自己的每一份工作，由于工作成绩出色，半年后调到了人力资源部工作，两年后成为总经理助理。相反，小娟由于吃不了这份苦，两个月就被辞退了。

（三）养成良好的学习习惯，完善知识技能结构

当今世界，科学技术发展迅速，所有的职业岗位都随着科技的进步和经济发展新阶段的要求，增加了新的内涵，不学习新技术、不更新旧知识、不建立新的理念，很难适应岗位需求。因此，要想在职业岗位上有所创造、有所发展，必须要求自己养成良好的学习习惯，不断补充新的知识与技能，充分认识学无止境、精益求精的重要意义。一般来说，毕业生到用人单位后，都要进行岗前培训和专业培训。毕业生应该调整学习态度，保持旺盛的学习热情和积极向上的心态，利用单位岗前培训教育的机会，尽快熟悉岗位要求，适应新的工作环境，更好地融入工作团队中去。

要达到职业岗位适应的要求，就要做到：珍惜岗位，树立敬业思想；适应所在单位的工作秩序，坚守岗位责任制；苦练工作技能，提高工作效率。

（四）人际关系的适应

1. 树立良好的第一印象

大学生初次参加工作，给人留下良好的第一印象十分重要。影响第一印象的因素是多方面的，要树立良好的工作形象，必须从身边的一点一滴做起。

（1）注意着装和仪态　进入职场，就要塑造出与工作角色对应的形象。这将最直接地体现一个人的职业素养，简要概括为举止得体、仪表大方、谈吐温文尔雅。初入职场的着装，最关键的就是做到适合，既适合你的身材和工作性质，又与公司的整体着装风格相符。

（2）熟谙职场礼仪，尊重身边每一个人　有良好的礼仪，懂得尊重人，是你在人群中脱颖而出的首要条件。把周围的人都当作自己的导师，讨教工作经验和生活的智慧。一是调整好评价人的视角。在工作世界里文凭并不代表一个人的所有实力，周围每一个同事都可以成为你成长的"资源"。只有尊重大家，你才能得到大家对你的支持，获得更多的

资源。二是多使用礼貌用语。要常把"请"和"谢谢"挂在嘴边。懂得感激，不要以为别人为你做的事情都是应该的。要时时感谢别人为你所做的一切事情，哪怕是一件很小的事情。现在，凡事说"请""谢谢"已是国际公民的规范用语，这也是职场上的公共关系形象。

（3）提高人际敏感度　　在学校与同学交往时，你可能有许多随意性，高兴如何说就说出来，惹点小麻烦也无所谓。而工作关系不同于同学关系，需要讲究规则，有麻烦要及时得体地处理，而不能积累起来。学生群体是流动的，而工作单位的群体则是相对稳定的。所以，要让自己保持良好的关系记录。在职场与人交往时，要注意以下四点：一是不要对人做价值判断。固然你有自己的好恶观，但这只代表你自己的看法，不一定全面，也不一定反映对方的真实情况。要从对方的立场看问题，倾听对方的心声，来检查自己的判断是否正确。二是防止遇事追根究底。每个人都有保留自己意见的权利，要防止为满足自己的好奇心而不顾别人感受的做法，为刨根问底而不放过别人，是冒犯别人的行为，会影响关系的建立。三是不要处处好为人师。有时热心过了头就成了令人讨厌的行为，当别人不需要你帮助时，不要随意给建议。四是不要凭想当然办事。过于自负的行为对人也是一种冒犯，是得不到人们尊敬的。

（4）摒弃陋习　　通常你要避免以下行为：不要卷入人与人之间的新旧恩怨；对非原则的事情不要斤斤计较；不急功近利，有的人刚开始工作，还没有站稳脚跟，就希望自己快出成果，能走出一条捷径来，忽视自己基本功的锻炼，忽视与周围人建立融洽的关系，显得浮躁而不踏实。

（5）严格守时　　一些年轻人刚到单位的时候，对单位的规章制度看得较轻，工作虽十分卖力，但却经常迟到早退，而这往往是纪律严明的单位不能容忍的。因此，新人要严格要求自己，早到晚走，不要轻易因私事请假。

（6）主动勤快　　任何一个刚到职场的人都会感到不知从何处着手，这时候要做个有心人，从打扫卫生、整理报纸文件、接听电话做起，为其他同事做些辅助性工作，既给人留下勤快的印象，又易于融入同事圈中，能够尽快得到大家的提携和帮助。

（7）虚心求教　　初入职场，所有的工作对你来说都是陌生的，诸多事情都不知如何办理，因此应态度真诚地多向同事请教。要有一种从零做起的心态，放下架子，尊重同事，不论对方年龄大小，只要比你先进单位，就是你的老师。

（8）尊重资历　　不要总想着试图挑战老员工的地位，即使老员工绩效不如你，但是他为公司做贡献的时间更长。

（9）少说话多做事　　校园是一个张扬个性的地方，职场则是一个适当展示个性的地方。要谦虚，少说话，多倾听，少抱怨，多做事。

2. 建立良好的人际关系

美国著名成功学大师戴尔·卡耐基经过长期研究得出结论说：专业知识在一个人成功中的作用只占15%，而其余的85%则取决于人际关系。对于刚入职场的大学生来说，学会处理人际关系也是一门重要的必修课。在工作中，重要的人际关系主要是与上司之间的关系和与同事之间的关系。

（1）处理好与上司之间的关系　　上下级之间的关系在工作上是管理与被管理的关系。所以，要接受上级与下属的从属关系，并在工作中遵守这项规则。不能因为上级比你年轻或者学历不如你，就轻视上级或自作主张，要学会尊重与服从上级。

遵循下级对上级的行为准则。要明确自己的工作职责；要充分发挥自己的主观能动性；对上级的工作只能补台，不能拆台；对上级有意见要提在当面，不要背后议论；向上级汇报工作要认真准备，做到言简意赅；对上级的隐私要保密；不在背后贬低上级；不当众指责上级；愿意接受上级的批评指正；勇于为上级出谋划策。

养成良好的职业习惯。工作每进行到一个阶段，需要及时向上级汇报；在遇到问题或有不同见解时，应当主动与上级沟通和探讨，以免延误工作；对于上级交代的任务应当快速反应并完成。

（2）处理好与同事之间的关系　对同事要坦诚相待、一视同仁，要不卑不亢，既不自惭形秽，自己看不起自己，也不傲慢无礼，自以为是。要培养自己的"归属感"。在思想上、感情上、行动上想集体之所想，主动热情地为同事排忧解难。要善于主动和同事打成一片，多参加一些集体活动，自然地与同事们融为一体。不要以个人好恶去亲近一部分人，疏远一部分人；不要拉帮结伙，参与派别之争。与同事发生矛盾，最好当面交谈解决，不留下后遗症。在原则问题上不应一味退让，非原则问题则应尽量宽容、忍让。

第三节　职业发展与职场成功

案例

小曼大学毕业后，拥有英语专业八级证书、高级口译证书，口语的水平相当出色，她选择的第一份职业是某外贸公司专职翻译，但这份工作她只做了一年多。小曼认为，这份工作根本不具有任何挑战性，只是机械地把别人听不懂的语言转化为能听懂的语言，简直就是把自己变成了一台没有思想、只会传声的老式机器。

通过一位亲戚的关系，也凭借自己出色的学历、能力和形象，小曼来到了一家中外合资企业做总经理助理。在这里，小曼格外受宠。但最后，这份工作她还是只干了不到一年，就辞职了。原因出奇的简单——她感到公司事务性的工作实在太多太琐碎了，丝毫没什么成就感。

小曼又发现，市场咨询是一项相当有挑战和趣味的工作，于是她又来到一家刚刚起步的咨询企业，为外企的新产品在中国上市做市场调查和消费者情况分析。正如她所愿，这份工作给予了她挑战性和趣味性，月薪也达到了她满意的数字。可是，这份工作的工作量特别大，加班加点使她根本没有个人休闲的时间，强大的工作压力使她不堪重负。小曼竟又一次萌生了辞职的想法……

一次次的转换工作让小曼心力交瘁。小曼发现，自己在职场中摸爬滚打竟也有4年多了。可是，自己跳来跳去，为何总也找不到归属？自己到底想要什么？究竟适合做什么样的工作？表面上看自己似乎可以胜任很多职业，但为什么每一样都做不好，也做不长？究竟该何去何从？

小曼这样的状况，在处于职业发展起步阶段的职场人当中具有一定的代表性。如何正确认识自己所处的职业发展阶段，理性分析目前的发展状态，采取措施，提升自己的职场坐标，对于职业成功显得尤为重要。

一、职业发展阶段

认识到职业发展道路的阶段性和渐进性对个人职业生涯发展十分重要。一般来讲，个人的职业生涯大致分为四个阶段。

（1）起步阶段　踏上社会的最初5年。本质上讲，这是学习阶段，不仅仅需要学习专业技术，更要学习工作方法及规则，学会如何工作，如何与人相处，如何适应环境等职场必备知识。所以说，刚毕业的几年是人生的关键时期，职业探索、职业适应、职业学习等任务都需要在这短短的5年中做好。

（2）成长阶段　第5年至第7年。这一阶段，个人已经基本掌握了本行的窍门，并可能被一步步地提升，当然，薪资也会增加。与此相反，还有一种可能，就是随着更多就业机会的出现，跳槽的频率也在变大。

（3）成熟阶段　大致从第7年开始，持续相当长一段时间。职业发展正在接近或达到最高点。随着年龄的增长、家庭的建立，考虑问题时受到的牵制越来越多，对薪资的重视度大大增加。个人在做出决策时更多地依赖经验，求知欲则在一定程度上逐渐减弱。

（4）接近退休阶段　退休前的3～7年。随着收入和地位都达到最高点，开始逐渐失去工作的愿望。这一阶段，"跳槽"几乎是不可能了。

二、职业成功的标准

什么是职业成功？职业成功的评价标准究竟是什么？为什么有些成功者在外人看来风光无限，自己却感受不到所谓成功带来的快乐？在如何看待成功问题上，人们的观点大相径庭。有人认为成功是财富的积累，有人则强调名利的成功，还有人说成功就是能过上自己想过的生活同时对社会有所贡献等。

职业成功的标准是人们对职业成果意义的认识和评价，它取决于人们自身的需要和愿望。既然人的需求是多种多样的，人们对职业成功的评价就必然是多元化的。当我们越是关注职业成功的主观标准时，多元化的特点就越明显。可以将职业成功的标准概括为以下九种：①财富标准：认为通过工作获得更多的经济回报，发财致富就是现代人的成功标志；②晋升标准：认为职业成功就是晋升到组织等级体系高层或者在专业上达到更高等级；③安全标准：渴望长时间的稳定工作，以获得职业上的安全；④自主标准：强调职业成功就是在工作中自主自由，对职业和工作有最大限度的控制权；⑤创新标准：标新立异，做出别人没有做出的事情；⑥平衡标准：在工作、人际关系和自我发展三者之间保持有意义的平衡；⑦贡献标准：对社会、组织、家庭做出贡献；⑧影响力标准：在组织中、行业内、社会上有足够的影响力，能够改变他人的心理和行为；⑨健康标准：在繁重工作的压力下依然保持身心健康。

以上几种职业成功的标准不是完全独立、相互排斥的。在每一个人的心目中，职业成功的标准是一个有层次的结构，与其内在的需求体系相对应。

职业成功标准的多元性还体现在个体职业成功标准的阶段性上。在职业生涯发展的不同阶段，人们所面临的任务不同，其追求也不一样，评价也会有变化。在职业生涯的早期，养家糊口、成家立业都需要财力物力，人们可能更注重财富标准；到了中期，人们可能会更关注职业发展的机会、家庭工作平衡、自我价值的实现；而到了晚期，临近退休，人们可能更强调安全、有保障。当我们研究职业成功标准时，一定不能忽略这种复杂性。

总之，职业成功很难用一个绝对的标准来衡量。可是，职业成功作为一个评价性的概念，与评价者的职业价值观紧密连在一起。因此，讨论职业成功的标准问题，实际上是在探讨职业成功的价值观问题。所以，我们对职业成功标准研究的目的不是去寻找一种人人认同的客观标准，而是更多去关注不同的人们是怎样定义职业成功的，这种定义又是怎样影响着他们的行为。从个人的角度而言，认清自己的内在需要，定义自己的职业成功标准，而不是盲目攀比、追求时尚，才不至于在职业生涯的旅途中迷失方向。这就是我们反思、探讨职业成功标准的目的所在。

三、提升职场坐标，走向职业成功

职场新人在完成了对职业的适应后，就成为组织的一个正式成员。一个人在成为正式成员后，在组织中经过一定时间的工作积累，逐步成为这个组织的资深人物和职业的行家里手。为了达到这样的目标，就需要进一步追求自身的发展。对于每一个人来说，发展道路一般都有着纵向和横向两个方向。随着时间的推移，人在职业工作高度和职业水平高度两个方面都可能有所变化。所以，要想取得不断发展，每个人都需要及时盘点自己的职场生涯，明确自己目前所在的职场坐标，合理设计个人的职场增值方案。所谓职场坐标，是明确你目前的发展状况，给自己一个合适的市场定位，并明确自己与未来发展目标之间的距离。

1. 设计个人职场增值方案

可以按照下列三大步骤来设计自己的增值方案。

步骤一：理性分析目前的发展现状。

理智客观地审视自己目前的工作和心理状态，找出自己的性格与职业的匹配和不匹配之处，理性地分析导致目前职业发展状况不佳的原因。多问自己几个为什么，什么原因导致发展不利？是外部因素，还是个人内部因素？同时，梳理自己的职业资本，对专业背景、职业技能、工作经验、人脉等各个方面进行梳理，明确自己的核心竞争力所在。

步骤二：画出个人职业生涯坐标图。

当你明确了目前所在的位置、核心竞争力之后，这一阶段需要借助职业测评工具、专家协助等，明确个人的职业定位，包括行业、职位、角色的定位等，确定个人短期或中长期职业发展目标，并画出你的职业生涯坐标图。职业生涯坐标图的内容包括现在的位置、目标位置、实现目标的各种不同的路径、路径中需要经过的各个阶段的节点、路径中需要逾越的障碍等。职业生涯坐标图并不一定限于固定的格式，你可以按照自己的方式来画属于自己的个性化职业生涯坐标图。

步骤三：制订实施增值方案的计划。

画出了个人职业生涯坐标图之后，就要制订计划，一步步实施增值方案。职场上，所谓的增值，从外部因素来看，往往直接表现为职场地位的提高，这不仅包括薪资、奖金、福利等显性报酬，还包括职场口碑、所在行业或企业的美誉度、知名度等隐性因素；从内在因素来看，就是个人职业素养能力的提升，它包括知识、观念、经验、能力、心理素质、内心感受等。一般来说，职场上提升个人地位的方法有跳槽、晋升、充电、进入名企等，这些方法在一定程度上有效，但必须以职业生涯坐标图的指引为基础，无论是跳槽、寻求晋升，还是充电，都必须以理性规划为基础，并且一步步接近个人的职业目标。

2. 增值方案的实施

（1）专业知识和技能的必要提升　要想适应更高层面的职位，实现职业目标，专业知识和技能的提升是必须始终关注的内容，这是保持职业可持续发展的重要方式之一，同时也是对职业保持热情的一个好办法。

（2）注意积累，培养个人综合能力　综合能力包括学习能力、沟通能力、管理能力、决断能力、自信力等，这是判断自己在工作过程中是否可以达到相应高度的重要指标。一个懂得学习、善于学习的职场人士必须为自己安排出一系列详细丰富的计划，培养个人的综合能力。

（3）不断拓宽视野　宽广的视野能够彻底改变一个人的职业价值观，给职业发展带来新的活力。因此，只要有条件，不妨多给自己创造一些机会，多多留心，以学习、再学习的态度努力提高综合职业素质，为今后"升值"做好充分准备。

3. 避免两大增值误区

个人增值方案的实施需要持久的毅力和恒心，在这个过程中，必须时刻注意避免两大误区。一是急功近利，片面看重"身价"的提高。职场坐标增值的外部表现很可能是薪水的提高、职位的提升等，但这些并不等同于职场坐标的增值。所谓职场坐标的增值，是在明确职业目标的基础上，沿着设定好的职业发展轨迹一步步实现职业发展目标。如果片面看重"身价"的提高，急功近利，很可能导致偏离职业发展方向。二是遇到困难，随意更改方案。职业发展不可能一帆风顺，增值方案再好、再完善，实施过程中也可能困难重重。只要是慎重思考后制订的方案，就必须尽最大努力坚持，并克服种种困难，切忌随意更改方案，以免半途而废。

活动：界定成功

活动目标

通过本活动，让同学们对成功有一个感性的了解，思考自己如何走向成功。

活动流程

步骤1.首先问自己以下几个问题

今年我想得到什么？＿＿＿＿＿＿

五年内我想得到什么？＿＿＿＿＿＿

一生中我想得到什么？_____

某天，当我有了时间，我要干什么？_____

若只剩下最后一天，你最遗憾的是什么？_____

步骤2.请写下你对"成功"的定义_____

你这样定义"成功"的理由是_____

回顾与总结：一般人失败的原因，便是不愿意对自己负责，总找借口，总认为是因为别人的原因使自己无法成功；总认为是因为别人不好而导致自己失败。通过仔细观察你可以发现，这些失败者天天都在抱怨。但事实上，这对自己并没有任何好处。所以，假设你想要更成功的话，请你从现在开始，百分之百地对自己负责。

知识拓展

走向职场成功的十个习惯

（1）热诚的态度　成功人士与失败者之间的区别是成功人士始终有最热诚的态度、最积极的思考、最乐观的精神和最辉煌的经验，并以此支配和控制自己的人生。失败者则相反，他们的人生是受人生的种种失败、怀疑所引导和支配的。

（2）目标明确　目标就是构筑成功的基石。目标有两个方面的作用：一是个人努力的依据；二是个人的鞭策之源。

（3）目标管理　把整体目标分解成一个个易记的目标。目标像一座金字塔，金字塔由五层组成，最上的一层最小、最核心，这一层包含着你的人生总目标。下面每层是为实现上一层较大目标而要达到的较小目标。

（4）勤奋　一勤天下无难事。一心向着自己目标前进的人，整个世界都会给他让路。

（5）擅于理财、预算时间和金钱。

（6）喜欢运动　健康的体魄是成就事业的资本。

（7）自律　自控能力的强弱对人生的成功也有很大的影响。

① 当你生气时，你能沉默不语吗？

② 你习惯于三思而行吗？

③ 你的性情一般是平和的吗？

④ 你习惯让你的情绪控制你的理智吗？

（8）谦虚好学

① 你是否把不断地学习更多的知识作为你的职责？

② 你是否有一种习惯对你所不熟悉的问题发表"意见"？

③ 当你需要知识时，你知道如何寻找吗？

（9）良好的人际关系　成功意味着他人的参与。

（10）立即行动。

【实践训练 8-1】

　　采访本学院两名已经毕业工作的学长,记录下他们对在校生的建议和走上工作岗位后的感触。

【实践训练 8-2】

　　假设时光可以倒流,你会从什么时间开始规划你的职业生涯,为什么?

(王玮)

参考文献

[1] 胡金波.大学生核心就业力培养［M］.南京：江苏教育出版社，2008.
[2] 任远，夏国军.高职高专就业与创业指导［M］.苏州：苏州大学出版社，2006.
[3] 伍大勇.高职高专职业发展与就业指导［M］.北京：中国书籍出版社，2010.
[4] 牟德刚，孙广福，廖传景.大学生职业生涯发展与就业指导［M］.北京：科学出版社，2011.
[5] 刘雪芬.大学生就业与创业指导［M］.北京：人民邮电出版社，2015.
[6] 李明等.放飞梦想——大学生就业与创业指导［M］.北京：清华大学出版社，2014.
[7] 王宝生.大学生就业与创业指导教程［M］.北京：机械工业出版社，2014.
[8] 孙建冬，邱睿.高职就业与创业指导教程［M］.北京：机械工业出版社，2015.
[9] 汪立夏，王淼，刘修财.大学生心理疏导促就业［M］.北京：中国人民大学出版社，2015.
[10] 朱仲南.点亮一盏心灯：大中专生就业心理漫谈［M］.广州：广东高等教育出版社，2016.
[11] 韩晓黎.大学生就业心理调适与就业指导［M］.成都：西南交通大学出版社，2014.
[12] 王玮，汪洋.明天的工作在哪里：大学生就业指导与心理调适［M］.北京：中国宇航出版社，2014.
[13] 康军等.就业前心理培训与指导［M］.北京：中国物资出版社，2011.
[14] 许轶，陈少晖等.剪裁人生［M］.北京：机械工业出版社，2004.
[15] 王洛林.中国服务业开放与发展特点与区域分析［M］.北京：北京经济管理出版社，2009.
[16] 应届生求职网.应届生求职笔试全攻略［M］.上海：上海交通大学出版社，2009.
[17] 史国亮.最新高校班主任指导——大学生就业工作手册［M］.北京：高等教育出版社，2009.
[18] 全国高等学校学生信息咨询与就业指导中心组织编写.新形势下高校学生就业工作指导手册［M］.北京：中国教育出版社，2009.
[19] 陈敏.大学生职业生涯发展与管理［M］，上海：上海复旦大学出版社，2008.
[20] 周其洪.起航——大学生就业指导［M］.北京：中国国际广播出版社，2008.
[21] 姚裕群.职业生涯规划与发展［M］.北京：北京首都经济贸易大学出版社，2007.
[22] 盛振文.大学生就业指导［M］.北京：北京理工大学出版社，2007.
[23] 张基温.大学生信息素养能力教程［M］.南京：南京大学出版社，2007.
[24] 樊富珉.高校团体辅导［M］，南京：南京大学出版社，2007.
[25] 高桥，葛海燕.大学生就业指导［M］.北京：清华大学出版社，2006.
[26] 罗双平.从岗位胜任到绩效卓越——能力模型建立操作实务［M］.北京：机械工业出版社，2005.
[27] 田光哲，马成功.求职简历100种［M］.北京：中国石油大学出版社，2004.
[28] 侯清恒.缓解压力的生存艺术［M］.北京：中国纺织出版社，2003.
[29] 赵小青.你为职业生涯作什么准备［M］.上海：上海书店出版社，2002.
[30] 张辉，张宪国.北京地区高校毕业生就业实用手册［M］.北京：中国宇航出版社，2009.
[31] 吕一枚.生涯规划与职业指导［M］.北京：北京理工大学出版社，2010.
[32] 彭贤，马恩.大学生职业生涯规划活动教程［M］.北京：清华大学出版社，2010.
[33] 史广政.大学生就业指导教程［M］.北京：经济日报出版社，2005.
[34] 陆红，索桂芝.大学生职业生涯规划与职业素质培养［M］.大连：东北财经大学出版社，2009.
[35] 孙晓林，张杰.大学生创业指南［M］.南京：南京师范大学出版社，2009.
[36] 李华强.创业的革命［M］.长沙：湖南人民出版社，2010.
[37] 洪蓉.加强医学生就业力培养的思考［J］.中国大学生就业，2005，(24)：38.
[38] 吴庆.中国大学生就业政策的历史演变、现实定位及具体类型［J］.当代青年研究，2005，(2)：7-14.
[39] 周东兰.大学生市场化就业政策的历史变革及其评估［J］.广东外语外贸大学学报，2006，(7)：97-100.
[40] 薛国仁，赵文华.专业高等教育学理论体系的中介概念［J］.上海高教研究，1997，(4)：1-6.
[41] 邱文芳.大学生就业能力现状分析与培养对策［J］.漳州师范学院学报（哲学社会科学版），2009，(01)：

9-10.
- [42] 洪建玲,陈根,夏金海.大学生就业心理障碍的成因与对策分析[J].盐城工学院学报(社会科学版),2006,(01):88-91.
- [43] 郭鹏.大众化就业形势下大学生就化能力分析与对策研究[J].扬州大学学报(高教研究版),2009,(01):25.
- [44] 陈家才.浅谈职业生涯规划教育对大学生职业生涯的作用[J].中国成人教育,2010,(16):141.
- [45] 易果平.大学生就业能力的现状与培养探析[J].贵州工业大学学报(社会科学版),2008,(06):47.
- [46] 邓丹丹,起玉彬.关于高校开展大学生就业心理辅导的研究[J].内江师范学院报,2008,(S1):21.
- [47] 李杉杉,张晓丽.大学生就业的社会心理因素调查与对策浅探[J].安徽工业大学学报(社会科学版),2008,(04):9-11.
- [48] 王少梅.影响大学生就业心理问题的分析及对策[J].黑龙江高教研究,2005,(6):69-70.
- [49] 邓秋枝.大学生择业受挫心理障碍分析与应对[J].企业家天地(理论版),2006,(10):97-98.
- [50] 张秋菊.大学生常见的就业心理障碍及自我调适[J].中国大学生就业,2005,(16):74-75.
- [51] 王保义.大学生职业生涯设计之我见[J].黑龙江高教研究,2005,(8):137.
- [52] 吴丽玫.目前高校学生就业心理障碍及对策问题研究[J].吉林省教育学院学报,2006,22(6):47-48.
- [53] 张扬,应若平.中国高校毕业生就业问题研究[J].湖南农业大学学报(社会科学版),2005,6(5):64-67.
- [54] 于秀枝.高职毕业生就业问题的分析及对策思考[J].大连干部学刊,2007,23(3):16-18.
- [55] 邱峰.大学生职业生涯规划教育论略[J].江苏高教,2010,(5):99.